THE AGE OF REVOLUTION
혁명의 시대

지은이 J. M. 로버츠
저명한 역사학자 J. M. 로버츠는 1928년 영국 바스에서 태어났다. 그는 톤턴과 옥스퍼드를 졸업했고, 이후 1953년부터 1955년까지 미국에서 커먼웰스 재단의 특별연구원으로 활동하다 다시 옥스퍼드로 돌아와 1979년까지 머튼 칼리지에서 학생들을 가르쳤다. 1979년 사우스햄튼 대학교의 부총장이 되었고, 1985년 머튼으로 돌아가 거기서 학장을 역임하다가 1994년 은퇴했다.

옮긴이 오윤성
서울대학교 미학과를 졸업하고 현재 역사, 예술 분야 도서를 기획, 번역하고 있다. 옮긴 책으로는 『예술과 영혼』, 『솔로몬 부자학 31강』, 『좋은 사진 찍는 100가지 방법』 등이 있다.

THE AGE OF REVOLUTION
All Rights Reserved
Copyright ⓒ Editorial Debate SA 1998
Text Copyright ⓒ J.M.Roberts 1976, 1980, 1983, 1987, 1988, 1992, 1998
Artwork and Diagram Copyright ⓒ Editorial Debate SA 1998
(for copyright in the photographs and maps see acknowledgements pages which are to be regarded as
an extension of this copyright)

Korean Translation Copyright ⓒ 2007 by ECLIO Publishing Co.,Ltd.
Korean Translation published by arrangement with Duncan Baird Publishers Ltd
through Imprima Korea Agency

이 책의 한국어판 저작권은 Imprima Korea Agency를 통해
Duncan Baird Publishers Ltd와의 독점 계약으로 이끌리오에 있습니다.
저작권법에 의해 한국 내에서 보호를 받는 저작물이므로
무단전재와 무단복제를 금합니다.

히스토리카 세계사

VOLUME 7

혁명의 시대

THE AGE OF REVOLUTION

J. M. 로버츠

차례 cont

1 세계를 뒤흔든 유럽 사상 _10
과거의 무게 | 종교 제도 | 새로운 기관들

| 문자와 지식인 | _14
문자 능력의 격차 | 인쇄술과 종교개혁 | 교육과 출판 | 읽고 쓰는 능력의 위험성

| 과학 혁명 | _18
기록하고 서술하는 학문들 | 프랜시스 베이컨 | 실험 도구의 발달 | 새로운 과학 단체 | 과학자들의 한계 | 과학과 신 | 코페르니쿠스적 우주관 | 갈릴레이의 업적 | 과학의 토대를 완성한 아이작 뉴턴

| 과학과 종교의 충돌 | _26
신앙과 교권의 수호자들

| 계몽주의와 로크 | _28
계몽주의의 낙관 | 종교와 계몽주의 | 과거의 권위를 거부하다 | 계몽주의의 확신 | 근대적 지성의 탄생 | 유럽의 철학자들 | 프랑스의 활약 | 교회 비판 | 계몽주의의 유산 | 반성직자주의 | 낭만주의의 선구자, 루소 | 낭만주의

2 산업혁명 _44
맬서스의 새로운 견해

| 증가하는 인구 | _45
낮아지는 사망률 | 높아진 기대 수명 | 가족계획 | 인구 증가의 영향 | 오류로 드러난 맬서스의 예언

| 식량 생산의 혁명 | _49
영국의 농업 | 영국 농업의 변화

| 유럽 농촌의 변화 | _52
농노제를 폐지한 프랑스 | 독일 농촌의 모습 | 농노와 노예 | 식량 분배의 확대

| 산업화의 거대한 물결 |_56
    산업화의 원인들

| 증기와 제련술 |_58
    증기 그리고 해양 수송 | 공장의 등장 | 19세기 대영제국의 산업 | 가속이 붙은 산업화

| 도시화의 확대 |_62
    도시에서의 삶 | 새로운 도시의 종교 | 도시 주민의 변화 | 달라진 생활 양상

| 아동 노동 |_66
    산업화 초기의 법률 제정

| 경제 분야의 변화 |_67
    영국의 자유무역 | 곡물법 폐지 | 영국의 교훈과 유럽의 낙관적 태도

3 혁명의 시대에 일어난 정치적 변화_74
    정치와 혁명

| 북아메리카의 영국 식민지 |_75
    아메리카의 독립 가능성 | 식민지에 대한 과세 | 식민지의 급진적 정치가들 | 독립을 선언하다

| 새로운 국가의 탄생 |_80
    미국 헌법 | 공화주의 | 영국의 영향 | 연방주의 | 민주주의의 새로운 장을 열다

| 프랑스대혁명 |_87
    혼란을 가져 온 재정난 | 격화된 대립 | 삼부회 소집 | 고조되는 긴장 | 혁명의 막이 오르다 | 국민 의회의 결성 | 막을 내린 프랑스 왕정 |
    공포정치의 찬바람 | 혁명기 정치의 변화

차례 content

| 혁명 이후의 프랑스 |_98
  혁명과 교회 | 새로운 논쟁 | 프랑스대혁명의 국제적 영향

| 나폴레옹 보나파르트 |_102
  나폴레옹의 프랑스 지배

| 나폴레옹시대의 유산 |_105
  독일의 재편 | 이탈리아와 여러 국가들의 재편 | 프랑스 제국 | 혁명 사상의 분화
  워털루 전투

4 새로운 유럽, 새로운 정치_114
  국가의 성장 | 프랑스대혁명의 파장 | 빈 회의 | 프랑스의 왕정복고 | 샤를 10세가 물러나다
  루이필리프의 7월 왕정 | 1830년대의 유럽 | 민족주의와 동방문제

| 1848년의 혁명들 |_123
  1848년 혁명의 실패 | 국민의 봄 | 민중 봉기 | 민중 봉기의 영향 | 크림 전쟁 | 나폴레옹 3세 | 독일과 이탈리아, 통일 국가가 되다
  프로이센, '두 번째 독일 제국' 건설 | 기울어 가는 혁명의 기운 | 강력한 중앙 정부의 등장 | 민중 정권 파리 코뮌

| 사회주의 |_135
  사회주의의 기원 | 공산당 선언 | 종교화된 마르크스주의 | 마르크스주의 운동

| 러시아의 니콜라이 1세 |_141
  러시아의 관제국민주의 | 러시아의 영토 확장 | 제정 러시아의 변화 | 농노 해방
  개혁의 시대

5 앵글로색슨 세계의 도약 _150

l 영국과 미국의 공통점 l _150
긴밀한 경제 관계 l 지리적 고립성 l 미국의 외교적 고립 l 미국과 영국의 전쟁 l 미국, 루이지애나를 사들이다 l 먼로주의 l 서부 개척

l 미국의 노예제 l _157
미국 정치의 전진 l 불거진 노예제 논쟁 l 미주리 협정 l 노예제 폐지 운동 l 노예제를 둘러 싼 유혈 사태

l 남북전쟁 l _165
링컨, 목표를 수정하다 l 북부의 승리와 그 의의 l 노예제 폐지 이후 사회의 변화 l 양당 제도의 정착 l 미국 경제의 성장 l 미국의 흡인력

l 영국 정치, 민주화의 길을 걷다 l _171
유권자 층이 확대되다 l 로버트 필과 영국 보수주의 l 빅토리아 여왕의 시대 l 혁명의 무풍지대 l 영국의 전통적인 행동 방식 l 가정적인 군주의 등장 l 아일랜드의 민족주의 운동

연대표 _ 182

색인 _ 184

도판 출처 _ 186

혁명에 휩싸인 인류 변혁의 시대

16세기부터 19세기까지의 기간은 유럽에서 중대한 변화기였다. 이제 유럽의 지식인들은 사회를 인식하는 방식이 크게 달라지기 시작했다. 과학 분야에서는 중요한 발견이 잇따랐고, 인문학 분야에서는 계몽주의 철학이 등장하면서 개인의 책임과 이성이라는 새로운 관념이 만들어졌다.

그러나 정작 18세기 당시 사람들은 이러한 변화의 소용돌이 한가운데에 있으면서도 대부분 역사가 그때까지 흘러온 모습 그대로 앞으로도 계속될 것이라고 여기고 있었다. 삶의 모든 영역에 과거의 영향이 미치고 있었다. 무겁게 짓누르는 전통이라는 무게의 힘이 여간해서는 약해질 기미조차 보이지 않는 곳이 많았다. 유럽인들 중 이런 과거의 무게를 떨쳐 내려는 움직임이 점차 탐지되기도 했다. 그러나 유럽을 벗어난 다른 지역에서는 그런 움직임을 찾아보기가 힘들었다.

이탈리아 상인 마르코 폴로 이후 그가 만들어낸 지도를 바탕으로 대항해시대가 펼쳐졌다. 이제 유럽인들은 세계 곳곳으로 원정과 여행을 떠났다. 유럽인과 마주친 일부 지역 사람들은 이 영향으로 완전히 다른 삶을 살기 시작했다. 물론 이것은 소수였으며, 대부분은 유럽과 상관없이 자신들만의 전통을 이어 가고 있었다.

그러나 19세기부터 20세기 초반까지 약 150년 동안 세계 전 지역에는 유럽이 몰고 온 변화의 태풍이 휘몰아쳤다. 세기가 전환되는 1900년, 유럽 본토 그리고 유럽인들이 진출한 아메리카 대륙은 전통적인 과거의 모습과 확연히 달라졌다. 유럽과 전 세계 간의 관계 역시 이제 완전히 달라졌다. 유럽은 세계 각 지역에 진출하여 그곳 사람들이 자기 식대로 다져온 삶의 기반을 뒤흔들어 놓았다.

19세기 말, 일찍이 전통이 규정하던 세계는 이제 새로운 길에 접어들었다. 그것은 멈출 수 없는 변화, 그것도 점점 빨라지는 변화의 길이었다. 이 변화의 핵심은 '유럽의 세계 지배'였다. 세계를 지배하고자 하는 유럽인의 야심이 변화를 만드는 가장 강력한 에너지원이었다. 1900년 당시 유럽 문명은 스스로 지구상에 존재하는 가장 번성한 문명으로 자리매김했다. 물론 유럽 문명의 어떤 점이 가장 중요한가에 대해서는 여러 가지 의견이 나올 수 있었다. 그러나 당시 유럽 문명이 역사상 유례없는 물질적 부를 생산했으며 이 물질의 힘으로 전 세계를 지배했다는 사실에 대해서는 그 누구도 고개를 저을 수 없었다.

유럽은 각국을 정치적으로 직접 지배하면서 세계를 운영했다. 세계 영토 대부분이 유럽 민족의 식민지가 되었다. 예컨대 대영제국은 제1차 세계대전이 일어나기 전까지 자국 영토의 100배에 달하는 55개의 식민지를 경영했다. 일부 국가들은 식민지가 되는 운명을 피해 겉으로 보기에는 독자적인 노선을 유지할 수 있었다. 하지만 실질적으로는 유럽의 요구에 따르며 유럽의 내정 간섭을 감수해야 했다. 여기에 저항할 수 있었던 것은 극소수 토착 민족뿐이었다. 그러나 유럽은 이들과의 싸움에서도 승리했다. 토착 민족이 유럽의 침략에 제대로 저항하기 위해서는 유럽적 관습, 즉 정치 제도나 군사 제도 등을 배워야 했는데 이것 역시 결국 유럽식 변화였기 때문이다. 이처럼 유럽은 가장 어려운 싸움에서도 승리를 거둔 셈이다.

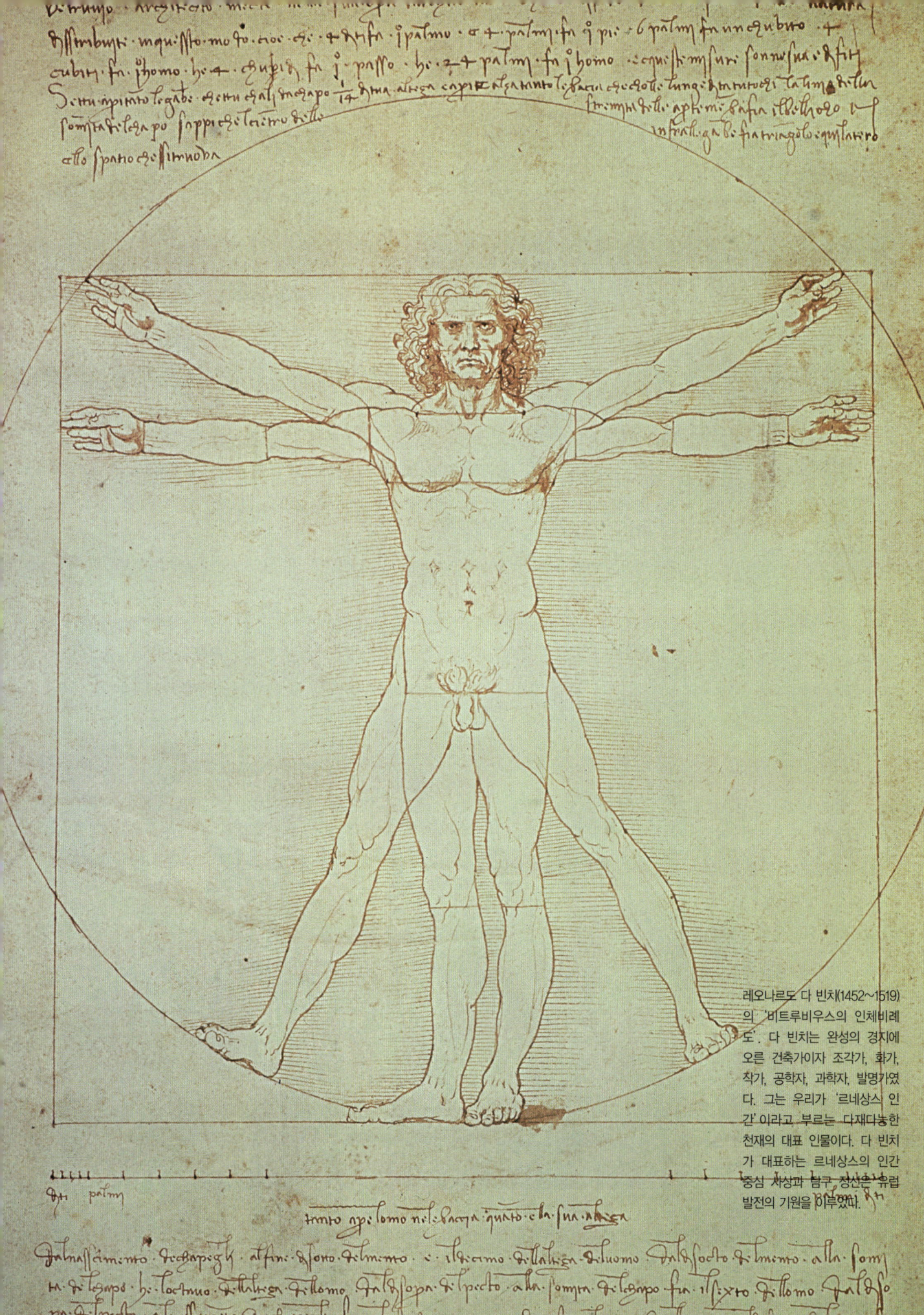

레오나르도 다 빈치(1452~1519)의 '비트루비우스의 인체비례도'. 다 빈치는 완성의 경지에 오른 건축가이자 조각가, 화가, 작가, 공학자, 과학자, 발명가였다. 그는 우리가 '르네상스 인간'이라고 부르는 다재다능한 천재의 대표 인물이다. 다 빈치가 대표하는 르네상스의 인간 중심 사상과 탐구 정신은 유럽 발전의 기원을 이루었다.

1 세계를 뒤흔든 유럽 사상

16세기부터 19세기 사이 유럽이 전 세계로 전파한 유럽 문명의 핵심은 '사상'이었다. 유럽 문명은 유럽인의 사상이 가진 한계와 그 사상이 열어 준 가능성을 기반으로 견고한 모양새를 갖추었다. 뿐만 아니라 이 시대에 싹튼 주요 사상들은 20세기를 거친 후 오늘날까지 현대 사상의 근간을 이루고 있다.

이 시기부터 유럽 문화는 종교의 울타리를 벗어나 현실에 기반을 두기 시작했다. 역사 진보주의, 즉 역사 발전의 선두에는 유럽 문명이 있으며 역사는 유럽 문명이라는 정점을 향해 발전한다는 사상도 이 시기에 나타났다. 유용한 과학 지식을 도구로 삼아 끝없는 진보를 일구어 낼 수 있다는 과학 기술에 대한 믿음도 이 시기부터 시작된 것이다. 한마디로 말해, 마침내 신이 지배하는 중세 문명은 이성적 사고에 근거한 인간의 정신에 무릎을 꿇었던 것이다.

과거의 무게

명백하고 깔끔한 역사란 존재하지 않는다. 1800년 당시 일반인의 머릿속에 어떤 변화가 일어났는지 어떻게 꿰뚫어 볼 수 있겠는가? 1800년 당시 유럽 대부분 지역에서는 왕권제, 신분 세습, 공동체, 종교 같은 전통적 제도가 사람들의 삶을 지배하고 있었다.

거기서 100년만 더 거슬러 올라가 보자. 교회와 상관없이 이루어지는 민법상의 결혼, 즉 오늘날의 결혼 제도는 유럽 어디에도 없었다. 1800년에 이르러서도 거의 찾아볼 수 없을 지경이었다. 그보다 약 20년 전, 그러니까 1780년경까지도 폴란드에서는 이교도를 불태우는 화형이 벌어졌다. 심지어 18세기 영국 사람들은 중세 사람들이 믿었던 미신을 버리지 않고 있었고, 왕이 고결하신 손으로 환자를 만져주면 질병도 낫는다고 믿었다.

어떤 측면에서 보면 17세기는 오히려 역사적으로 퇴보했던 시기였다. 이 시대 유럽과 북아메리카에 불어 닥친 마녀 사냥 열풍은 중세의 마녀 사냥보다 훨씬 심했다. 암흑기라고 부르는 중세시대에도 카를 대제는 마녀

'템피에토'라고 부르는 이 예배당은 로마에 있는 산 피에트로 대성당(성 베드로 대성당)의 안뜰에 있다. 스페인 국왕 이자벨라와 페르난도의 뜻에 따라 1502년 도나토 브라만테(1444~1514)가 건설했다. 속세에 영토 국가(바티칸)가 있는 유일한 기독교 교단인 로마 가톨릭 교회는 르네상스와 계몽주의시대에 자신들의 굳건한 지위를 의식적으로 표현했는데 이러한 면모가 장대한 교회 건축물에 반영되어 있다.

네덜란드 출신 화가 가스파르 반 비텔(1653~1736)이 그린 로마의 산 피에트로 대성당의 전경.

를 불태우는 자를 사형에 처했다. 또 교회법에서는 마녀들이 밤에 하늘을 날아 다닌다는, 소위 '야간 비행' 같은 부정확한 근거로 특정인을 이교도라고 믿어서는 안 된다는 명령을 내렸다.

그러나 18세기가 되어서도 사람들은 마녀뿐만 아니라 온갖 미신을 믿었다. 18세기가 시작된 지도 한참 지난 어느 날, 영국 어느 마을에서는 한 마법사가 이웃들에게 괴롭힘을 당하다 죽었다. 1782년 스위스에서는 어느 신교도가 마술을 부렸다는 혐의로 마을 사람들 손에 처형당했는데 이는 법에 저촉되지 않는 사건이었다. 성 야누아리우스를 신봉하는 나폴리 지역의 밀교는 프랑스대혁명 때까지도 정치적인 힘을 발휘했다. 사람들은 굳어 있는 야누아리우스*의 피가 액체로 변하면 하느님이 정부의 행태에 기뻐하는 것이고, 변하지 않으면 노여워하는 것이라고 믿었다.

형벌 또한 여전히 야만적이었다. 흉악범은 그가 저지른 죄만큼 잔인한 형벌로 다스렸다. 존속 살해범이 받는 고문은 프랑스 왕 앙리 4세의 암살범이나 루이 15세의 암살 미수범이 받은 지독한 고문과 비슷했다. 루이 15세의 암살 미수범은 1757년에 능지처참을 당했다. 역사상 가장 중요한 형벌 개혁론을 제시한 체사레 베카리아의 『범죄와 형벌』이

* **야누아리우스**
305년 로마 황제 디오클레티아누스 시대에 순교했다고 전해지는 나폴리의 성인聖人. 나폴리 성당에 보존되어 있는 그의 굳어 있는 피가 해마다 열여덟 번 액화된다고 한다. 그 원인은 아직 설명되지 않았지만 그 현상은 사실로 알려져 있다.

스페인 화가 프란시스코 고야의 '마녀 집회'(1821~1822). 미신, 점, 마법 등을 믿는 관습이 유럽 사람들 사이에 오래도록 이어졌다.

출간되기 몇 년 전의 일이었다. 이론과 달리 현실에서는 여전히 야만적인 형벌이 자행되고 있었다.

반면 18세기에 나타난 진보적이며 근대적인 모습은 그 이면의 야만적인 모습을 잊게 할 만큼 강렬한 것이었다. 그만큼 18세기에는 굉장히 세련된 예술 작품이 생산되었다. 그러나 그와 함께 18세기는 중세적인 기사도 정신이 그 어느 때보다도 강력하게 나타난 시기이기도 했다. 그 시대 사람들은 곰을 약 올리거나 닭싸움을 시키고, 거위 목 뽑기 같은 놀이를 하며 놀았다.

종교 제도

대중문화는 그 사회를 나타내는 하나의 표본이다. 당시 사람들이 즐긴 문화를 들여다봄으로써 과거와 전통의 힘이 어느 정도였는지 확실히 알 수 있다. 18세기 말까지도 유럽 전역에는 과거의 모습을 유지하는 형식과 제도가 고스란히 남아 있었다.

현대인의 시각으로 보기에 가장 이해하기 어려운 부분이 이런 것이다. 18세기 유럽 대부분 지역에서 가장 큰 권력은 종교 조직이 누리고 있었다. 국교가 가톨릭이든, 개신교든, 정교회든 상관없이 모든 나라의 종교인들은 법률을 비롯한 국가의 강제적 장치를 통해 종교를 보전하고 보호해야 마땅하다고 외쳤다. 종교개혁론자들까지도 한 목소리를 냈다. 여기에 의문을 제기한 것은 몇몇 진보 사상가들뿐이었다. 기존 교회의 관점을 벗어난 사상의 자유 같은 것은 여전히 그 어디에도 존재하지 않았다.

프랑스 왕은 대관식 선서에서 이단을 박멸할 의무를 선언했다. 프랑스에서는 1787년에야 종교가 가톨릭이 아닌 사람도 공식적인 시민 신분을 인정받았다. 그제야 가톨릭이 아닌 사람들도 법적으로 혼인을 인정받고 자기 자식을 호적에 올릴 수 있었다. 가톨릭계 국가의 검열 제도는 비록 중세만큼 강력하지는 않았지만 신앙과 교회 제도의 권위를 위협하는 저작물이 유포되지 않도록 감시하는 기능을 계속 담당했다. 때로는 매우 혹독한 검열이 이루어지기도 했다.

종교개혁 정신이 한풀 꺾이고 예수회가 해산한 상황에서도 가톨릭이 세운 종교 재판소와 거기서 정한 금서 목록은 사라지지 않았다. 대학이란 대학은 모두 성직자의 영역이었다. 심지어 영국의 옥스퍼드대학과 케임브리지대학은 영국 국교도가 아닌 신교도나 가톨릭 신자를 받아들이지 않았다. 대학 교육

1532년에 제작된 필사본. 문학과 예술을 장려한 프랑스의 왕 프랑수아 1세가 고대 그리스의 역사가 디오도루스 시켈로스의 작품을 번역해 낭송하는 것을 듣고 있는 모습이다.

1786년 런던에서 열린 프리메이슨 단 집회. 내부에서 일어난 사기 행각을 논하고 있는 장면이다. 당시 프리메이슨 단은 회원 수가 빠른 속도로 증가하고 있었다.

의 목적도, 대학이 교육하는 내용도 그 학교의 종교가 대부분을 결정했다.

새로운 기관들

이 시기 사회를 구성하는 기관들이 점차 달라지기 시작했다. 예전의 지위를 잃은 대학은 더 이상 유럽 지성계의 유일한 기관이 아니었다. 17세기 중반부터 영국왕립학회를 위시한 아카데미, 학술 집단이 유럽 곳곳에 설립되었다. 그중에는 강력한 후원 제도를 갖춘 곳도 많았다. 1662년에는 영국왕립학회가, 4년 후 1666년에는 프랑스과학아카데미가 설립되었다.

18세기에는 이런 기관들이 급격히 늘어나 소규모 마을 단위까지 확산되었다. 기관이 추구하는 목표도 '농업 분야 개선'처럼 세밀해지고 전문화되었다. 자발적으로 사회단체를 구성하려는 움직임도 뚜렷이 나타났다. 이런 현상이 가장 활발한 곳은 영국과 프랑스였지만 그 외 서유럽 국가에서도 같은 움직임이 일어났다.

이 시대 사람들은 자신의 능력이 전통적인 사회 제도, 즉 교회나 대학에 갇히는 것에 만족할 수 없었다. 각종 클럽과 학회의 등장은 이 시대의 주요한 특징이다. 그중에는 정부의 관심을 끄는 단체도 있었다. 어떤 모임은 문학이나 과학, 농업 같은 하나의 주제를 정하지 않고 다방면에 걸친 다양한 사상을 토론하고 논쟁하는, 또는 그저 가볍게 담소를 나누는 장소가 되었다. 이런 새로운 공간들이 새로운 사상의 산실이자 통로가 되었다.

이중 가장 눈에 띄는 집단이 국경을 뛰어넘는 친목 단체인 '프리메이슨'이다. 이 모임은 1720년대에 영국에서 유럽 대륙으로 건너온 이후 몇 십 년 사이에 유럽 전역으로 퍼져 나갔다. 1789년 즈음에는 프리메이슨에 소속된 사람이 25만 명을 넘어섰다고 할 정도였다. 나중에는 이들이 오래전부터 혁명과 전복을 꿈꿔 왔다는 등, 꽤 심한 중상모략을 받기도 했다. 그런 소문은 이 모임에 속한 몇몇 인물들에 대해서는 사실이었는지 모르지만, 전체를 두고 보았을 때는 옳지 않은 말이었다. 당시 존재했던 여느 모임과 마찬가지로 이들은 새로운 사상을 대중적으로 토론하는 모임이었다. 그 결과 이들은 견고한 전통과 인습에 균열을 내는 역할을 했다.

문자와 지식인

클럽이나 학회 같은 모임만이 사상과 정보를 널리 퍼뜨리는 통로가 된 것은 아니었다. 인쇄술로 보급된 문자가 중요한 역할을 한 것이다. 문자의 확산은 1500년 이후 유럽에서 일어난 가장 획기적인 변화였다. 이 사건을 두고 인류 문화의 중심이 이미지에서 언어로 옮겨 갔다고 평가하는 사람도 있다. 그전까지 문자를 읽고 쓸 줄 안다는 것은 소수 엘리트 계층만이 가질 수 있는 비밀스러운 능력이었다. 그러나 이제 문자는 아직 완전히 보급된 것은 아니었지만 일부 계층에서는 읽고 쓰는 능력이 상식으로 통할 만큼 널리 확산되었다. 성직자가 성서를 읽으며 예배를 주관하던 관습에서 비롯된 읽고 쓰는 능력의 영험한 기운도 점점 사라졌다.

이러한 변화를 검토하기 위해 구체적인 자료를 들여다보자. 물론 1800년 당시 유럽은 인구 대부분이 문맹이었다. 그러나 1500년과 비교해 볼 때 분명히 글을 읽고 쓸 줄 아는 사회가 되었다. 1800년 당시 전 세계에서 글자를 읽고 쓸 줄 아는 사람은 대부분 유럽인과 유럽이 지배하는 속국의 국민들이었다. 또한 국민 중에 읽고 쓸 줄 아는 지식인의 비율도 유럽이 가장 높았다. 이것이 바로 획기적인 역사적 변화의 모습이다.

유럽은 바야흐로 인쇄의 시대에 접어들고 있었다. 그전까지 교육은 주로 언어나 시각 이미지로만 이루어졌다. 그러나 이제 교육의 중심은 문자였다. 이때부터 시작된 문자의 시대는 20세기 들어 라디오, 영화, TV 등이 등장함으로써 음성·시각 언어가 다시 우위에 올라설 때까지 계속된다.

문자 능력의 격차

옛 사람들의 문자 능력이 어느 정도였는지 알아볼 수 있는 믿을 만한 자료는 19세기 중반에 와서야 찾을 수 있다. 이때까지도 유럽인 중 절반은 읽고 쓰는 법을 깨치지 못했다. 그러나 1500년 이후 유럽 사람들이 읽고 쓰는 능력을 차곡차곡 쌓아 왔다는 사실은 알 수 있다.

그와 더불어 문자 능력은 나라마다, 같은

네덜란드 라이덴 대학의 졸업식(1649) 모습. 지식을 통해 사회를 개선할 수 있다는 믿음과 훌륭한 교육이 사회의 중요한 자산이라는 인식이 생겨났다.

나라라도 시기마다 차이가 난다는 사실 또한 알 수 있다. 도시 사람이냐 시골 사람이냐에 따라, 남자냐 여자냐에 따라 그리고 직업이 무엇이냐에 따라 읽고 쓰는 능력에 큰 차이가 있었다. 그 격차가 예전처럼 심하지는 않지만 현대인에게도 이런 현상은 아직까지 그대로 나타나고 있다. 옛 사람들의 문자 능력이 어떠했는지를 한마디로 정리할 수는 없다. 다만 몇몇 구체적인 사실들을 통해 그 시대의 경향을 추측할 수 있을 뿐이다.

교육을 통해 문맹률을 낮췄다는 증거는 인쇄술이 발명되기 이전 시대에서부터 찾아볼 수 있다. 앞 권에서 살펴보았듯이 12~13세기에는 도시인의 삶에 다시금 활력을 불어넣으려는 움직임이 있었는데 바로 이 활동의 일환으로 문자 교육이 행해진 것으로 보인다. 당시 유럽 문명의 최첨단을 달리던 이탈리아의 도시국가에서는 글을 가르치는 담당 교사와 문자 교육을 위한 학교 시설이 있었다는 증거가 발견된다. 이 지역에서는 일찌감치, 특정 관직에 오르기 위해서는 문자 능력이 필수 자격이라는 새로운 인식이 나타났다.

예를 들어 재판을 맡기 위해서는 읽기 능력이 필수였다. 그러고 보면 이러한 새로운 인식은 고대 역사와 연결된다. 중세의 신학 중심 교육과 달리, 고대 그리스·로마의 교육은 한 개인이 자신이 속한 사회에서 맡은 직분을 다하기 위해 필요한 능력을 함양하는 데에 초점을 맞추고 있었기 때문이다.

이탈리아의 선두 자리는 17세기에 들어 영국과 네덜란드로 넘어갔다. 당시 이 두 나라는 도시화가 상당히 진척되었으며 1700년에 이르면 유럽에서 문맹률이 가장 낮은 국가였을 것으로 추측된다. 이와 같이 선두 지위가 바뀐 것을 보아 글자를 읽는 인구가 늘어나는 역사적인 변화는 어떤 지리학적 규칙에 따르는 것도 아님을 알 수 있다.

그로부터 얼마 지나지 않아 18세기에는 프랑스어가 국제적인 공용어가 되었다. 확실히 프랑스는 이런 현상을 뒷받침할 만큼 대중적인 기반이 탄탄했다. 글자를 읽을 줄 아는 사람들은 영국이나 네덜란드가 더 많았지만 지식인 숫자는 전체 인구가 훨씬 많았던 프랑스가 앞섰던 것이다.

몰리에르의 희곡 '상상병 환자' 상영 장면을 그린 판화 (1673). 사람들의 읽고 쓰는 능력이 확산되고 인쇄 문화가 발전하자 연극과 같은 대중 오락이 성행했다.

초판본이라고 알려진 『돈키호테』의 표지. 1605년 마드리드의 쿠에바가 그렸다. 당시 거의 무명이었던 작가 미구엘 세르반테스는 이 작품으로 불멸의 명성을 얻었지만 생전에는 부귀를 누리지 못했다.

인쇄술과 종교개혁

유럽 사회의 문명화 과정에서 가장 눈에 띄는 부분은 단연 인쇄술의 확산이었다. 17세기경에는 통속적인 취향의 출판물들이 쏟아져 나왔다. 대부분이 동화, 사랑 이야기, 연감, 점성술을 다룬 책, 기독교의 위인 열전 등이었다. 이는 당시 이런 책을 읽는 사람들이 무척 많았다는 것을 알 수 있다.

인쇄술이 발달하자 읽고 쓰는 능력을 가진 사람들은 많은 혜택을 받게 되었다. 인쇄술이 발명되기 이전의 책은 필경사가 일일이 손으로 쓰는 필사본 형태였다. 이 필사본은 몇 권 되지 않아 손에 넣기 힘들었다. 그러니 아무리 읽고 쓸 줄 알아도 필사본을 찾아서 보기란 쉬운 일이 아니었다. 그러나 인쇄술과 함께 많은 책들이 쏟아져 나왔고, 이제 사람들은 원하는 책을 비교적 쉽게 구해 볼 수 있었다. 그 결과 전문가들은 자신의 기술을 갈고 닦기 위해 해당 분야의 책을 찾아 읽을 수 있었다.

읽고 쓰는 능력을 재촉한 또 한 가지 요인은 종교개혁이었다. 종교개혁론자들부터 나서서 신자들에게 읽는 법을 반드시 배워야 한다고 강조했다. 이런 이유로 19세기에는 신교도 국가인 독일과 스칸디나비아의 문맹률이 가톨릭 국가들보다 낮아졌다. 개혁을 주장한 기독교는 성경을 읽는 행위를 매우 중요하다고 가르쳤다. 따라서 성경은 순식간에 각국의 언어로 번역·인쇄되어 사람들에게 퍼져나갔다. 각 나라의 언어는 인쇄 형태로 전파되었고, 그 과정에서 문자의 형식이 통일되고 더욱 탄탄해졌다. 사람들은 이제 자국의 말을 쉽게 배울 수 있었다.

가톨릭, 정교회의 계율과 형식에 반발하는 새로운 기독교는 성경만이 신앙의 모든 것이라고 설파했다. 그 결과 종교개혁 이후 사람들 사이에 성경 숭배 열풍이 일어났다. 성경 숭배라는 말에는 분명 부정적인 어감이 있긴 하지만, 거기에는 계몽을 부르는 거대한 열망이 담겨 있었다. 사람들은 성경에 대한 열정으로부터 글을 읽고 싶다는 생각을 품게 되었으며 성경에 관한 지식을 쌓고 싶어 했다. 성경은 영국과 독일의 민족 문화가 형성되는 데 가장 중요한 역할을 했다. 각 나라 말로 번역된 성경은 그 자체로 하나의 걸작이었다.

교육과 출판

종교개혁론자들뿐만 아니라 사회의 권력 계층도 문맹률이 줄어드는 현상을 반겼다. 또한 꼭 신교도 국가에서만 그런 것도 아니었다. 18세기 절대 군주제를 입헌 군주제로 개혁하려는 입법자들에게서 그 뚜렷한 예를 찾아볼 수 있다. 이들은 기초 교육을 발전시키기 위해 노력했다.

이런 현상은 특히 오스트리아와 프로이센에서 두드러졌다. 대서양 건너 아메리카 대륙에 세워진 영국 식민지 사회는 이 사회의 뿌리가 되는 영국의 청교도적 전통에 따라 처음부터 교육의 의무를 규정하고 있었다. 그 외 지역, 예컨대 영국에서는 교육이 개인 사업이나 자선 사업과 같이 비공식적이고 비정규적인 형태로 이루어졌다. 교회가 교육을 담당하는 국가들도 있었다. 프랑스에서는 16세기부터 일부 수도원이 교육 활동을 도맡았다.

문맹률과 가장 긴밀하게 연관된 것이 정기 간행물이었다. 신문은 낮아진 문맹률이 낳은 현상이자, 문자 확산을 촉진시키는 원인이었다. 18세기에는 일반 신문에서 주간 신문에 이르기까지 정기 발행 신문이 발달하여 여러 면에서 사람들의 필요를 충족시켜 주었다. 최초의 신문은 17세기 독일에서 나타났고 최초의 일간 신문은 1702년 영국 런던에서 시작되었다. 18세기 중엽에 이르면 주요 지역에 지방 신문사가 생겨났고 한 해에 발간되는 신문이 수백만 부에 이르렀다.

잡지와 주간지는 18세기 전반 영국에서 시작되었는데, 그중 가장 저명한 것이 「스펙테이터지*」였다. 이 신문이 스스로 이룩한 스타일과 성격은 신문 저널리즘에 하나의 표준이 되었다.

여기에 주목할 만한 사실이 하나 있다. 영국만큼 저널리즘이 성공을 거둔 곳은 네덜란드 정도뿐이었다는 사실이다. 그 외 유럽에서는 아직도 검열 제도가 효력을 발휘하고 있었고 문맹률도 일정하지 않아 그만큼 저널리즘이 확산되지 못했다. 학술 잡지와 문학 잡지들은 늘어났지만 정치에 관한 기사나 평론은 거의 없었다. 혁명의 열기가 가장 뜨거웠던 18세기 프랑스에서도 진보 사상들은 권력의 공격을 피하기 위해 자기 글을 인쇄물이 아닌 필사본으로만 만들어 유통시켰다. 물론 필사본으로 만든 책에도 검열이 작용했다. 하지만 검열 제도는 기준이 모호하고 적용 여부를 예측하기 힘들었으며, 예전처럼 강력한 칼날을 휘두르지도 못했던 것으로 보인다.

읽고 쓰는 능력의 위험성

신문이 발달하면서 사회 내에서 교육에 대한 인식이 급변했다. 귀족이든 평민이든 누구나 신문 기사를 읽을 수 있도록 교육 받아야 한다는 생각을 하게 되었다. 그런데 사람들이 손쉽게 신문을 구해 읽을 수 있다면 그들이 낡은 사회 체제를 뒤엎을 가능성도 커질 것이라는 우려가 생겨나지 않았을까? 18세기까지도 교육과 문자 능력은 위험하기 때문에 교육을 대중적으로 확대해서는 안 된다는 생각이 그렇게 널리 퍼지지는 않았다.

사실 검열이라는 제도 자체가 탄생한 이유가 문자가 가지고 있는 위험성 때문이었다. 그러나 그 '위험성'은 종교적 기준으로 보았을 때 위험한 것이었다. 즉 교회의 권위를 깎아내리고 신앙에 의심을 품게 하는 작품들이 검열 대상이었다. 종교 재판소는 금서 목록을 만들고 금서가 퍼져 나가지 않도록 방지

* **스펙테이터 the Spectator** 1828년 창간된 시사 주간지로, 그 이름은 '목격자'라는 뜻이다. 오늘날까지도 보수적인 정치적 견해를 표방하며 영국 언론계의 중심에 자리 잡고 있다.

네덜란드 화가 아드리안 반 오스타데(1610~1685)가 그린 마을 학교와 학생들의 모습.

다비드 테니르스 1세(1582~1649)의 작품 '연금술사의 작업'. 연금술은 고대 중국, 인도, 그리스에서 시작되어 중세에는 유럽 곳곳으로 퍼져 나갔다. 연금술은 흔히 생각하는 것처럼 단순히 비금속을 금으로 바꾸는 방법을 찾는 미신적인 작업이 아니었다. 연금술alchemy은 화학chemistry의 전신이었으며, 무기산과 알코올 등 신물질을 발견한 것도 연금술사들이었다.

하는 역할을 담당했다.

오늘날의 관점으로 바라보면, 문자 능력과 인쇄술 때문에 종교가 무너졌다기보다는 사람들이 읽고 쓸 줄 알게 되고 책과 신문이 널리 보급되면서 권력 일반에 대해 비판하고 문제를 제기할 수 있는 기회가 생겼다는 평가가 더 맞는 듯하다. 뿐만 아니라 인쇄술을 통해 기술 분야의 지식이 빠른 속도로 전파되자 사회 여러 분야의 변화에 가속도가 붙었다. 만일 문자 능력이 확산되지 않았다면 산업화는 불가능했을 것이다. 우리가 '과학혁명'이라고 부르는 17세기 과학의 놀라운 발전 또한 정보가 인쇄술을 통해 점점 더 빨리, 점점 폭넓게 확산될 수 있었던 환경에서 비롯되었다.

과학혁명

그러나 과학 혁명이 일어날 수 있었던 원인은 인쇄된 정보 덕분만은 아니었다. 그보다 더 근본적인 원인은 지적 태도의 변화에 있었다. 이 변화의 핵심은 인간과 자연의 관계가 달라졌다는 데 있다. 그전까지 인간은 보잘 것 없는 피조물에 불과했다. 인간은 하느님이 스스로를 드러내는 장소인 오묘한 자연 세계를 보고 경이로움을 금치 못했다. 하지만 이제 인간은 여기서 한 발짝 큰 걸음을 옮겼다. 자연에 손을 댈 방법을 궁리하기 시작한 것이다.

중세의 과학은 일단 그것이 신앙의 도구였다는 측면에서는 미개하지도 비생산적이지도 않았다. 그러나 신앙의 도구라는 명백한 한계가 과학을 옥죄고 있었음은 사실이다. 첫 번째 한계는 실용적으로 사용할 수 있는 지식을 거의 생산할 수 없다는 점이었다. 그러다 보니 과학은 사람들의 관심을 끌지 못했다. 두 번째 한계는 이론이 허약하다는 점이었다.

다시 말해 과학은 기술적인 한계와 개념적 한계를 동시에 극복해야 했다. 몇몇 분야에는 아랍의 과학 서적이 수입되고 이해와 분석을 강조하는 유익한 기풍이 생겨나면서 학문에 신선한 변화가 나타나기도 했다. 하지만 중세 과학은 기본적으로 검증되지 않은 것들이었다. 확실한 검증 방법이라는 것 자체가 존재하지 않았기 때문이기도 하고, 검증해야 할 필요 자체가 없었기 때문이기도 하다. 예컨대 불, 공기, 흙, 물이라는 네 원소가 모든 물질을 구성한다는 '4원소설'은 그러한 이론을 뒷받침할 만한 근거가 없었으나 그렇다고 실험을 통해 반박할 수도 없었다. 예부터 내려오는 연금술의 영역에서는 어느 정도 실험과 유사한 작업이 진행되고 있었다. 파라셀수스는 금을 찾던 실험을 하다가 뜻밖에 의학의 대가가 되기도 했다. 그러나 그러한 실험들도 상상적이고 직관적인 개념을 따르고 있었다.

기록하고 서술하는 학문들

중세 과학의 전제는 17세기에도 사라지지 않았다. 중세에서 근대로 넘어오는 르네상스시대에는 르네상스만의 과학적 태도가 확연히 드러난 바 있었다. 그렇지만 르네상스의 학문은 체계적이고 이론적이기보다는 연구한 내용을 글로 자세히 설명하는 수준이었다. 가장 대표적인 예가 1543년에 출간된 베살리우스의 인체 해부학서 『인체 구조에 관한 7권의 책』이다. 또 과학의 목적도 학문 자체가 아니라 기계 기술이나 예술 작업에 나타나는 실제적인 문제를 해결하는 데 있었다. 예컨대 르네상스 화가들은 그림의 원근법을 개발

산치오 라파엘로(1483~1520)의 '아테네 학당'. 이 그림이 제작된 후 약 100년 만에 인간의 지식은 이성적 진실, 관찰된 진실을 바탕으로 정교한 체계를 수립한다. 그 결과 이 그림 속에 나타난 고전적인 세계관은 힘을 잃게 된다.

영국의 정치가이자 철학자인 프랜시스 베이컨(1561~1626)을 그린 17세기의 초상화. 작가 미상.

는 점을 알아차리고 있었다. 어떤 사람은 이 세계에 일관성이 사라져 가는 것을 느끼고 방향 감각을 잃기도 했다. 불안한 의심이 찾아오기도 했다.

그렇지만 대부분이 여전히 구시대적 세계관에 젖어 전 우주의 중심은 지구이며, 지구의 중심은 이 땅에서 생각하는 유일한 동물인 인간이라는 고전적 세계관이 옳다고 믿었다. 그러나 17세기에 나타날 지성의 발전은 이러한 생각이 완전히 틀렸음을 증명하게 된다. 중세와 근대를 가르는 가장 본질적인 기준은 '세계관'이었다.

프랜시스 베이컨

17세기 초반, 과학에는 이미 뚜렷한 변화가 나타나 있었다. 지성을 방해하는 장벽이 허물어졌고 결국 문명의 성격이 달라졌다. 유럽에는 실용성을 중시하는 새로운 태도가 나타났다. 호기심이 많은 사람이라면 누구나 자기 시간과 에너지, 자원을 들여 체계적인 실험을 진행하고 그로써 자연에 통달하고자 하는 분위기였다. 이런 태도를 지닌 사람들은 그들의 선각자를 찾았고 거기에는 프랜시스 베이컨(1561~1626)이 있었다.

베이컨은 영국의 대법관을 지내기도 했다. 그의 추종자들 가운데는 베이컨이 셰익스피어 희곡을 쓴 작가라고 주장하는 사람도 있다. 그는 보기 드문 지적 능력과 깐깐한 성격의 소유자였다고 한다. 그의 작업은 당대에는 거의, 아니 전혀 영향력을 갖지 못했지만 후대인들은 베이컨의 작업에서 낡은 권위를 거부하는 예언자풍의 매력을 발견했다.

베이컨은 관찰과 귀납법에 기초한 자연 탐구를 주장했고, 그것을 인간의 목적에 맞게 활용해야 한다는 방침을 세웠다. 그는 "과학의 참된 목적, 정당한 목적이란 새로운 발견과 새로운 동력을 통해 인간의 삶을 풍요롭

하기 위해 기하학과 과학을 연구했다.

이와 같이 설명과 분류가 주를 이루는 학문들 중 특이한 분야가 있었다. 바로 탐험가와 우주지리학자들이 발견한 새로운 지리학이었다. 16세기 초반 프랑스의 한 의사는 지리학과 천문학의 괄목한 만한 성장에 대해 이렇게 말하기도 했다. "플라톤, 아리스토텔레스, 고대 철학자들이 일궈 내고 프톨레마이오스는 거기에서 한 걸음 더 나아갔다. 그러나 그들 중 누군가 오늘 이곳에 와 본다면 이제 자신의 지리학도 과거의 것이 되었음을 알 수 있을 것이다." 새로운 방식으로 자연계에 접근하려는 열망은 이렇게 시작되고 있었다.

그러나 이런 변화가 신속하게 전개되지는 않았다. 1600년 당시, 일부 지식인들은 아리스토텔레스의 이론과 성경의 내용이 종합되어 만들어진 중세의 오래된 세계관이 틀렸다

게 만드는 데에 있다. 이를 통해 인간이 태초에 가졌던 통치권과 권력을 다시 세우고 새로운 힘을 불어넣을 수 있다"고 썼다.

이것은 참으로 원대한 야망이었다. 낙원에서 추방된 아담의 후예를 죄에서 구원하고 잃어버린 권력을 되찾아 주겠다는 뜻이 아닌가? 베이컨은 제대로 조직된 과학 연구가 이뤄진다면 얼마든지 가능한 일이라고 믿었다. 이런 점에서도 그는 선지자였으며 이후에 나타날 새로운 과학 집단, 과학 제도의 아버지였다.

베이컨의 진보적 특성은 후대에 와서 부풀려진 면이 있다. 베이컨보다는 그와 같은 시대를 살았던 요하네스 케플러와 갈릴레오 갈릴레이 같은 과학자야말로 과학의 진보를 일군 주역이 아니냐는 주장도 어느 정도 타당하다. 또 베이컨은 기술 위주의 실용적인 과학 연구로 "인간 삶의 질을 향상시키는 새로운 기술, 새로운 재능, 새로운 산물"을 발견하기를 바랐으나 그의 후계자들은 스승의 뜻을 지키지 못했다.

그러나 베이컨은 근대 역사를 시작한 신화적인 인물이 되었고 이는 마땅한 평가다. 그는 경험을 앞지르는 선험적 명제를 채택하는 대신, 관찰과 실험을 앞에 내세워 본질에 다가갔기 때문이다. 매섭게 추운 어느 날, 냉동이 피부에 미치는 영향을 관찰하기 위해 새 한 마리를 눈에 묻다가 감기에 걸린 베이컨을 두고 사람들은 과학의 순교자라고까지 부르기도 했다. 그것이 바로 가장 베이컨다운 모습이었다. 그 뒤로 40년이 지나자 과학에 관한 모든 담론의 중심에는 베이컨의 실험 과학이 있었다.

1660년대 영국의 한 과학자는 "세계라는 이 거대한 기계의 작동방식은 오직 경험론자와 기계론자만이 설명할 수 있다"고 말했다. 이것이 바로 베이컨이 생각하고 증명해 낸 사상이며 지금 우리가 살고 있는 이 세계의 중심 사상이기도 하다. 오늘 우리가 알고 있는 과학자의 본질적인 모습, 즉 실험을 통해 질문에 대답하는 탐구자라는 성격은 17세기 베이컨으로부터 시작된 것이다. 이 순간부터 비로소 과학자들은 실험을 하고 그 결과를 설명하는 체계를 만들기 시작했다.

반사 망원경은 1671년 아이작 뉴턴이 처음으로 설계했다. 사진 속의 망원경은 뉴턴 이후 윌리엄 허셀(1738~1822)이 완성한 것이다. 반사 망원경은 빛을 다량으로 반사하여 멀리 있는 천체를 연구할 수 있는 도구였다.

실험 도구의 발달

과학자들이 실험법을 도입하면서 가장 먼저 주목한 분야는 당시의 기술로 가장 잘 관측하고 측량할 수 있는 물리적 현상들이었다. 당시의 과학 기술은 중세 유럽의 직공들이 수세기에 걸쳐 천천히 쌓아 놓은 기술들이 개량되고 개선된 상태였다. 이제 과학자들은 이 기술들을 사용하여 학문을 가로막는 여러 장애 요소를 해결했고 나아가 학문상의 여러 문제를 풀어 낼 수 있었다.

애초에 대수와 미적분은 시계와 현미경, 망원경을 개량하기 위해 만든 도구였다. 17세기의 시계 제작 기술은 진자 제어기를 도입

◀ 18세기의 현미경. 현미경이 발명되자 드디어 새로운 과학 분야가 정립되기 시작했다. 예컨대 현미경을 통해 오늘날 박테리아라고 부르는 가장 작은 생명체인 '극미동물'을 발견함으로써 미생물학이 탄생했다.

세계를 뒤흔든 유럽 사상 21

근대 화학

화학은 금속과 금속 혼합물, 염료, 도기, 화약, 소금 등 여러 물질의 쓰임새에 통달하고자 하는 실용 학문이었다. 애초에 화학은 아랍인들의 활약이 두드러진 연금술의 영역에 속했다. 그 뒤를 이어 16세기 서양의 연금술사들이 물질의 사용법을 연구하기 시작했다.

17세기의 새로운 도구, 새로운 지식, 새로운 개념들과 함께 시작된 근대 화학은 로버트 보일, 요한 후라우버르, 얀 밥티스타 판 헬몬트, 프리드리히 호프만, 빌헬름 홈베르크, 요한 쿤켈, 니콜라 레메리, 장 레이 같은 과학자들의 활약으로 기초를 다졌다.

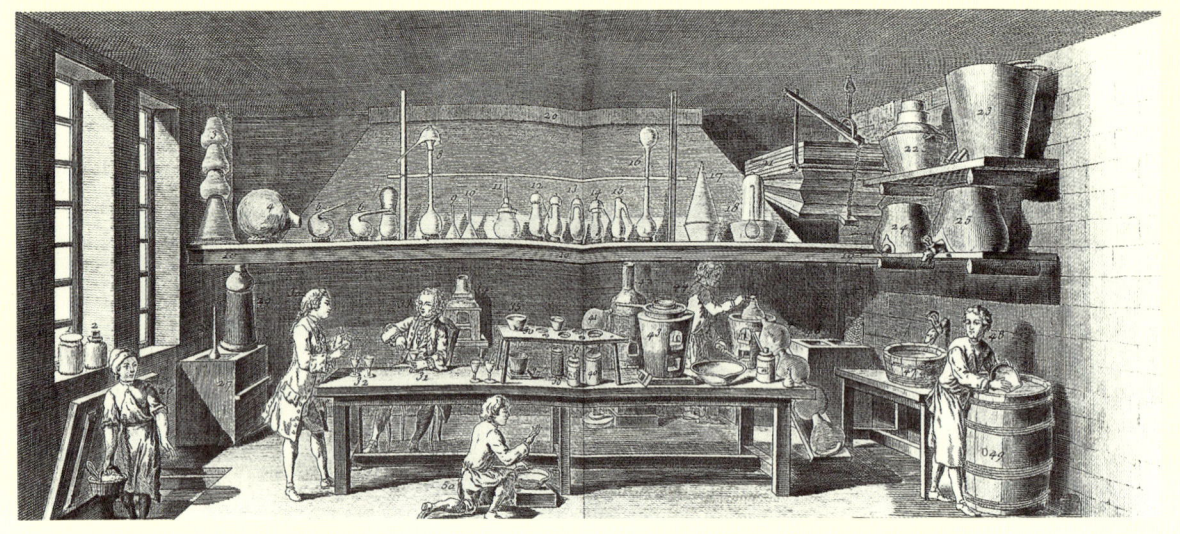

18세기에 들어서는 앙투안 라부아지에의 화학론을 필두로 화학의 기본 법칙이 모습을 드러냈다.

하여 훨씬 정밀해졌다. 시간을 훨씬 더 정확하게, 쉽게 잴 수 있는 시계는 천문학에 아주 유용한 도구가 되었다.

망원경이 발명되자 천체 관찰에 새로운 가능성이 생겨났다. 윌리엄 하비는 단순한 실험과 이론적 연구로 혈액순환을 밝혀냈는데, 이 이론은 현미경이 발명되면서 피가 흐르는 아주 작은 혈관을 눈으로 확인할 수 있게 된 후에 비로소 인정받았다. 과학 혁명 시기의 숱한 발견들은 망원경과 현미경이 없었다면 불가능했을 것이다. 뿐만 아니라 이 도구들 덕분에 과학을 잘 모르는 문외한까지도 새로운 세계의 모습을 눈으로 확인할 수 있었다.

새로운 과학 단체

오늘날 우리가 생각하는 방식으로 과학자와 철학자를 나누는 경계선은 그리 오래된 것이 아니다. 이 시기에 비로소 과학자라는 새로운 집단과 과학 전문 단체가 탄생했다. 그중에는 국경을 넘나드는 국제적인 모임도 있었다.

앞서 이야기한 인쇄술의 확산 역시 새로운 지식을 빠른 속도로 전파시켜 과학 발전에 큰 영향을 끼쳤다. 이 시기에 나온 인쇄물은 과학 서적만이 아니었다. 영국왕립학회는 「철학 연보」를 발간했고 학술 단체가 내는 회보와 회의록도 점점 늘어났다.

또 과학자들은 두툼한 편지를 써 가며 서로 정보를 교환했다. 이 편지 자료는 당시 과학 혁명이 실제 어떤 식으로 진행되었는가를 보여 주는 가장 중요한 증거물이다. 서신 중 일부는 책으로 출간되기도 했다. 현대의 일류 과학자들이 벌이는 논쟁에 비해 훨씬 많은 사람들이 이해할 수 있는 수준이었으며 널리 읽혔다.

현대인의 눈에 17세기 과학 혁명에 두드러지는 면모가 하나 있다면 아마추어 과학자, 연구를 취미로 삼은 과학자들의 역할이 컸다는 점이다. 또한 바로 이런 면모 덕분에 과학 혁명이 중국이 아닌 유럽에서 시작되었다고 설명할 수도 있다. 그전까지 과학 수준이 가장 높았던 중국은 이렇다 할 성과 없이 기술 발전이 더뎌지고 있었다. 중국의 지배 사상인 성리학이 과학과 같은 실용 학문을 저급하게 여겼기 때문이었다. 중국 지식인에게 과학은 관심의 대상이 되지 못했고 그만큼 발전도 저조했다. 반면 유럽 신사들에게 과학적 성과는 자신의 사회적 위신과 연결되어 있었다. 과학은 신사에게 어울리는 취미였다.

17세기 중엽에는 학술 단체가 더욱 성행했고 대부분이 신사풍의 과학 애호가로 가득 찼다. 아무리 상상의 나래를 펼쳐 보아도 전문 과학자 같지는 않은 사람들이었다. 이들이 팔을 걷어붙이고 직접 실험에 뛰어들었건 그렇지 않았건, 학술 단체들은 이 신사 계층의 힘을 빌려 사회적 입지와 명망을 확보할 수 있었다.

과학자들의 한계

1700년경의 과학은 이미 여러 주요 분야로 특수화·전문화되어 있었다. 물론 이후 전개되는 발전 양상에 비할 바는 못 되었다. 이 당시 과학은 있는 시간을 모두 투자해서 매달려야 하는 학문은 아니었다. 당시만 해도 과학자들은 행정 관직에 종사하면서 또는 신학에 관한 책을 쓰면서 얼마든지 굵직한 과학 연구 성과를 낼 수 있었다.

여기에 17세기 과학 혁명의 한계가 있다. 즉 과학 혁명은 당시 통용되던 기술의 한계를 뛰어넘을 수 없었다. 물론 당시의 기술 수준은 어떤 분야에서는 혁혁한 발전을 이끌어 낸 견인차 역할을 했지만 어떤 분야에서는 사람들의 관심을 밀어내는 방해물이기도 했다.

영국 화가인 조셉 라이트(1734~1797)는 과학적인 주제를 담은 그림을 전문적으로 그렸다. '공기 펌프에 든 새 실험'이라는 이 그림에는 물리학자가 진공을 만드는 과정이 묘사되어 있다. 라이트의 그림을 보면 당시 지식인들이 대중 앞에서 공개적으로 과학 실험을 행하는 유행이 생겨났음을 알 수 있다.

예컨대 화학 분야의 경우 15세기 말까지도 아리스토텔레스의 4원소설이 물질 구성론을 지배했는데, 이미 이것을 받아들이는 사람은 더 이상 없었음에도 아무도 그것을 반박하지 못했다. 이렇게 화학 자체의 발전은 비교적 미미했던 반면 물리학과 우주 철학은 급속도로 진보하여 안정된 수준에 이르렀을 정도였다. 이 분야들은 확연히 드러나지는 않지만 지속적인 발전을 이어 갔고, 19세기에 새로운 접근법이 나타나자 다시 활력을 띠었다.

과학과 신

17세기의 과학 발전은 혁명이었다. 최초의 변화이자 가장 중요한 변화는 현상을 바라보는 우주관이 바뀌었다는 것이다. 이전의 세계관은 우주의 모든 현상을 신의 권력이 직접적으로, 때로는 예측할 수 없는 방식으로 작동하는 것으로 바라보았다. 그러나 새로운 세계관에서 우주는 하나의 기계였다. 기계로서 우주는, 보편적이고 일률적인 운동 법칙에 따라 규칙적으로 변화하는 장소였다.

그런데 이 혁명적 세계관은 신앙과 별 마찰 없이 공존할 수 있었다. 신은 인간의 일상에 직접적으로 개입하는 존재는 아니었지만, 세

▶ 1586년 판화에 묘사된 덴마크의 천문학자 티코 브라헤(1546~1601)의 모습. 그는 국왕 프레데릭 2세로부터 관측소를 하사 받았다.

계라는 거대한 기계를 만든 창조주로서 위엄을 드러냈다. 이 세계관을 나타내는 가장 유명한 비유가 '하느님은 위대한 시계공'이라는 표현이었다. 17세기의 과학자와 그들의 과학적인 세계관은 기존 종교를 거스르지도, 새로운 세계관을 반대하지도 않았다.

물론 천문학이 내놓은 새로운 견해는 인간의 고귀함을 훼손할 수밖에 없었다. 인간은 더 이상 우주의 중심이 아니었기 때문이다. 예컨대 1686년에는 지구 말고도 사람이 사는 곳이 더 있을 거라는 주장을 담은 책이 나오기도 했다.

그러나 이러한 혁명을 일으킨 당사자들은 이 견해가 불러올 위험 상황에 그다지 마음을 쓰지 않았다. 기껏해야 천동설을 둘러싼 교회의 교리 분쟁 정도를 예상했다. 이 혁명적인 과학자들은 자기들이 만들어 낸 새로운 견해를 도구로 삼아 하느님의 위대함과 신비로움을 강조한 것뿐이었다. 그들은 마치 중세가 아리스토텔레스 과학의 세례를 받았던 것처럼 자신들의 새로운 지식이 자기 시대에 세례를 베풀 수 있으리라 믿었다.

코페르니쿠스적 우주관

천문학의 혁명을 이끈 주인공 가운데 코페르니쿠스는 항상 첫 번째로 손꼽힌다. 그는 폴란드의 성직자로 1543년 『천체의 회전에 관하여』를 썼다. 1543년은 베살리우스가 해부학에 업적을 세운 해이자 아르키메데스의 저작물이 처음으로 번역된 해이기도 해서 역사가들은 이 해를 매우 상징적으로 생각하기도 한다.

코페르니쿠스는 사실 과학자였다기보다는 르네상스적인 인본주의자였는데, 그가 살았던 시대를 생각하면 이러한 그의 성향이 그리 특별한 이야기는 아니다. 그는 철학적이고 미학적인 추론 과정 중 지동설을 생각해 냈다. 코페르니쿠스의 지동설은 행성들이 태양 주위를 회전한다고 설명한다. 당시 코페르니쿠스에게는 이 가설을 증명할 방법이 없었고 당시의 상식적인 증거 역시 모두 이 가설과 들어맞지 않았다는 점을 생각해 보면 이것은 꽤 재기 넘치는 발상이었던 듯하다.

태양 중심론을 과학적으로 뒷받침하는 첫 번째 증거는, 사실 이 가설을 받아들이지 않았던 덴마크 과학자 티코 브라헤가 찾아냈다. 그는 결투를 벌이다가 코가 잘려 평생 금으로 만든 코를 달고 다녔다. 그만큼 괴팍한

그림 속의 니콜라스 코페르니쿠스(1473~1543)는 폴란드의 성직자이자 천문학자, 수학자였다. 지구가 1년에 한 바퀴씩 태양 주위를 돌고 하루 한 바퀴씩 자전한다는 그의 주장은 엄청난 물의를 일으켰다.

성격에, 눈에 띄는 외양의 소유자였다.

그는 원래 조잡한 장비로 행성 운동을 기록하고 있었는데, 왕이 당대 최고 설비를 자랑하는 관측소를 하사했다. 그 덕분에 브라헤는 서양 과학사 최초로 천문학 자료를 체계적으로 수집했다.

신교도 중 처음으로 위대한 과학자 반열에 오른 케플러는 원래 브라헤의 조수였다. 그런 케플러가 오히려 더욱 정교한 관찰을 통해 태양 중심론을 한 발짝 더 진척시켰다. 그는 행성 운동의 진로가 완벽한 원이 아니라 타원형이고 그 속도가 불규칙하다면, 행성 운동의 규칙을 설명할 수 있음을 밝혀냈다. 이로써 마침내 프톨레마이오스의 기본 틀 안에서 점점 난관에 빠져들던 우주론에 길이 열렸고 20세기까지 이어질 행성론의 토대가 마련되었다.

그리고 드디어 갈릴레오 갈릴레이가 나타났다. 그는 1600년경에 우연히 발명되었다는 망원경이라는 도구를 무척 애지중지했다. 갈릴레이는 파두아 대학의 학생이었다가 나중에는 그곳의 교수가 되었다. 고대 과학과 연관이 깊은 물리학과 군사 공학을 가르쳤다.

그가 애지중지한 망원경은 결국 중세의 아리스토텔레스적 구조를 산산이 부수는 데 성공했다. 코페르니쿠스의 천문학 이론이 눈앞에 구체적으로 드러났다. 이후 200년 동안 과학자들이 한 일이라고는 갈릴레이가 밝혀낸 행성의 특질을 실제로 확인해 보는 것뿐이었다.

갈릴레이의 업적

갈릴레이의 주요 업적은 관찰이 아닌 이론에 있었다. 그는 먼저 물리 법칙을 설명했다. 천체 운동을 수학적으로 계산하여 코페르니쿠스적 우주관이 가능함을 보여준 것이다. 그 전까지 중세 직공의 기술에 불과했던 역학이 갈릴레이의 작업을 발판으로 과학 영역에 진출했다. 또한 갈릴레이는 체계적인 실험을 통해 결론에 도달했다.

갈릴레이가 "새로운 두 과학"이라고 부른 정역학과 동역학은 체계적인 실험의 결과였다. 이에 대해 쓴 『프톨레마이오스와 코페르니쿠스의 2대 세계 체계에 관한 대화』는 과학적 사고에 나타난 혁명이 처음으로 언급된 책이다. 이 책의 중요성은 물론 그 내용에 있지만 또 한 가지 흥미로운 점은 그것이 라틴어가 아니라 자국어인 이탈리아어로 쓰였으며 교황에게 헌정되었다는 사실이다.

갈릴레이는 누가 보아도 신실한 가톨릭 신자였다. 그러나 이 책은 소동을 불러일으킬 수밖에 없었다. 중세 교회는 아리스토텔레스 사상과 결합한 기독교적 세계관으로 한 시대를 지배했는데 이 책은 그것의 종말을 선언했기 때문이었다. 갈릴레이는 재판에 회부되었다. 그는 유죄 판결을 받고서 자신의 주장을 철회했지만 과학에 미친 그의 영향력은 결코 줄어들지 않았다. 갈릴레이를 기점으로 코페르니쿠스적 우주관이 과학을 지배하기 시작했다.

이탈리아의 천문학자이자 물리학자인 갈릴레오 갈릴레이(1564~1642)를 묘사한 당대의 초상화가 레오니의 그림. 갈릴레이는 종교 재판소의 고문 위협에 무릎을 꿇고 사람들 앞에서 자신의 이교도적인 주장을 철회해야 했다

아이작 뉴턴(1642~1727)의 1702년 초상화.

과학의 토대를 완성한 아이작 뉴턴

갈릴레이가 사망한 해, 뉴턴이 태어났다. 뉴턴은 코페르니쿠스적 우주관을 물리학적으로 설명해 냈다. 그는 케플러와 갈릴레이의 역학 법칙을 증명했고, 종국에는 지구와 천체를 아우르는 법칙 체계를 수립했다. 그는 우리가 미적분학이라고 부르는 '유율법'이라는 새로운 수학을 도구로 택했다. 뉴턴은 미적분학의 창시자는 아니었지만 이것을 물리적 현상에 적용한 선구자였다. 유율법을 쓰면 움직이는 물체의 위치를 계산할 수 있었다. 뉴턴의 추론은 행성 운동을 고찰하는 데서 시작했다.

유클리드의 『기하학원본』 이후 가장 중요하고 가장 거대한 영향력을 행사한 과학 저작물 『자연철학의 수학적 원리』가 출간되었다. 이 책에서 뉴턴은 중력이 물질계를 지탱하는 방식을 설명했다. 중력의 발견은 과학과 문화 전체에 거대한 영향을 끼쳤다. 뉴턴의 영향력을 측량할 마땅한 기준은 없으나 다만 어마어마했을 것이라고 추측할 수 있을 뿐이다. 알렉산더 포프가 쓴 추모시는 너무 자주 인용되고 있지만 역시 이 문장만큼 뉴턴이 학계에 던진 파급력을 잘 묘사한 것도 없다.

"자연과 자연의 법칙은 어둠에 숨겨져 있었네. 신이 말하길, '뉴턴이 있으라!' 그러자 모든 것이 빛을 얻었네."

이렇게 해서 뉴턴은 곧, 베이컨에 이어 지성의 새로운 역사에 두 번째 성자로 등극했다. 베이컨에 대해서는 이견이 있을 수 있지만, 뉴턴에 대한 이런 대우에는 이견이 있을 수 없었다. 그는 삼라만상에 숨은 과학적 원리에 매혹된 인물이었고, 포프의 시가 말해 주듯 뉴턴 과학에는 이 세상 모든 것이 담겨 있었다.

뉴턴 과학의 위대함을 비 과학자들이 이해하기는 힘든 부분이 있다. 그러나 한마디로 말해 코페르니쿠스가 시작한 혁명이 뉴턴에서 완성되었다고 이해하면 무리가 없다. 우주를 설명하는 데 정적인 개념은 물러나고 동적인 개념이 들어선 것이다. 이후 200년 동안 뉴턴 과학은 물리학을 비롯한 여러 과학 분야의 토대가 되었다.

과학과 종교의 충돌

뉴턴과 그 이전의 선구자들은 자신들의 연구가 종교와 과학 간의 화해할 수 없는 싸움을 불러올 것이라고는 예상하지 못했다. 우주는 맨 처음 단 한 번 창조된 이후 자동적으로 조절되고 자급자족하는 체계라는 견해가 자신이 수립한 중력법칙을 통해 과학적으로 무너지자 뉴턴은 기뻐했다. 그것은 세계의 창조주께서 세계를 고안하고, 짓고, 다듬은 후 손을 떼고 지켜보기만 한 것이 아니라 창조 이후에 더 많은 것을 해 주고 있다는 뜻으로 받아들였기 때문이었다.

그는 논리에 공백이 생기는 것 역시 좋게 받아들였다. 신의 개입이라는 전제를 내세워

공백을 채울 수 있었기 때문이었다. 뉴턴은 종교가 이성을 초월한 것이지 이성과 반대되는 것은 아니라고 주장하는 신실한 신교도 과학자였다.

그렇지만 성직자들, 특히 가톨릭 쪽에서는 새로운 과학과 타협점을 찾기가 어려웠다. 중세 과학에서는 성직자가 중요한 역할을 했으나 17~19세기 중엽에 나온 굵직한 과학적 성과 중에 성직자가 이룬 것은 거의 없었다. 신교에 항한 가톨릭 개혁이 성공한 지역, 그러니까 중세의 질서가 좀처럼 해체되지 않은 지역에서는 당연히 이러한 대비가 더욱 두드러졌다.

17세기에 이르러 종교와 과학 간에는 분열이 일어나기 시작했다. 그 후 이 균열을 봉합하려는 온갖 시도가 이어졌지만 이 시기에 시작된 종교와 과학의 분열은 지금까지도 유럽 지성사에 풀리지 않는 문제로 남아 있다. 이 위기를 상징하는 인물이 나폴리 사람인 조르다노 브루노였다. 그는 과학자가 아닌 공론가였는데, 전직 도미니코 교단의 수사였다가 이단과 살인 혐의로 수사복을 벗고 나서 유럽 전역을 방랑하며 논쟁적인 저작물을 출간했다. 그는 고대 이집트에서 끌어 왔다는 신비주의 과학을 논하다가 결국 종교 재판소에 끌려갔고, 8년 후 로마에서 이단 혐의로 화형당했다. 브루노의 처형 사건은 후대 사람들이 이룩할 '자유사상'의 발전과 진보와 종교 사이의 투쟁에 하나의 주춧돌이 되었다.

신앙과 교권의 수호자들

17세기의 과학자와 철학자들은 진보와 종교의 대립을 그다지 확실하게 실감하지는 못했다. 뉴턴은 성경과 신학을 주제로 많은 글을 남겼다. 심지어 예언서에 대해 쓴 자기 글이 중력법칙을 증명한 『자연철학의 수학적 원리』만큼이나 완벽하다고 생각했다. 뉴턴은 모세가 이미 태양 중심론을 알고 있었다고 믿은 듯하다. 그는 모세가 성경을 읽는 사람들에게 철학이나 속임수, 소위 과학이라고 잘못 알려진 것들을 조심하며 구약성서에 의지하라고 가르쳤다고 말했다.

영국의 수학자 존 네이피어는 오늘날 '로그'라고 알고 있는 대수對數를 발명하고는 『요한 계시록』에 쓰인 사탄의 숫자 666의 비밀을 해독할 새로운 방법을 찾았다며 기뻐했다. 프랑스 철학자 르네 데카르트는 방법론적 회의를 통해 자아의 철학을 세우고 이것을 기독교 신앙을 옹호하는 철학으로 정리했다. 그렇다고 해서 데카르트 자신이나 그의 철학을 따르는 데카르트주의자들이 교회와의 대립을 피할 수는 없었다. 전통적인 신앙파들은 데카르트가 내린 결론이 문제가 아니라 그 결론에 도달한 방법론을 문제 삼았다.

데카르트 철학은 의심에서 시작하여 마침내 그 의심을 완전히 제거할 수 있음을 증명하는 방식으로 신앙을 이성적으로 받아들였다. 진실은 성경에서 나온다고 가르치는 교

18세기 화가 조셉 라이트의 그림 '철학자의 돌을 찾는 연금술사, 인燐을 발견하고 작업의 성공을 빌다'. 예로부터 연금술에는 과학 실험과 종교, 미신이 함께 어우러졌다.

독일의 철학자 임마누엘 칸트를 그린 18세기 석판화.

회와 서로 손잡기 힘든 발상이었다. 교회 당국은 개인의 신앙심과 기독교 정신은 의심해서는 안 된다는 판단 하에 데카르트의 모든 저작을 금서 목록에 올렸다. 교회의 입장에서는 적절한 조처였다.

교회 당국에서 시작된 논쟁은 17세기 후반 프랑스의 신교도 성직자인 피에르 벨의 비판을 받게 된다. 그는 당국의 논쟁이 미심쩍게 마무리된다고 지적했다. 그는 당국이 어떤 근거를 가지고 있는지 의문을 제기했다. 결국 문제는 견해상의 차이인지도 모른다는 것이다. 벨은, 전통 기독교의 모든 교리가 당위적인 추론으로 이해할 수 없는 것이라면 반박될 수 있다고 주장했다. 이러한 벨의 회의주의로부터 유럽 지성사에 새로운 국면이 펼쳐지기 시작했다. 이름 하여 계몽주의였다.

계몽주의와 로크

18세기 유럽 사람들은 각국에서 '계몽'을 뜻하는 말을 썼다. 이 낱말에 들어 있는 핵심적인 이미지는 예전에는 어두웠던 것에 빛을 밝힌다는 것이었다. 사람들은 자신들의 시대에 나온 새로운 사고를 계몽이라고 불렀다. 이 새로운 사고를 기준으로 지나간 시대와 자신들이 살고 있는 현 시대는 완연히 구별된다고 여겼다.

그런데 독일의 철학자 임마누엘 칸트는 "계몽이란 무엇인가?"라고 스스로 질문을 던지고는 그에 대해 사뭇 다른 대답을 내놓았다. 칸트가 보는 계몽이란 "인간이 스스로 자초했던 미성숙으로부터의 해방"이었다. 계몽의 핵심은 권위에 대한 문제 제기에 있었다.

이 시대의 계몽주의가 후대에 남긴 가장 위대한 유산은 비판적 태도를 하나의 보편적인 가치로 퍼뜨렸다는 데 있다. 이 시기부터 모든 것이 정밀 조사의 대상이 되었다. 오늘날 누구나 옳다고 인정하는 생각을 처음으로 주장한 사람들이 나타났다. 세상 그 어느 것도 신성하지 않다는 생각의 소유자들이었다. 그들이 주장한 것은 급진적인 계몽주의였다. 그러나 계몽주의에도 권위와 교리가 존재했다. 비평적 태도와 이성이 바로 그것이다. 이들은 오래도록 최고의 지위를 누렸다.

계몽주의 사조는 수많은 사상들의 집합소라고 할 만큼 다양한 견해들이 함께 모여 있었기에 이를 계몽주의라는 하나의 말로 정리하

칸트, '계몽이란 무엇인가'

"이러한 계몽을 성취하기 위해서 필요한 것은 다만 자유뿐이다. …… 스스로의 이성을 모든 방면에서 '공공적公共的'으로 적용할 수 있는 자유 말이다. 그러나 나는 지금 사방에서 '따져 묻지 말라!'는 외침을 듣는다. 장교는 '따지지 말라. 줄 맞춰 서라'라고 말하고, 세무관은 '따지지 말라. 세금을 내라'고 소리친다. 성직자는 '따지지 말라. 믿기만 하라!'라고 한다. …… 이렇게 모든 곳에서 자유가 제약받고 있다. …… 내가 말하는 '인간이 스스로의 이성을 공공적으로 사용하는 것'이란 각자가 '배운 사람'으로서 '책을 읽는 대중' 전체 앞에서 자신의 이성을 사용한다는 뜻이다. …… 만약 상관으로부터 명령을 받은 장교가 근무 중에 그 명령의 유용성이나 적합성에 대해 공개적으로 비판을 늘어놓는다면 그것은 엄청난 해악을 부를 것이다. …… 장교는 상관의 명령에 복종해야 한다. 그러나 그가 배운 사람으로서 군복무의 모순을 조사하고 그 내용을 자신의 청중 앞에 논의하는 것 자체를 금지하는 일은 옳지 않다. 시민은 자기에게 부과된 납세의 의무를 거부할 수 없다. 자신의 납세 의무를 섣불리 비난했다가는 불법 행위로 처벌받을 수도 있고, 사회 전체의 불복종을 야기할 수도 있다. 그렇다 하더라도 그가 배운 사람으로서 과세의 부당함과 불공정에 대해 자신의 생각을 공적으로 표현하는 것은 결코 시민의 의무에 위반되는 행동이 아니다."

임마누엘 칸트(1724~1804)의 「'계몽이란 무엇인가'에 대한 답변」 중에서

데카르트의 『방법서설』

"나는 다음 네 가지 규칙들을 확고하게, 계속해서 지켜 나간다면 관찰에 실패할 리가 없을 것이라고 믿었다.

첫째, 명증하게 참이라고 인식한 것 외에는 그 어떤 것도 참된 것으로 받아들이지 말 것. 즉 속단과 편견을 신중히 피하고, 조금도 의심할 여지가 없을 만큼 명확하고 확실하게 내 정신에 나타나는 것 이외에는 그 어떤 것도 판단하지 말 것.

둘째, 내가 검토하는 문제 하나하나를 그것을 가장 잘 해결할 수 있고 또 문제 해결에 필요한 방식으로, 가능한 한 작은 부분들로 쪼갤 것.

셋째, 질서 있게 생각을 이끌어 나갈 것. 가장 간단한 대상, 가장 알기 쉬운 대상에서 출발하여 차차 단계를 밟듯 올라가서 가장 복잡한 대상들을 파악하고 원래는 서로 우열이 없던 것들 사이에서 질서를 세울 수 있는 수준까지 이를 것.

마지막으로, 어느 문제에 대해서나 내가 아무것도 빠뜨리지 않았다고 확신할 수 있을 만큼 완벽하게 순서를 짜고 전반적으로 검토할 것."

르네 데카르트(1596~1650)의 『방법서설』(1637) 중에서

군대의 일방적인 진군이라기보다는 한 나라 안에 일어나는 내전과도 같았다.

계몽주의 이전에 이미 데카르트는 확고한 지식의 출발점은 철저한 의심이라고 가르쳐 주었다. 그로부터 50년 후, 영국의 철학자 존 로크는 지식의 심리학을 수립했다. 로크의 철학에서 지식의 제1 구성 요소는 감각적 인상이었다.

로크는 데카르트를 비판하면서, 인간이 태어날 때부터 타고나는 관념인 본유관념 같은 것은 존재하지 않는다고 주장했다. 마음은 오직 감각적인 경험만을 수용하고 그 경험들에 의해 파악한 관계만을 담고 있다는 것이다. 이 말은 곧 인간에게는 옳고 그름에 대한 고정된 관념이 없음을 뜻했다.

로크는 도덕적 가치란 마음이 고통과 쾌락을 경험할 때 발생하는 것이라고 가르쳤다. 로크는 철학에 어마어마한 지평을 열었다. 그의 사상은 인간이 처한 물질적 환경을 제대로 갖추어야 한다는 교육론, 사회 의무론으로 이어졌고 다양하게 변형된 수많은 환경 결정론을 낳았다. 로크에서 시작된 이러한 사상적 흐름은 거대한 전통에 뿌리를 둔 것이기도 했다.

데카르트가 생각한 몸과 마음의 이중 구조, 로크가 생각한 물질과 정신의 이중 구조는 세계를 현실계와 이상계로 나누는 플라톤 철학의 이원론 및 천상의 세계와 지상의 세계를 대비시키는 기독교 형이상학에서 뻗어 나왔다. 그러나 고대와 중세의 철학이 근대 철학의 근간이 되었다는 사실보다 놀라운 점은 로크에 와서까지도 플라톤 사상과 전통적인 기독교 신앙이 접목될 수 있었다는 것이다.

계몽주의의 낙관

계몽주의 내부에는 서로 어울리지 않는 것들이 무수히 많았지만 계몽주의가 갖는 전반적

기는 어려웠다. 다양한 조류가 결과적으로 계몽주의라는 하나의 사조 안에 들어갔지만 그것들이 모두 같은 방향을 향한 것은 아니었다. 계몽주의의 시작도, 계몽주의의 전개도 모두 끝나지 않는 논쟁과 같았다. 계몽주의는 연합

◀ 독일의 수학자이자 합리주의 철학자 그리고 논리학자인 고트프리트 라이프니츠(1646~1716)는 악이란 '오해'가 쌓인 결과라고 보고 이 '오해들'이 해결되기만 한다면 삼라만상에 평화가 깃들 것이라고 믿었다. 라이프니츠 철학을 설명하기 위해 볼테르는 '낙관적'이라는 단어를 만들어 냈다.

세계를 뒤흔든 유럽 사상

인 성격은 뚜렷했다. 과학 또한 새롭게 이름을 날리면서 감각을 통한 관찰이야말로 지식으로 전진하는 길임을 단언했고, 그렇게 얻어진 지식들은 실용적인 효용성으로 그 가치를 증명했다. 과학은 인류가 진보할 수 있는 가능성을 열었다. 기술을 통해 자연의 불가사의를 낱낱이 드러낼 수 있었다. 물리학과 화학의 법칙으로 자연의 논리적·이성적 기초를 밝혀낼 수 있었다.

이 모든 것이 낙관주의를 낳았다. 세계는 점점 좋은 쪽으로 나아가고 있었고 앞으로도 계속 좋아지리라 예상되었다. 1600년만 해도 분위기가 전혀 달랐다. 고전시대를 흠모하던 르네상스시대는 전쟁 때문에 격심한 변화가 끊이질 않았다. 머지않아 세계가 종말을 맞을 것이라는 묵시록적 예감이 사람들의 잠재의식을 떠난 적이 없었다. 그러다 보니 세계를 비관적으로 바라보는 분위기가 사람들을 압도했다. 그 시대 사람들은 자신들이 저 높은 과거에서 아래로 추락하고 있다고 생각했다.

그러나 17세기 후반, 프랑스 문학가들은 과연 고대 문학이 우리 시대의 문학보다 위대한가를 두고 격렬한 논쟁을 벌였다. 그 결과 고대의 권위는 심각한 타격을 받았다. 고대라는 권위 대신 진보와 비평, 상대성 같은 관념이 지성의 기준으로 자리 잡았다. 특히 계몽주의 사조에서 생겨나 이후 유럽 사상의 핵심이 된 '진보'라는 관념이 구체화된 것도 이 '신구 문학 논쟁'을 통해서였다.

계몽주의는 비전문가를 위한 사조이기도 했다. 18세기에 이르기까지 교양 있는 사람들은 여러 다양한 학문의 논리와 의미를 가져와 자

달랑베르와 계몽주의시대의 철학

"우리 시대는 스스로를 '철학의 시대'라고 부르기를 좋아한다. 실제로 아무런 편견 없이 지금의 지식수준을 살펴보아도 철학이 우리 시대에 와서 대단한 진전을 일구었음이 확실하다. 자연과학은 매일매일 새로운 자원을 손에 넣고, 기하학은 경계를 활짝 넓히며 인근 학문인 물리학에 활력을 불어넣고 있다. 무엇보다도 세계의 본모습이 규명되고, 개발되고, 개선되고 있다. 자연과학의 영역은 지구에서 토성으로, 천체의 역사에서 곤충의 생태학으로 확장되고 있다. 여타 모든 과학 분야에서도 새로운 차원의 연구가 진행된다. 그러나 철학에 나타난 새로운 방법론이야말로 그 모든 발견에 깃든 열정을 통해 지식 전반에 아이디어가 샘솟게 한 원천이다. 모든 주장들이 어우러져 각 개인의 정신에 생명력을 만들어 냈다. 곳곳에 스며든 이 생명력은 그에 대립하는 것이 보이면 닥치는 대로 공격을 퍼붓는다. …… 모든 것이 도마 위에 올라 논쟁, 분석, 격론의 주제가 되었다. 과학의 원리에서 종교의 기저까지, 전통적인 형이상학의 문제에서부터 새로 등장한 미학의 문제까지, 음악부터 도덕까지, 신학적 질문에서 경제·산업상의 문제까지, 정치부터 시민권까지……. 정신에 나타난 이러한 전반적인 활력의 결과로 여러 사물들에 새로운 빛이 비추고 있다. 또한 새로운 그림자가 그것

들을 가리고 있다. 끊임없이 해변을 들고 나는 파도가 어떤 것은 바다 속으로 끌어들이고 어떤 것은 해변으로 뱉어 놓는 것처럼."

장 르롱 달랑베르 『계몽주의의 구성 요소』(1758) 중에서

사진은 프랑스의 철학자이자 물리학자인 달랑베르(1717~1783)를 그린 18세기 판화.

프랑스 계몽주의에 관한 우화로 주요 종교의 대표자들이 등장해 한창 논쟁을 벌이고 있다. 그들 주위로 책과 신문이 널리 퍼졌다는 증거물이 쌓여 있다. 작가 미상 (1780).

▶ 드니 디드로(1713~1784)의 1784년 초상화. 그는 여러 학문을 광범위하게 집대성한 『백과전서』의 감독을 맡았다.

* 『국부론』
1776년 영국의 고전학파 경제학자인 애덤 스미스가 쓴 경제학서. 자유경쟁을 통해 자본 축적이 나라를 부유하게 만든다는 이론에 근거하여 자유방임 경제를 주장했다. 고전 경제학 이론의 대표적인 저서다.

기 나름대로 그럴듯한 방식으로 한데 묶는 지적 활동을 즐겼다. 예컨대 볼테르는 사상가였지만 시인이자 극작가로도 이름을 날렸고 한때 아카데미 프랑세즈 회원으로 뽑혀 꽤 두툼한 역사서를 편찬했는가 하면 동시대인을 위한 뉴턴 물리학 해설서를 쓰기도 했다. 도덕 철학자로 명성이 높았던 애덤 스미스는 근대 경제학의 시초로 평가받는 걸작 『국부론』*을 써서 세상을 놀라게 했다.

종교와 계몽주의

교회는 철학과 신앙을 절충하는 수준에서 타협하기도 했던 반면, 영국의 역사가 에드워드 기번의 표현대로 이 시기의 "잠재적이며 어쩌면 본능적이기까지 했던 회의론자들은 가장 경건한 신의 섭리를 고집했다". '새로운 사상가'의 머릿속에는 신과 신학을 위한 방이 따로 마련되어 있는 듯했다. 그들의 마음속에서 철학과 신앙은 서로 싸우는 일 없이 평화롭게 공존했다.

이제 유럽 사람들은 더 이상 자신들을 향해 입을 벌리고 있는 지옥을 느끼지 못했다. 세계의 비밀스러운 베일이 하나하나 벗겨졌다. 뿐만 아니라 인간 세계의 비참함도 사라져 갈 것이라는 확신이 생겼다. 세상에 태어날 때부터 함께 달고 나온 고통을 하나하나 떼어낼 수 있을 것 같았다.

지진 같은 무시무시한 자연 재해가 일으키는 처치 곤란한 문제들이야 여전히 있었다. 그러나 만약 인간이 세상의 수많은 병폐를 고칠 수 있다면, 그래서 그전에 겪은 수많은 불행이 사라진다면 교회가 가르치는 교리는 힘을 잃을 수밖에 없었다. 로크의 말대로 "인간의 본성이 행복을 추구하고 비참함을 피하는 것에 있다"면 낙원에서 추방당한 인간이 다시 구원받아야 한다는 교리가 과연 옳을까?

철학자의 세계에서 신은 만물의 형세를 지은 조물주, 그리고 만물이 굴러가는 법을 정한 위대한 공학자라는 형식적인 지위에 앉아 있을 수 있었다. 그런데 천지창조가 끝나고 만물이 작동할 때는 어떠한가? 예수 그리스도라는 육신을 통해 직접적으로 개입하는 것이나, 신이 정한 교회를 통해, 또 그 교회가 행하는 성찬식을 통해 간접적으로 개입하는 것이 가능한가? 결국 계몽주의는 지성과 도덕의 최고 권위자임을 자처하는 교권에 맞서 반란을 불러일으킬 수밖에 없었다.

과거의 권위를 거부하다

근본적인 모순은 이런 것이었다. 17~18세기에 이성을 갖춘 사람들이 기존의 권위를 완전히 거부한 적은 거의 없다. 다만 사람들에게는 과학과 이성의 가르침이라는 새로운 권위가 생겨났다. 그렇지만 사람들은 점점 더, 그리고 단호하게 과거의 권위를 거부해 가고 있었다.

유럽의 전통적 권위는 고대 문화와 가톨릭에 있었다. 문예사가들은 고대 문화와 근대 문화를 두고 문학 논쟁을 벌여 고전의 권위를 무너뜨렸다. 종교개혁은 가톨릭의 권위를 파괴했다. 종교개혁론자들은 전통적 사제직 대신 장로 제도, 또는 구약에서 말하는 만인 사제직을 주창함으로써 기존 종교의 권위를 끌어내렸다. 뒤이어 계몽주의시대는 여기에서 한 걸음 더 나아가 신의 권위를 부정했다. 추락한 권위가 예전으로 돌아갈 방법은 어디에도 없었다.

계몽주의의 확신

계몽주의시대에 성직자들은 자신들이 느끼는 불안을 그 즉시 말로 표현하고 이런저런 방식으로 정당화했다. 그러나 계몽주의 자체의 숨은 뜻이 밖으로 표출되기까지는 시간이 조금 필요했다. 18세기의 진보 사상들은 다소 실용적이고 일상적인 주제에 대해 권고하는 형식으로 나타났다는 특징이 있다. 그 때문에 그 안에 숨은 혁신적인 요소는 잘 드러나지 않았다. 그러므로 이 시대 진보 사상을 종합적으로 살펴보려면 이 사상들의 밑바탕에 깔린 신념이 무엇이었는지 따져 보아야 한다.

계몽주의는 근본적으로 인간의 정신이 갖는 힘을 믿었다. 계몽주의자들이 베이컨을 그토록 존경하는 것도 바로 이 이유에서였다. 인간의 정신이 우상을 타파할 수 있다고 믿은 베이컨은 계몽주의자들의 동지였다. 유럽인의 마음속에 생긴 인간 지성에 대한 확신은 재기 넘치는 르네상스의 거장들이 물려준 유산이기도 했다. 더 나아가 18세기 계몽주의야말로 인간의 지성을 숭배했다. 이 시대 사람들은 인간에게 지성이 있는 한 영원한 진보가 가능하다고 믿었다.

이들 대부분이 낙관주의자였다. 그들은 자기 시대를 역사의 절정기로 보았다. 또한 앞으로 인류는 자연을 조종함으로써, 이성이 인간의 마음에 미리 새겨 둔 지식을 하나하나 꺼냄으로써 발전을 구가할 것이라고 기대했다. 근대의 철학은 인간에 내재하는 본유관념을 문 밖으로 몰아냈었다. 그러나 어느새 이성이라는 본유관념이 뒷문을 통해 다시 기어들어 와 있었다.

낙관주의는 실제적이고 위협적인 장애물 앞에서야 스스로의 한계를 느꼈다. 첫 번째 한계는 다름 아닌 무지였다. 인간은 과연 사물의 본질을 이해할 수 있을까? 과학이 자연계의 질서를 밝혀낼수록 그것은 점점 더 복잡해져 자연을 이해하기란 불가능하게만 보였다. 그러나 계몽주의자들이 적으로 삼은 무지는 이런 높은 차원의 무지가 아니었다. 그들

드니 디드로와 장 르롱 달랑베르가 편찬한 이 『백과전서』의 초판본은 루이 16세의 서재에 꽂히기도 했다. 184명의 계몽 사상가, 학자들이 집필한 이 저작물은 프랑스대혁명의 사상적 배경이 되었다.

호베야노스의 교육론

"지적 능력을 계발하고 체력을 보강하는 것이 바로 교육이다. 교육받지 않은 인간의 지성은 불붙이지 않은 램프에 불과하다. 교육을 통해서 비로소 인간은 전 자연계에 빛을 밝힐 수 있고 가장 깊숙이 감추어진 동굴을 탐험하여 자신의 의지 아래에 둘 수 있다. 계몽 되지 않은 미숙한 인간은 승리하기 어렵다. 그러나 인간의 본성에는 모든 것을 도구로 만들 힘이 있고, 모든 장애물을 헤쳐 나갈 수 있는 힘이 있으며, 불가사의를 만들어 낼 능력이 있다. 그렇기에 교육은 교육을 통해서 완전해질 수 있는 유일한 존재, 그러한 완전함에 도달할 능력을 선물 받은 유일한 존재인 인류를 진보시킨다. 이것이 인류가 저 거룩하신 창조주에게 받은 가장 위대한 선물이다. 교육은 인간을 훈련하고 스스로 번영과 안락을 일구어 낼 도구를 마련해 준다. 무엇보다도 교육은 한 사람이 느끼는 행복의 근간이 된다. 그러니 교육은 공공의 발전이 시작되는 곳이다. 사회의 번영이란 그 사회를 구성하는 각 개인의 행복이 모인 총합이기 때문이다."

가스파르 드 호베야노스(1744~1811)의 『공교육론』 중에서

은 조금 더 일상적인 수준에서 일어나는 경험에 대해 고민했고, 이성과 지식을 결합한다면 그러한 무지를 해소할 수 있을 것이라고 믿었다. 바로 여기에서 계몽주의가 이룩한 가장 위대한 업적인 『백과전서』가 탄생했다. 당대의 뛰어난 철학자와 과학자였던 디드로와 달랑베르는 1751년부터 1765년까지 16년에 걸쳐 각종 정보와 주의·주장을 모아 스물한 권에 달하는 백과사전을 편집했다.

이 사전의 몇몇 항목을 보면 잘 알 수 있듯 계몽을 가로막는 또 하나의 거대한 장애물은 '앵톨레랑스'*였다. 특히 계몽주의자들은 출판과 논쟁의 자유를 인정하지 않는 권위주의와 편협성을 비판했다.

이기적인 지역주의 또한 행복을 가로막는 장애물이었다. 계몽주의자들은 계몽주의가 모든 문명인의 재산이며 보편적인 가치여야 한다고 생각했다. 신의 교리 아래 하나로 통합되었던 중세를 제외한다면 유럽의 지성이 계몽주의시대만큼 국경의 한계를 뛰어넘은 적도, 이때만큼 상식적인 언어를 즐겨 사용한 적도 없을 것이다. 이러한 국제적인 분위기는 유럽인들이 유럽 밖의 세계를 알아 가는 것과 함께했다. 실제로 계몽주의는 유럽 바깥 사회에 매료되었다. 일단 그것은 순전한 호기심에서 시작되었다. 유럽인들은 여행과 탐험을 떠나 새로운 사상과 제도를 배우고 돌아왔다. 이 배움을 통해 사회적·인종적 다양성에 대한 자각이 깊어졌고 새로운 비평의 주제들이 생겼다. 18세기 유럽인들의 상상력을 사로잡은 나라는 중국이었다. 유럽인의 머릿속에 있는 중국은 인문학적 기풍이 숨쉬고 문명이 고도로 발달한 나라였다. 바깥 세상을 바라보는 유럽인의 시각은 현실과 동떨어진 피상적인 수준에 머물렀다.

근대적 지성의 탄생

무지와 편협함, 지역주의만 극복한다면 이성이 밝혀낸 자연 법칙은 그 어떤 방해도 받지 않고 순조롭게 작동하여 사회 개혁을 촉진할 수 있는 듯했다. 그리고 그것은 사회 구성원 모두에게 이익을 가져다줄 것이었다. 물론 이 '모든 사람'에 끼지 못하는 사람도 있었다. 맹목적인 고집 때문에, 또는 부당한 특권을 향유하는 기쁨 때문에 과거에 집착하는 자들은 제외되었다.

프랑스 작가 몽테스키외는 기존 사회 제도, 특히 프랑스의 법률을 자연법과 비교·대조함으로써 개선할 수 있다고 생각한 최초의 인물이었다. 그가 쓴 『서간』에 정리된 이러한 자연법 사상은 이후 하나의 전통을 이루었다. 계몽주의자들은 이런 식으로 구체적인 사회 개선 방안을 세우면서 스스로를 새로운 사회 질

* **앵톨레랑스 intolerance**
'편협함', '불관용' 등으로 해석되는 개념. 다른 사람의 행동 방식과 정치적·종교적 자유를 뜻하는 '톨레랑스 tolerance'의 반대 개념이다.

서의 사제로 임명했다. 자신의 역할을 비평가, 개혁자로 생각하는 계몽주의자들에게서 사회적 이상이라는 관념이 생겨났다. 이 시대에 생겨난 지식인의 사회적 역할에 대한 생각은 오늘날까지 이어지고 있다.

지식인에도 여러 종류가 있었다. 각자의 전문적인 능력에 따라 도덕가, 철학자, 고전학자, 과학자가 이미 구별되어 있었다. 그러나 계몽주의시대가 만든 이상적인 지식인이란 모든 것에 대해 비판할 줄 아는 지성의 소유자였다. 자율적이고, 이성적이고, 노력을 게을리 하지 않고, 경계를 두지 않는 비판이 지식인의 과제였다. 그전까지는 존재하지 않았던 인식이었다. 바로 여기에서 근대적인 지성이 태어났다.

유럽의 철학자들

18세기 당시 '철학자'라는 이름은 철학 연구라는 특수한 지적 목표를 추구하는 사람을 뜻하지 않았다. 이미 있었던 이 익숙한 단어에 새로운 의미가 추가되고 가리키는 범위가 넓어졌다. 이 시대의 철학자란 상식적인 견해와 비판적 견지를 받아들이는 사람들을 뜻했다.

프랑스의 작가이자 계몽 철학자인 볼테르가 글을 쓰는 모습. 18세기 작품.

이 호칭에는 윤리적인 느낌, 가치를 평가하는 듯한 어조가 녹아 있었고 많은 사람들이 동조자든 적대자든 스스럼없이 철학자라는 이름으로 불렸다. 비판적 통찰을 통해 알게 된 진실을 더 많은 일반인들에게 전파하고자 하는 열의 덕분에 생긴 관습 같기도 했다.

이러한 새로운 철학자의 원형은 프랑스 작가들이었다. 그들은 서로의 차이점에도 불구하고 금세 하나의 무리를 이루어 '필로조프'* 라고 불렸다. 필로조프라고 불린 철학자 수와 그 유명세로 보아 유럽 계몽주의 사조의 중심은 프랑스였다고 봐야 할 것이다.

그 이외 나라에서는 계몽주의에 해당하는 인물이 프랑스 철학자들만큼 다채롭지도, 그 수가 많지도 않았으며 철학자들의 명성과 능력을 그만큼 높이 평가하지도 않는 경우가 대부분이었다. 그렇지만 계몽주의의 문을 연

몽테스키외의 『법의 정신』

"한 사람의 집정관 또는 한 집정관 단체가 입법권과 집행권을 동시에 가지고 있을 때는 자유가 존재할 수 없다. 왜냐하면 압제적인 법률을 만든 바로 그 군주 또는 그 원로원이 자신이 만든 법을 압제적으로 시행하기 때문이다."

"재판권이 입법권이나 집행권과 분리되어 있지 않으면 자유란 존재할 수 없다. 재판권이 입법권에 결합되어 있다면 재판관이 곧 입법자이므로 시민의 생명과 자유를 지배하는 권력은 그 사람의 자의에 따라 움직인다. 또 사법권이 집행권과 결합되어 있다면 재판관은 압제자의 힘을 수중에 넣게 된다."

몽테스키외의 『법의 정신』(1748) 중에서

* 필로조프 philosophe
18세기 프랑스의 철학자와 과학자 등을 총칭하는 말. 18세기 전반의 주도적인 인물로는 볼테르와 몽테스키외 등이 있으며, 디드로, 루소, 튀르고 등의 필로조프들이 집대성한 『백과전서』는 18세기의 위대한 지적 업적으로 손꼽힌다.

오스트리아의 황녀 마리아 테레지아(1717~1780)의 가족 초상화(1772). 계몽주의 시대에 프랑스어는 유럽 전역의 공통어였고 이 가족 역시 프랑스어로 대화를 주고받았다.

* **공리주의**
인간의 이익과 행복을 증진하는 것을 행동의 옳고 그름을 판단하는 기준으로 삼은 사상. 개인의 복지를 중시하는 견해와 최대 다수의 최대 행복을 내세우며 사회 전체의 복지를 중시하는 견해가 있다.

지성계의 성인은 정작 영국인인 아이작 뉴턴과 존 로크였다. 계몽주의의 이상과 방법론을 가장 높은 수준에서 표현한 철학자 역시 영국의 제레미 벤담이라고 보는 것이 타당할 것이다. 또 역사 편찬 분야에는 에드워드 기번이라는 거장이 있다.

조금 더 북쪽으로 올라가 보면 스코틀랜드는 18세기에 화려한 문화를 꽃피웠고 그 결과 계몽주의 철학자 중 가장 매력적이면서도 가장 엄격한 인물인 데이비드 흄을 배출했다. 흄은 모든 인과법칙이 습관에 불과하다는 극단적인 지적 회의론에 이르렀다가 이를 감정과 도덕을 바탕으로 하는 공리주의*로 발전시켰다. 근대 역사상 가장 창조적인 책으로 평가받는 『국부론』의 저자 애덤 스미스도 스코틀랜드 출신이었다.

라틴계 국가 중에는 프랑스와 면한 이탈리아가 있다. 이 지역은 비록 로마 가톨릭 교회의 지배력이 강력했지만 계몽주의에 가장 풍부한 자원을 제공했다. 무엇보다 이탈리아는 그곳이 낳은 체사레 베카리아 한 사람만으로도 계몽주의의 역사에 기록되기에 충분하다. 그의 저서는 형법 개혁과 형벌 제도 비판에 주춧돌을 놓았다. 또한 그의 법철학 덕분에 벤담은 "최대 다수의 최대 행복"이라는 역사상 가장 멋진 표어를 지어 낼 수 있었다.

독일의 계몽주의는 발전 속도가 조금 느렸고 만인의 갈채를 받는 인물의 숫자도 적은 편인데 이는 아마도 언어적인 이유 때문인 듯하다. 그러나 독일에는 임마누엘 칸트라는 사상가가 있다. 칸트는 스스로 계몽주의의 한계를 넘어서려고 했다. 그렇더라도 도덕에 관한 그의 권고에는 계몽주의의 핵심이 들어 있다.

다만 전통적인 가톨릭 국가인 스페인만은 눈에 띄게 뒤로 처지는 듯했다. 개화한 정치가 한두 사람이 활동하기는 했지만 스페인에 대한 낮은 평가에는 그럴 만한 근거가 있다. 스페인의 대학들은 18세기에도 뉴턴의 사상을 받아들이지 않고 있었던 것이다.

프랑스의 활약

문명의 역사를 장식하는 중요한 나라가 여럿

1805년 작품으로 프로이센의 국왕 프리드리히 2세(1712~1786)가 자신이 지은 상수시 궁전에서 오찬을 나누는 광경이다. 한가운데에 있는 인물이 프리드리히 2세이고 그 주위로 유명 화가와 철학자들이 그려져 있다. 맨 오른쪽이 볼테르다.

있지만 이 시대를 압도한 나라는 프랑스였다. 여기에는 여러 가지 이유가 있었다. 단순한 이유 하나는, 절대 왕정의 전성기였던 루이 14세 치하에서 프랑스가 쉽게 무너지지 않을 화려한 명성을 쌓았다는 점이다. 사람들은 언제나 이러한 권력에 매혹을 느꼈다.

두 번째 요인은 프랑스 문화를 확산시킨 아름다운 도구, 프랑스어였다. 18세기에 모국어가 서로 다른 유럽 각국의 지성인들, 상류층 인사들은 관습적으로 프랑스어를 공용어로 썼다. 오스트리아의 황제 마리아 테레지아와 그녀의 자식들은 프랑스어로 편지를 주고받았다. 독일의 프리드리히 2세는 자국 문화보다도 프랑스 문화를 사랑했으며, 형편없기는 했지만 프랑스어로 시를 쓴 적도 있다. 독자들은 프랑스어로 쓰인 책이라면 일단 신뢰했다. 사실 이러한 분위기 때문에 독일어권의 문화 발전이 방해를 받은 면도 있는 듯하다.

공통어 덕분에 정치 선전, 토론, 논평이 가능했다. 그러나 이런 환경이 조성되었더라도 실제적인 개혁을 얼마나 이끌어 낼 수 있는가는 사실상 각국의 정치적 환경에 따라 다

1767년의 삽화. 1762년 툴루즈에서 이교도 혐의로 처형당한 프랑스의 신교도 상인인 장 칼라스가 사형 집행 전 가족과 마지막 인사를 나누는 장면.

를 수밖에 없었다. 어떤 나라의 정치가들은 계몽사상을 현실에 적용하려고 했다. 철학자들의 목적과 국가의 이익이 맞아떨어졌기 때문이었다.

계몽사상을 받아들인 '계몽 전제 군주'의 개혁 정책은 귀족 계층과 보수파의 반대에 부딪혔다. 예컨대 합스부르크 왕가가 펼친 교육 개혁 정책은 교회 당국의 이익을 훼손한다는 이유로 심각한 갈등을 빚었다. 프랑스의 볼테르는 왕실의 총리에게 편지를 보내어 파리의 고등법원이 재정 개혁의 걸림돌이라고 공격하기도 했다. 러시아의 예카테리나 여제 같은 통치자들은 자국의 법률이 계몽주의 사상에 영향을 받았다며 자랑스러워했다.

물론 계몽주의가 불러온 가장 중요한 효과는 교권에 대항하기 위해 기획된 실용적인 개혁 정책에 있었다. 그러나 그것을 제외한다면 교육과 경제 분야가 가장 많은 혜택을 받았다. 단적인 예로, 프랑스의 계몽 사상가들은 경제 고문으로서 행정 분야에 명성을 쌓았다.

교회 비판

프랑스 계몽 철학자들은 특히 종교 문제에 흥미를 느꼈다. 교회 당국과 교리는 아직도 유럽인에게는 삶의 각 부분과 긴밀히 연결되어 있었다. 교회는 그만큼 강력한 권력을 휘두르고 있었다. 사람이 사는 곳이라면 그 어느 지역에서나 교회가 가장 큰 경제·사교 집단이었다.

개혁론자들이 관심을 가질 만한 사회의 부조리한 모습 속에는 늘 교회가 있었다. 교회가 토지를 세습하고 성직자가 특권을 남용하는 탓에 사법 개혁도 경제 발전도 더딜 수밖에 없었다. 또 성직자가 교육을 독점하고 있었기 때문에 자격 있는 행정관을 제대로 길러 낼 수 없었고, 종교의 교리 때문에 군주에 충성하는 신민에게 마땅한 처우를 해 줄 수도 없었다. 교회는 언제나 진보의 반대편에 버티고 서 있는 것 같았다.

그렇지만 계몽주의 철학자들이 교회를 공격한 것은 비단 이런 이유에서만이 아니었다. 교회는 범죄까지 저질렀다. 교회 권력이 사회를 압제하던 시대에 일어난 사건 중 하나가 1762년 프랑스 툴루즈 지역에서 자행된 신교도 처형식이었다. 가톨릭 신자를 이단 종교로 개종시켰다는 혐의를 받고 있었던 신교도 장 칼라스는 가톨릭교도인 자신의 아들을 죽였다는 누명을 쓰고 재판에 회부되었다. 그는 고문에 시달리다가 결국 유죄 판결을 받고 참혹하게 처형당했다.

볼테르는 이 사건을 세간에 널리 알렸다. 물론 그의 노력으로 법이 바뀌지는 않았다. 그러나 프랑스 남부에는 가톨릭과 신교도를 차별하는 악감정이 남아 있는 상황에서도 그와 같은 합법적 살인이 다시는 되풀이되지 않았다. 이렇게 된 데에는 볼테르가 큰 역할을 했다고 보아야 한다. 프랑스는 1787년에 이르러서야 신교의 자유를 어느 정도 허용했다. 그러나 이때도 유대교는 제외되었다. 그 즈음 오스트리아의 요제프 2세는 이미 자신이 통치하는 가톨릭 왕국에 신교의 자유를 인정하고 있었다.

계몽주의의 유산

교회 당국의 지배력이 약해지지 않았다는 사실을 보면 계몽주의가 현실에서 거둔 성공에는 중대한 한계가 있었음을 알 수 있다. 계몽주의 안에는 혁명을 부르는 에너지가 담겨 있었으나 결국 '앙시앙 레짐'*이라는 굉장히 제한된 제도와 윤리를 벗어날 수 없었다. 계몽주의와 전제 군주제의 관계는 애매했다. 계몽주의는 교회 권력이 강력했던 군주제 하에서 강제 검열과 종교적 부자유에 맞서 싸우기도 했다. 그와 동시에 개혁을 실천하기 위해 군주의 권력에 기대기도 했다.

진보를 향한 열망이 계몽사상에만 있었던 것은 아니라는 사실 또한 반드시 알아 두어야 한다. 볼테르가 찬미한 영국식 민주주의는 계몽주의에서 나온 것이 아니었다. 18세기 영국에 일어난 많은 변화들 중에는 '철학'보다 종교의 역할이 더 컸다.

하나의 정치사상으로서 계몽주의가 가진 가장 중요한 의미는 계몽주의가 후대에 남긴 유산에 있다. 계몽주의는 자유주의가 요구하는 핵심 요소들 가운데 상당 부분을 명료하게 정리하고 발전시켰다. 물론 이것이 그렇게 큰 의미가 있다고 보기는 힘들다. 계몽주의 사상가들은 순수한 의미의 자유를 주장하지 않았기 때문이다. 그들은 자유 자체가 주는 단 열매에만 관심이 있었다.

인간은 어쨌든 행복을 누려야 할 존재라는 발상이 가능해졌다는 것, 이것이 무엇보다도 18세기 새로운 사상의 핵심이다. 이 시기 사람들은 천상의 행복이 아니라 지상의 행복을 발견하고자 하는 움직임을 멈추지 않았다. 예컨대 벤담은 모든 쾌락을 수치로 계산하는 '쾌락 계산법'을 만들기도 했다. 이 시기 사람

1765년 오스트리아의 요제프 2세(1741~1790)의 대관식 향연 모습. 그는 교회 권력을 축소시키고 종교적 관용을 옹호했으며 농노 제도를 폐지했다.

* 앙시앙 레짐
'프랑스대혁명 이전의 구체제'를 뜻하는 말. 이전의 절대 왕정과 귀족, 성직자 계급의 특권 독점, 신흥 부르주아나 노동자에 대한 가혹한 착취 등을 특징으로 하는 체제를 가리킨다.

들은 인간의 행복을 측량할 수 있다고 생각했고, 이성을 단련함으로써 행복의 양을 늘릴 수 있다는 생각을 하기까지 이르렀다. 이 새로운 사상들은 하나같이 심오한 정치적 의미를 담고 있었다.

반 성직자주의

이 시대 사람들이 이후 유럽의 자유주의 전통에 남긴 가장 큰 재산은 물론 지상의 행복이라는 관념이었다. 이 한 가지를 제외한 나머지 것들은 다소 구체적이고도 적대적인 방식으로 나타났다. 다시 말해 계몽주의 사조는 반反 성직자주의의 모범 격이었다. 애초에 계몽주의자들은 교회 당국의 행태를 비판했다. 이어 그들은 국가의 편에 서서 성직자 조직, 성직자의 권력을 공격했다. 교회와 국가의 다툼은 사상적인 마찰뿐만 아니라 여러 가지 문제가 원인이 되어 나타났다. 그렇지만 어떻게 본다고 해도 이 싸움은 진보와 이성이 미신이나 광신에 맞서 벌이는 끝나지 않는 전쟁의 한 전투였다.

특히 교황 제도가 곧잘 비판의 도마 위에 올랐다. 이러한 비판은 곧 신성 모독 행위에 해당했다. 볼테르는 18세기가 끝나기 전에 교황제가 정말로 사라질 것이라고 확신한 듯했다. 계몽 철학자들이 이룬 가장 큰 승리는 반대파가 보기에도, 지지자들이 보기에도 단연 교황의 예수회 해산 명령이었다. 계몽주의 철학자 중 일부는 교회 제도의 문제를 넘어 기독교 자체를 공격하기도 했다. 철저한 무신론과 유물 결정론이 처음으로 본모습을 드러낸 때가 바로 18세기였다.

그렇지만 이러한 극단적인 무신론은 아직 예외적인 것이었다. 계몽주의시대에 종교 문제에 몰두한 철학자들 대부분은 교회의 독단에 회의를 품긴 했지만 그렇다고 유신론을 버리지는 않았다. 그들은 종교가 사회에 에너지를 제공하는 중요한 요소라고 믿고 있었다. 볼테르가 말한 대로 "사람은 모름지기 자기 민족을 위해 신앙을 가져야만 하는 것"이라고 여겼다. 어쨌든 볼테르는, 뉴턴이 그랬던 것처럼 전 생애에 걸쳐 신의 존재를 주장하다가 순순히 교회의 품 안에서 눈을 감았다.

낭만주의의 선구자, 루소

계몽주의 사조에는 인간의 비 지성적이고 비 이성적인 본성을 간과할 위험이 들어 있었다. 이런 의미에서 보았을 때 더없이 선구적인 인물이 있었다. 바로 수많은 계몽주의 사상가, 철학자들과 격렬한 논쟁을 벌였던 스위스 제네바 사람 장 자크 루소였다.

루소는 인간의 빛나는 이성이 드리우는 그림자에 가려지기 쉬운 인간의 감정과 양심에 마땅히 주의를 기울여야 한다고 열정적으로 호소했다. 그의 눈에는 이 시대가 이성에 밀려 감정과 양심이 소멸하는 방향으로 나아가고 있으며, 사람들은 그 영향을 받아 발육이 불균형한 기형아, 불완전하고 타락한 존재가 되어 가는 것으로 보였다.

스위스에서 태어난 철학자 장 자크 루소(1712~1778)가 1762년에 발표한 『사회 계약론』의 삽화. 이 작품은 그가 사망한 해에 제작된 판화로, 루소가 에름농빌에서 약초를 따고 있는 모습이다. 그는 후에 프랑스대혁명의 기초가 되는 민주주의 사상과 행정 이론의 기반을 다졌다.

유럽 문화에서 루소는 없어서는 안 되는 인물이다. 루소는 유럽 문화의 치명적인 부작용을 찾아낸 사람이다. 많은 사람들이 그를 일컬어 인간의 영혼에 새로운 번뇌의 씨앗을 심은 사람이라고 말한다. 그의 글 속에는 종교를 소생시킬 새로운 종교관과 인간을 예술과 문학에 탐닉하게 만드는 새로운 강박관념이 들어 있다. 또한 자연과 자연미에 대해 정서적으로 접근하는 새로운 방법론, 민족주의라는 근대 정치 원리의 뿌리, 아동을 중심에 두는 새로운 교육론이 모두 담겨 있다. 그런가 하면 그의 글에는 강력한 전제정치 국가인 고대 스파르타를 모델로 한 청교도적 원칙도 찾아볼 수 있다. 이 모든 것은 좋은 결과와 나쁜 결과를 동시에 낳았다. 한마디로 루소는 유럽 낭만주의, 즉 로맨티시즘을 이끈 핵심 인물이었다. 그는 어떤 분야에서는 개혁의 기수였고 또 어떤 분야에서는 천재였다. 물론 루소와 같은 공통점을 지닌 다른 인물들도 많았다. 예컨대 계몽주의 사조가 공

유럽 낭만주의의 초기 화가인 카스파 다비드 프리드리히(1774~1840)의 1818년 작품 '구름 바다 위의 방랑자'.

영국 화가 조지프 터너(1775~1851)의 '카르타고 제국의 몰락'. 1817년에 처음 전시되었다. 낭만주의시대 최고 걸작으로 꼽힌다.

동체를 파괴했다는 점을 들어 계몽주의를 혐오했던 것이나 모든 인간은 서로 형제지간으로서 하나의 사회, 하나의 윤리를 이루고 있다는 생각에 대해서는 아일랜드 작가 에드먼드 버크도 뒤지지 않고 잘 표현한 적 있었다.

어떻게 보면 루소는 계몽주의가 절정을 구가하던 시기에 여러 사람들이 생각하기 시작한 견해를 소리 내어 발언한 사람이라고 할 수 있다. 루소는 낭만주의의 선구자이자 핵심 인물이었으며, 이를 부정하는 사람은 아무도 없다.

낭만주의

낭만주의는 무척 자주 사용되는 말이지만 그만큼 잘못 쓰이는 용어이기도 하다. 어떤 경우에는 보기에 정반대인 두 가지 대상을 똑같이 낭만주의라고 부르기도 한다. 예컨대 1800년 직후를 상상해 보자. 한쪽에는 과거의 가치를 부정하며 과거의 유산을 완전히 전복시키려고 하는, 예컨대 계몽주의자 같은 부류가 있고, 반대쪽에는 뜻을 굽히지 않고 전통적 제도를 고수하는 부류가 있다.

그런데 이 두 부류는 모두 낭만주의자라고 볼 수 있다. 그리고 실제로 그렇게 불렸다. 지적 분석보다 도덕적 열정이 중요했던 공통적인 특성 때문이다. 이처럼 유럽의 낭만주의는 서로 상반되는 두 명제를 뚜렷이 이어주는 연결고리가 되었다. 낭만주의는 다름 아니라 감정과 직관 그리고 무엇보다도 자연 그대로의 것을 강조하는 새로운 태도를 부르는 말이었기 때문이다. 따라서 낭만주의는 다양한 방식으로 나타났다.

낭만주의는 대부분 계몽적인 사상을 비판하는 데서 시작했다. 과학이 그 모든 질문에 해답을 내릴 수는 없다는 불신이기도 했고, 이성적인 개인주의에 대한 반감이기도 했다. 그러나 낭만주의는 이러한 부정적인 면에만 그 기원이 있는 것은 아니었다. 그보다는 조금 더 심오한 곳에 긍정적인 원천이 있었다. 바로 종교개혁 정신이었다. 낭만주의자들은 옛 기독교가 가르치는 수많은 전통적인 관습을 믿지 않았다. 그 대신 신실함이라는 단 하나의 지고지순한 가치를 믿었다. 그러고 보면 낭만주의가 청교도적이라고 비판하는 가톨릭 쪽의 비판에는 일면 타당한 구석이 있다.

궁극적으로 낭만주의는 진정성, 자기실현, 정직성, 도덕적 고양을 추구했다. 그러나 아쉽게도 낭만주의는 다른 무엇이 얼마만큼 희생되는가는 전혀 고려하지 않고 무모하게 그 가치만을 좇았다. 19세기에는 낭만주의가 부른 뼈아픈 폐해가 내내 되풀이되었다. 그리고 20세기, 유럽 낭만주의의 마지막 남은 에너지는 유럽이 아닌 세계 각국의 문화로 옮겨가 그곳 문화의 자양분이 된다.

2 산업혁명

1798년 영국의 성직자 토머스 맬서스는 인구통계학 역사상 가장 중요한 책인 『인구론』을 발표했다. 맬서스는 이 책에서 그가 발견한 인구 증가의 법칙을 서술했다. 그러나 이 책은 이 분야에서만 중요한 책은 아니었다. 예컨대 『인구론』은 인구통계학에 끼친 영향만큼이나 경제이론, 생물학 등에도 많은 영향을 끼쳤다. 하지만 우리가 살펴볼 것은 이 책의 영향력이 아니다. 그보다는, 그 시대 사람들이 인구에 대해 달리 생각하게 되었다는 변화의 한 징후로서 이 책을 들여다보고자 한다.

17~18세기 유럽의 정치가와 경제학자들은 대체로 인구 증가 현상이 국가의 번영을 상징한다고 여겼다. 왕실은 국민의 숫자를 늘리기 위해 고심했다. 인구가 늘어나면 세금을 납부하는 사람과 왕을 위해 싸우는 군인도 확보되기 때문이었다. 그러나 그보다도 중요한 이유가 있었다. 인구가 증가하면 경제 활동에 활력이 생기고 또 늘어난 인구만큼 경제가 발전하기 때문이었다. 인구 증가는 그 사회의 경제가 더 많은 사람들을 먹여 살릴 수 있음을 뜻했다. 바로 이러한 관점이 위대한 경제학자 애덤 스미스가 『국부론』에 기록한 핵심적인 내용이었다. 이 책이 출간된 1776년 당시만 해도 애덤 스미스는 인구 증가가 경제 번영을 나타내는 간단한 지표라고 생각했다.

영국 링컨셔 지방인 루스의 번화한 시장을 묘사한 그림. 토머스 맬서스(1766~1834)가 『인구론』을 저술하던 즈음의 작품이다.

맬서스의 새로운 견해

맬서스는 인구 증가가 번영을 의미한다는 견해에 찬물을 끼얹었다. 사회 전체에 나타나는 결과가 어떻든 간에, 인구가 증가하면 그 속도가 빠르건 늦건 반드시 재앙이 나타나고 사회 구성원의 대다수인 가난한 사람들이 고통을 겪게 된다는 것이 그의 결론이었다.

맬서스가 정리한 유명한 논증을 정리하면 이렇다. 지구가 생산하는 곡물의 양은 곡물 재배가 가능한 땅의 면적에 따라 한계가 정해져 있다. 그리고 여기에서 재배할 수 있는 식량의 양에 따라 인구가 증가할 수 있는 한계가 정해진다. 그런데 단기적으로 보면 인구는 항상 증가하는 추세다. 인구가 증가하면 식량의 여유분은 점점 줄어들고, 여분의 식량이 완전히 사라지면 당연히 기근이 뒤따른다. 그 순간부터 인구는 다시 줄어들기 시작하여 정해진 식량으로 유지될 수 있는 수준까지 감소한다.

이 과정을 중간에 끊을 수 있는 방법이 몇 가지 있다. 출산을 자제하거나 그전에 아예 결혼을 늦추는 금욕 생활을 하는 것이다. 이것 말고는 전염병이나 전쟁 같은 참사를 겪어야만 인구는 자연스럽게 줄어들 수 있다.

맬서스의 부정적인 명제는 여기에 인용한 것 이상으로 복잡하고 정교하다. 어쨌든 당시 그의 이론은 커다란 반향과 반박을 불러왔다. 그의 이론이 옳건 그르건 간에 그것이 높은 관심을 받았다면 거기에는 그 시대의 여러 가지 모습이 담겨 있을 게 분명하다. 어쨌든 사람들은 인구 증가를 우려하고 있던 참이라 무미건조하기 이를 데 없는 맬서스의 산문은 큰 성공을 거두었다.

사람들은 그 전까지는 본 적이 없는 속도로 인구가 증가했고 앞으로는 더욱 빠르게 증가할 것임을 깨닫고 있었다. 그러나 맬서스가 미리 경고했음에도 19세기에 몇몇 민족들은 인구가 급속도로 증가하여 그 당시로서는 상상하지도 못할 만큼 높은 수준에 이르렀다.

◀ 스코틀랜드의 경제학자 애덤 스미스(1723~1790)의 모습을 새긴 원형 조각(1787). 그는 경제적 자유가 사회에 이익을 부른다는 이론이 틀림없다고 생각했다.

| 증가하는 인구 |

인구 변화와 같은 문제는 장기적인 기준으로 측정해야 하며, 정확한 날짜 같은 것은 별 의미가 없다. 20세기까지 이어지는 포괄적인 인구 변화의 추이도 마찬가지로 장기적으로 바라봐야 한다. 아주 최근까지도 러시아의 인구 통계는 매우 허술한 수준으로 추정되었는데 어쨌든 이 러시아의 인구를 포함하면 유럽 인구는 1800년에 약 1억 9,000만 명이었던 것이 100년 후에는 약 4억 2,000만 명으로 증가했다. 유럽 이외 지역의 인구 증가 속도는 다소 느렸다는 점을 감안하면 이 기간 동안 유럽이 전 세계 인구에서 차지하는 비율이 5분의 1에서 4분의 1로 높아졌다는 것을 뜻한다. 그 결과 이 시기에 잠깐 동안, 유럽 인구는 아시아의 거대한 인구에 대한 열세를 만회했다.

게다가 이 시기에 유럽은 식민지로 대거 진출하고 있었다. 유럽인들의 해외 이주는 1830년대에 처음으로 연간 10만 명을 넘어섰고, 1913년에 가서는 150만 명을 넘었다. 통틀어 계산하면 1840년에서 1930년 사이에 유럽을 떠난 유럽인은 5,000만 명에 달했다. 그들 대부분이 아메리카 대륙에 도착했을 것이며, 따라서 이 시기에 유럽의 인구 증가 속도를 정확히 파악하자면 유럽 바깥으로 나간 아메리카 등지의 이주민들과 그들의 후손까지 계산에 넣어야 한다.

이러한 인구 증가 현상이 유럽 국가들에 일률적으로 나타난 것은 아니었다. 바로 이 인구 격차로부터 열강들 사이에 뚜렷한 세력 격차가 생겼다. 국가의 힘은 대개 군사력을 기준으로 평가되었다. 그러므로 19세기 후반 러시아 서쪽에 나타난 통일 독일이 단일 정부가 다스리는 인구 면에서 1위를 달리던 프랑스의 선두 자리를 탈환한 것은 매우 중요한 변화였다.

이보다 앞선 시기에 영국에서 인구가 급격히 증가한 적이 있다. 맬서스가 『인구론』을 쓴 18세기 말엽 영국의 인구는 약 800만 명이었다가 19세기 중반까지 2,200만 명으로 폭발적으로 증가했다. 이 숫자가 1914년에 이르면 3,600만 명에 달한다.

각국의 인구 변화를 파악할 수 있는 방식이 또 하나 있다. 각 시기에 군사적으로 두각을 나타낸 국가의 인구가 전 유럽 인구 중 몇 %를 차지했는지 비교해 보는 것이다. 예를 들어 동유럽이 군사 국가로 새롭게 부흥한 1800년에서 1900년 사이에, 러시아가 차지하는 비율은 21%에서 24%로 증가했고, 독일은 13%에서 14%로 증가했다. 반면 같은 시기, 프랑스 인구의 비율은 15%에서 10%로 하락했고, 오스트리아는 그보다는 폭이 좁게 15%에서 12%로 감소했다.

낮아지는 사망률

시기에 따라 증가 비율에는 차이가 있었지만 모든 지역에서 인구가 증가했다. 예컨대 동유럽에서 가장 빈곤한 농업 지대는 1920~1930년대에 인구 증가율 최고치를 기록했다. 이 시기에 인구가 증가한 근본 원인은 사망률이 낮아진 데에 있었다. 이것은 모든 나라에 공통적인 사실이었다. 19세기 후반부터 거의 100년 동안은 인류 역사에서 사망률이 가장 급격하게 감소한 시기였다. 가장 먼저 사망률이 급감한 곳은 19세기 유럽의 선진국이었다.

대략적인 통계를 보면 1850년 이전까지 유럽 대부분 국가에서 출산율이 사망률을 조금 웃돌았다. 유럽 이외의 세계 전 지역에서는 출산율과 사망률이 비슷했다. 이것은 당시까지도 농업이 지배하던 인류 사회에 인간 생존의 토대를 바꿀 만한 거대한 변화는 거의 일어나지 않았다는 것을 뜻한다.

1880년을 기점으로 상황이 급변했다. 유럽 선진국에서 사망률이 꾸준히 낮아졌다. 기존 사망률은 인구 1,000명당 약 35명이었으나 1900년에는 약 28명, 1950년에는 약 18명이었다. 발전이 덜한 국가들에서는 1850년에서 1900년까지 1,000명당 약 38명의 사망률이 이어지다가 1950년까지 약 32명으로 줄어들었다.

사망률이 높고 가난했던 스페인을 제외하면 유럽의 선진국들은 대부분 유럽 대륙 서쪽에 있었다. 오래전부터 계속된 동유럽과 서유럽 사이의 격차가 사망률 차이로 인해 더욱 벌어져 심각한 불균형 상태에 이르렀다. 부유한 서유럽에서는 기대 수명이 훨씬

* **앙투안 라부아지에**
근대 화학의 창시자로 불리는 프랑스 화학자. 과학 및 다양한 공공 분야에서 많은 업적을 남겼다. '질량보존의 법칙'을 증명해낸 것으로 유명하다.

앙투안 라부아지에*(1743~1794) 같은 과학자들의 연구를 발판으로 의학이 발달하고 인간의 기대 수명이 높아졌다. 그림은 실험실에서 인체 호흡기를 연구하고 있는 라부아지에의 모습. 그의 아내가 그린 것이다.

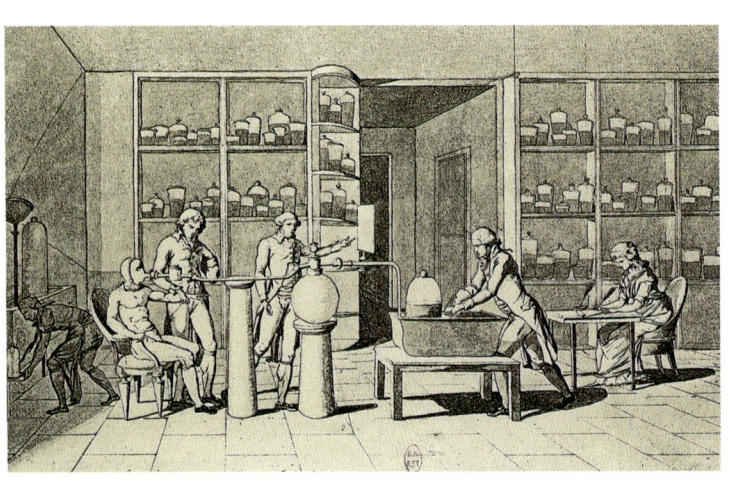

높았다. 발트 해로부터 아드리아 해 사이에 그어진 보이지 않는 동서 경계가 다시 한 번 도드라졌다.

높아진 기대 수명

인구 증가에는 사망률 감소 이외에도 몇 가지 요인이 더 있었다. 경제가 발전하고 수입이 늘어나자 가장 먼저 결혼 연령이 낮아지고 출산율이 증가했다. 뿐만 아니라 19세기부터는 이런 상황에서 태어난 아이들이 개선된 환경 덕분에 살아남을 가능성이 훨씬 높아졌다. 예전에 비해 아이들에 대한 인도주의적인 배려가 두터워졌고 음식 값도 훨씬 싸졌으며 의학과 기술도 진보했다.

그러나 의학 및 의료 대책의 발전이 19세기 초반부터 두각을 나타낸 것은 아니다. 의사들은 1870년경에 들어서야 치명적인 질병과 정면으로 싸우기 시작했다. 특히 디프테리아, 성홍열, 백일해, 장티푸스 등 영아에게 치명적인 질병에 대한 대책이 마련되었다. 그 결과 영아 사망률이 급격하게 감소했고 태아의 기대 수명이 크게 높아졌다. 그러나 이에 앞서 사회개혁가, 사회사업가들의 활동이 있었다. 그들은 비록 질병 자체의 위험성을 줄이는 것은 아니었지만 점점 거대해지는 도시에 알맞게 배수 시설을 개선하고 청소 설비를 개량했다. 이러한 환경 개선으로 실제 여러 질병의 발병률이 상당히 줄어들었다.

1830년대와 1840년대 런던과 파리를 휩쓴 콜레라는 1900년경 모든 산업 국가에서 자취를 감추었다. 1899년 이후 서유럽 국가에는 더 이상 치명적인 페스트 열풍이 불지 않았다. 이러한 변화가 각 국가로 퍼져 나가면서 마침내 각국의 평균 사망 연령이 확연히 높아졌다. 1930~1950년대에 북아메리카, 대영제국, 스칸디나비아 반도, 서유럽 국가의 국민들은 중세를 살았던 선조들에 비해 두 배 또는 세 배

더 오래 살 것이 예상되었다. 이렇게 기대 수명이 높아지자 거대한 변화들이 생겨났다.

에드워드 제너(1749~1823)를 코믹하게 그린 당대의 만화 '백신의 기원'. 제너는 우두를 앓은 사람은 우두보다 심한 병인 천연두에 걸리지 않는다는 사실을 발견한 뒤, 피실험자에게 일부러 우두를 접종하여 천연두를 예방하는 치료법을 고안했다.

가족계획

급격한 인구 증가 현상이 가장 먼저 나타난 곳은 선진국이었다. 마찬가지로 인구 변화의 다음 단계인 증가 속도 주춤세도 역시 선진국에서 먼저 나타났다. 출산 감소가 원인이었다. 다만 사망률이 낮아지는 속도가 더 빨랐기 때문에 출산율 감소 현상은 오랫동안 표면으로 드러나지 않았던 것이다. 각 사회에서 가장 먼저 출산율이 떨어지는 곳은 그 사회의 부유 계층이었다. 미국의 정치 명문가에서는 아이를 많이 낳는다는 예외적인 이야기가 있긴 하지만, 대개 수입과 출산은 반비례하는 양상이 오늘날에도 계속되고 있다.

일부 지역, 특히 동유럽보다는 서유럽에서 출산율이 감소했다. 결혼 나이가 늦어지면서 기혼 여성의 가임 기간이 줄어들었기 때문이다. 또 부부들이 아이를 적게 낳기로 마음먹었다는 이유도 얼마간 작용했다. 피임 기술이 발달한 덕분에 예전보다 한층 확실하게 출산을 억제할 수 있었다. 유럽 일부 국가에서는 이미 오래전부터 피임 기술이 통용되고 있었던 것 같다. 어쨌든 19세기에 이르면 피

산업혁명 47

임 기구를 제조하는 과학과 기술이 진보하여 피임 기술이 개선되었고, 피임 방법을 널리 알리는 선전 활동이 나타났다.

여기서 다시 한 번, 사회 한 분야의 변화가 다양한 분야에서 나타나는 거대한 변화와 연결된다는 점을 알 수 있다. 예컨대 피임 지식이 확산된 데에는, 읽고 쓸 줄 아는 사람이 많아졌다는 상황이 뒷받침되었다. 또한 기대 수명이 높아졌다는 상황도 관련이 있다. 당시 사람들은 선조들에 비해 재산이 늘긴 했지만 그렇다고 그만큼 아이를 많이 낳으려고 하지는 않았다. 사람들이 생각하는 '건강한 삶'의 모습, 또 '적당한 가족 수'는 상황에 따라 달라지게 마련이다. 사람들은 이제 각각 자기가 속한 문화에 따라 가족계획을 짰다. 프랑스와 아일랜드의 농부들은 결혼 시기를 늦추는 식으로, 영국과 프랑스의 중산층은 피임 기술로 가족계획을 실천했다.

인구 증가의 영향

사람이 나고 살고 죽는 모습이 달라지자 사회 구조가 달라졌다. 첫째, 19~20세기 서양 사회는 청년층 비율이 엄청나게 높았다. 청년층 비율이 역사상 가장 높은 수치를 기록한 기간도 있었다. 19세기 유럽 사회의 활발한 팽창, 상승세와 활기는 분명히 이 두터운 청년층 덕분이었다. 둘째, 선진 사회에서는 이전보다 오래 사는 사람이 점점 많아졌다. 즉 노년층이 증가했다. 늙고 일할 능력이 없는 사람들을 부양해 온 전통적인 사회 체제가 그대로 지속되기는 힘든 상황이었다. 일자리 다툼이 점점 치열해지면서 문제는 더욱 심각해졌다.

1914년 무렵, 서유럽과 북아메리카 대륙에 있는 거의 모든 국가들이 안고 있는 가장 큰 과제가 빈곤 문제와 사회적 부양 문제였다. 각국이 내놓은 대책들은 규모 면에서나 성공 여부 면에서나 각자 완전히 엇갈렸지만 모두 같은 문제를 고민하고 있었다. 동유럽 사회에서는 1918년 이후에야 그러한 문제들이 나타났다. 서유럽 선진국에서는 이미 일반적인 패턴이 자리 잡은 시기였다.

선진국을 포함한 전 유럽에서 사망률 감소 폭이 출산율 감소 폭을 훨씬 앞서는 양상이 오래도록 지속되었다. 오늘날까지도 유럽계 인구는 계속 증가하고 있다.

인구 증가는 이 시대의 가장 중요한 주제다. 이 하나의 주제가 다른 모든 주제와 연결되어 있다. 인구 증가는 여러 방면에서 변화를 가져왔다. 물질적 측면에서는 유례없는 도시화가 진행되었고 공산품을 소비하는 방대한 소비자 시장이 탄생했다. 사회적 측면에서는 분쟁과 소요를 낳았고 이 불안 요소들을 막아 내기 위해 제도가 변화했다. 또한 국제적으로는 정치가들이 인구 통계 수치를 고려하며 정략을 짰다. 시민들은 인구 과밀이 불러올 결과에 대해 점점 심각하게 생각했다.

19세기에 대영제국은 빈민과 실업자들이 너무 많아질 것을 대비하여 이주를 권유했다. 그들은 자신들의 제국에 빈민과 실업자가 있어서는 안 된다고 생각했다. 이와 달리 얼마 후 독일은 군사적 잠재력이 손실될 것을 우려하여 자국민의 이주를 만류했다. 같은 시기, 프랑스와 벨기에 역시 독일과 같은 이유에서 출산을 장려하는 아동 수당 제도를 제정했다.

오류로 드러난 맬서스의 예언

이처럼 인구를 조정하기 위해 여러 방안이 마련되었다. 다시 말해 맬서스가 예언한 우울한 명제는 세월과 함께 사람들의 관심 밖으로 밀려났고 또 그가 우려했던 재앙이 현실로 나타나지도 않았다. 이것은 사실이었다. 그러나 19세기 유럽에는 맬서스가 예언한 인구학적인 재난이 들이닥치기도 했다. 아일랜드와 러시아는 끔찍한 기근에 시달렸다. 그 외 여러 지역이 기근에 근접한 상태였다.

그렇지만 이러한 재앙은 점점 뜸해졌다. 선진국에서는 기아와 기근이 사라지자 질병 때문에 죽는 사람 수도 상당히 줄어들었다. 그런가 하면 발칸 반도 북쪽에 있는 나라들은 혁명과 전쟁이 없었던 1815년부터 1848년까지, 그리고 1871년부터 1914년까지 평화로운 기분을 충분히 맛보았다. 그러고는 전쟁이 일어났지만 맬서스가 재앙이라고 예언한 만큼 심각하게 인구가 줄어들지도 않았다.

인구가 증가했지만 그와 함께 평균 사망 연령이 높아지는 등 삶의 질이 향상되었다. 결국 맬서스의 예측은 틀린 것으로 드러났다. 맬서스의 예언을 믿은 미래 비관론자들도 그가 틀렸다고 인정할 수밖에 없었다. 이 지구 상에 사용 가능한 식량이 무한히 많은 것은 아니었으나 알고 보니 사람들이 걱정했던 것보다는 훨씬 많았던 것이다.

| 식량 생산의 혁명 |

사실 이 시기에는 인간의 생존 환경을 근본적으로 뒤바꾸는 변화가 진행되고 있었다. 역사적으로 몇 안 되는 혁명적인 순간이었다. 이 변화는 식량 생산의 혁명이라고 불러도 손색이 없을 정도다. 농업혁명의 시작에 대해서는 이미 이야기한 바 있다. 18세기 유럽의 농업 생산량은 이미 중세 생산량의 2.5배에 달했다. 뿐만 아니라 이 시기에는 전에 없는 농업 기술 혁신 덕에 생산량이 한층 더 급증할 참이었다.

계산해 보면 유럽의 농업 생산성은 1800년부터 연간 약 1%의 비율로 성장했다. 이에 비하면 그 전까지의 발전은 발전이라고 볼 수도 없었다. 그러나 유럽 내의 농업 발전보다 더 중요한 사실이 있다. 유럽의 공업과 상업은 점점 세계 전 지역으로 뻗어 나갔다. 그 결과 식민지의 거대한 식량 창고가 유럽의 수중으로 넘어온 것이다. 유럽 내부의 농업 발전과 유럽의 세계 진출은 서로 구별되는 사건이 아니었다. 유럽인들은 전 세계의 생산력을 자기 것으로 만들어 갔다. 그 결과 유럽과 북아메리카는 1870년 당시 세계에서 생산되는 부의 대부분을 소유했다. 유럽의 농업 발전은 유럽 세계 지배의 필수 조건이었다.

사람들은 이 시기 유럽의 농업 발전을 '농

드니 디드로의 『백과전서』(1751~1776)에 실린 그림. 전통 농사법과 농기구가 묘사되었다.

1826년 영국 화가 존 컨스터블(1776~1837)이 그린 '밀밭'. 유럽 대부분 지역에서 곡물은 19세기 후반까지도 가장 중요한 생산물이었다. 셀 수 없이 많은 화가들이 그림에 농사 풍경을 담은 것도 그와 같은 사회 분위기를 반영한 것이다.

업혁명'이라고 부른다. 단지 발전 속도 면에서만 이렇게 불린 것이 아니다. 1750년부터 1870년 사이에 폭발적으로 증가한 전 세계 농업 생산성을 묘사하는 데 혁명만큼 어울리는 용어도 없다. 그렇지만 이 혁명은 꽤 복잡한 사건이었다. 거기에는 다양한 원인이 있었고 또 농업 이외의 경제 분야와 긴밀히 연결되어 있었다. 농업혁명은 유럽뿐만 아니라, 아메리카, 오스트레일리아 등을 포함한 전 세계 경제에 일어난 변화의 한 단면이었다.

영국의 농업

영국의 농업에 대해 알아보기 위해 몇 가지 중요한 사실들을 따져 보자. 1750년까지 영국의 농업은 세계 최고였다. 가장 앞선 기술로 농사를 지은 것도 영국의 농업 지역이었고, 농산물 시장이 가장 발달한 곳도 영국이었다. 영국은 그로부터 100년 동안 선두 지위를 지켰다. 유럽의 농부들은 농사법을 배우기 위해, 또는 농기계를 사고 농사일에 자문을 구하기 위해 영국을 찾아왔다.

1650년 이후 영국 땅에서는 대규모 전쟁이나 장기 전쟁이 한 번도 없었다. 이는 금액으로 표시할 수 없는 엄청난 이익이었다. 오랜 평화 덕분에 영국의 인구는 증가했고 따라서 농산물 수요가 늘어났다. 그 결과 영국의 지주들은 많은 이익을 냈다. 자연히 자본가들은 농업에 돈을 대 주었고 이것이 다시 농업 발전으로 이어졌다. 이런 식의 투자는 요컨대 이윤이 나올 만한 곳에 전망을 가지고 투자한다는 기초적인 논리를 따랐다.

그런데 우리는 당시 영국 농업 경제에서 보다 깊은 의미를 찾을 수 있다. 영국 사회에 내재된 어떤 기본적인 특징이다. 영국에서는 농업의 이윤이 부동산 시세에 따라 각 땅 주인 또는 땅을 안정적으로 보유한 임차권자에게 돌아갔다. 영국의 농업은 자본주의 시장 경제의 한 분야였다. 영국 경제에서는 18세기경에 이미 토지를 일반 상품으로 취급했다. 당시 유럽 다른 나라에서는 토지 사용에 제약이 있는 것이 일반적이었다.

그런데 영국에서는 16세기 초반, 헨리 8세가 교회 재산을 몰수한 이후로 토지에 대한 제한이 점점 빠른 속도로 철폐되었다. 그 마지막 단계로 1750년 이후, 미개간지나 공유지에 울타리를 치고 자기 소유를 주장하는 인클로저 운동*이 유행하여 19세기까지 이어졌다. 산업혁명으로 농산물 수요가 급증하여 농산물의 가격이 높은 시기였다는 점과 무관하지 않을 것이다. 전통적으로 영국 소작농들이 목초, 연료 등 내다 팔 수 있는 것들을 얻기 위해 썼던 땅이 개인의 이윤을 내는 땅으로 바뀌어 버렸다.

그 결과 19세기 초 영국의 농업과 유럽의 농업은 완전히 다른 모습이었다. 영국에서 전통적인 소작농이 거의 다 사라져 버렸던 것이다. 영국의 농촌에는 농장 노동자와 소자작농이 있었다. 그러나 영국에는 다른 유럽 농민들처럼 토지를 공동 사용, 공동 소유하며 토지에 대해 상당한 법적 권리를 보유한 농민 계층은 없었다.

영국 농업의 변화

영국 농업의 기술 진보는 계속되었다. 그 바탕은 나라의 번영과 사회 제도였다. 그런데 기술은 한참 동안 아무 방향으로나 발전했다. 초기의 품종 개량가들은 당시 막 태어난 화학이라는 학문에 지식이 있었다거나 그때까지는 아직 존재하지도 않았던 유전학을 통해 개량에 성공한 게 아니었다. 그들은 그저 자신의 육감에 따랐을 뿐이었다. 그런데도 그들의 업적은 꽤 대단했다. 가축의 외양이 변했다. 원래 양은 양을 기르던 수도원의 고딕 아치처럼 비쩍 마른 동물이었다. 이러던 것이 통통하고 튼실한 잘생긴 양, 그러니까 오늘 우리가 알고 있는 모습의 종으로 변모했다. 18세기 농부들은 "통통한 균형미!"라고 외치며 건배했다.

배수 시설과 울타리가 좋아지자 농촌의 모습도 달라졌다. 중세에는 널찍하고 탁 트인 들판을 나누어 소작농 여럿이 각자 한 뼘만 한 땅뙈기를 일구었다. 그러나 이제는 농지를 울타리로 둘러싸고 윤작 방식으로 경작했

* **인클로저enclosure 운동**
근세 초기의 유럽, 특히 영국에서 대지주가 토지의 종류와 목적 등에 따라 미개간지나 공동 방목장과 같은 공유지를 사유지로 만든 현상. 15~16세기의 제1차 인클로저와 18~19세기의 제2차 인클로저로 농민의 실업과 이농 현상, 농가의 황폐 같은 문제가 발생했다.

증기의 힘을 이용한 탈곡 기계를 그린 19세기 판화 작품. 하지만 19세기 후반까지도 농사는 대부분 사람의 힘으로 이루어졌다.

이탈리아 화가 아르날도 페라구티(1850~1924)의 '밭농사'. 농촌 소작농의 열악한 노동 환경이 묘사되어 있다. 중세 유럽의 전통적인 농업 방식은 영지를 세 구역으로 나누어 1년에 한 구역씩 땅을 놀리는 '삼포제'였다. 지금도 유럽 일부 지역에서는 이런 전통적인 방식으로 농사를 짓는다.

다. 영국의 농촌은 마치 하나의 거대한 조각 이불처럼 보였다.

영국에는 1750년에 벌써 기계를 도입한 지역도 있었다. 18세기 사람들은 농기계를 사용하고 개량하는 데 무진 애를 썼지만 당시에는 기계 농사로 별 소득을 얻지 못했다. 19세기에 경작지가 점점 넓어지고 난 뒤에야 돈을 들여 기계를 쓰는 쪽이 이득이 되었다. 곧이어 증기 엔진을 이용한 탈곡기가 나왔다. 영국의 들판에 증기 탈곡기가 등장한 순간, 인간의 근육을 이용한 농업은 기계의 힘을 이용한 농업으로 바뀌기 시작했다. 20세기에 이르러 농업은 완전히 기계화되었다.

| 유럽 농촌의 변화 |

영국에서 시작된 농업의 발전과 변화는 점점 유럽 대륙으로 확산되었고, 유럽의 현실에 맞게 수정되기도 했다. 거의 제자리걸음이었던 과거와 비교하면 유럽은 빠르게 발전하고 있었다. 그러나 예컨대 이탈리아 남부 칼라브리아와 스페인 남부 안달루시아는 100년 넘게 옛 모습을 그대로 유지했다. 발전의 속도가 어디에서나 빠른 것은 아니었다.

그렇다 하더라도 유럽의 농촌이 변화한 것은 틀림없는 사실이다. 변화는 여러 가지 방식으로 진행되었다. 수요에 대처하지 못하는 식량 공급 문제가 마침내 해결되었다. 어떤 상황에서도 바뀌지 않는 작물 윤작 방식, 낡은 재정 구조, 규칙 없는 경작과 농사법 그리고 농민들의 무식함 등 문제의 원인이었던 작은 요소들이 개선된 결과였다. 품종이 개량되었고 작물을 덮치는 병충해와 가축의 질병을 제대로 치료할 수 있었다. 전혀 새로운 품종도 도입되었다. 농촌이 달라졌으니 사회와 정치에도 변화가 생길 수밖에 없었다.

스페인 화가 프란시스코 고야(1748~1828)의 '포도 수확'. 1800년 당시 북유럽 일부 지역에서는 노동 집약적인 농업이 행해졌다. 하지만 지중해 연안 대부분 지역에서는 아직도 전통적으로 재배해 오던 곡물을 심었고 농업 기술도 예전 그대로였다. 한 해 한 해 위태롭게 살아가는 소작농의 삶 또한 변함없었다.

프랑스 화가 구스타프 쿠르베의 '옥수수 치는 사람들'(1854). 19세기에 유럽의 농장 노동자, 공장 노동자, 영세 농민, 소작농 등 수많은 사람들은 열악한 환경과 근로 조건 때문에 도시로, 또는 유럽 바깥 대륙으로 이주했다.

농노제를 폐지한 프랑스

프랑스는 1789년 농노제를 폐지했다. 그러나 당시 프랑스에는 농노가 거의 사라지고 없었기 때문에 큰 의미는 없는 사건이었다. 이 해에는 봉건 제도도 폐지되었는데 이는 조금 더 심각한 사안이었다. '봉건 제도 폐지'라는 이 막연한 규약은 전통적인 방식으로 토지를 공유하고 권리를 주장하는 관습을 허물기 위한 것이었다. 그래야 토지를 하나의 상품으로 거래하여 이익을 낼 수 있었기 때문이다. 소작농 중에도 이 변화가 자신들에게 이익이 될 것이라고 예상한 사람들이 많았다. 그러나 현실은 그렇지 않았다.

농민들은 어떤 것은 반기고 어떤 것은 거부했다. 즉 영주에게 지불해야 했던 지대를 폐지하는 것에는 찬성했다. 그러나 자신들이 가지고 있던 공유지에 대한 권리가 사라지는 것에는 반대했다. 법 개정과 함께 토지 소유권을 재분배하자 무엇이 좋고 무엇이 나쁜지 판단하기가 훨씬 더 어려워졌다. 교회가 소유했던 많은 땅이 몇 년 사이에 개인 소유가 되었다. 단독으로 토지를 소유하는 사람들이 늘어나고 평균적으로 소유하는 토지 면적이 늘어났다. 영국의 변화를 토대로 예상하자면 이러한 변화를 바탕으로 농업이 훌쩍 발전해야 했을 것이다. 그러나 그렇지 않았다. 농업 발전은 매우 더뎠고 영국에서처럼 대주주가 토지 소유권을 합병하는 현상도 거의 나타나지 않았다.

독일 농촌의 모습

당시 벌어지고 있던 일들이 어느 정도의 속도로, 또 얼마나 일관되게 진행되고 있었는가를 한마디로 말하기 위해서는 구체적인 근거를 두고 신중하게 판단해야 한다. 1840년대 독일인들은 농업 발전을 향한 열정에 가득 차 농기계 박람회를 찾아다니곤 했다. 하지만 독일이라는 나라는 매우 광활했다. 어느 저명한 경제 사학자는 이렇게 말했다. "일반적으로 말해 철도시대가 열리기 전까지는 그 어떤 보편적인 개선, 철저한 개혁도 농민들의 생활에까지 이르지는 못했다." 프랑스와 독일이 바로 그랬다.

그렇지만 농업 발전을 가로막고 있던 중세적 제도는 철도시대가 오기 전부터 무너지고 있었고 농업이 발전할 수 있는 조건이 형성되기 시작했다. 나폴레옹시대에 프랑스군이 점령하여 프랑스의 법을 도입했던 지역에서는 변화의 속도가 더욱 빨랐다. 그 결과 1850년에 이르면 농민이 장원에 묶여 의무 노동을 해야 하는 봉건 제도는 유럽 거의 모든 곳에서 사라지고 없었다.

물론 봉건제가 사라졌다고 해서 봉건제의 사고방식까지 깨끗이 사라지지는 않았다. 프로이센, 마자르, 폴란드의 영주들은 영주라는 법적 기반이 사라진 뒤에도, 늦게는 1914년까지도 자신의 영지 내에서 농민들의 아버지 같은 권위를 어느 정도 유지했던 듯하다. 바로 이러한 현상으로 보아 낡은 신분제의 가치관이 유럽 서쪽보다도 동쪽 지역에서 더욱 강하게 이어졌다는 사실을 알 수 있다. 독일의 지방 귀족인 '융커'는 자기 영지를 관리하는 데 있어서는 시장경제를 도입하기도 했지만, 소작인들에 대해서는 신분 관계만을 인정했다.

농노와 노예

농촌 사회의 법 제도가 가장 더디게 변화한 곳은 러시아였다. 러시아에서 농노제는 1861년 법으로 폐지될 때까지 사라지지 않았다. 그러나 이 법령으로 러시아 농업이 단번에 개인주의와 시장경제 원리로 작동되기 시작한 것도 아니었다. 그러나 이것으로 유럽 역사의 한 시대가 막을 내렸다. 러시아의 우랄부터 스페인의 코룬냐까지, 농노제에 기반을 둔 노동과 지주에 구속된 소작농은 그 어떤 법률상에도 존재하지 않았다. 즉 고대에서 시작하여 게르만족의 대이동으로 성립된 중세 기독교시대까지 수세기 동안 유럽 문명의 바탕을 이루었던 노예 신분제가 종결되었다.

1861년 이후 유럽의 모든 농촌에서는 이제 사람들이 임금을 받기 위해, 다시 말해 생활비를 벌기 위해 노동을 했다. 농장 노동자는 원래 14세기에 영국과 프랑스에서 농업 위기를 타파하기 위해 생겨난 것이었다. 그러나 이제는 임금 노동이 농업의 일반적인 형태가 되었다.

중세적인 계약 노동이 가장 오랫동안 남아 있던 곳은 유럽의 일부인 아메리카였다. 가장 극단적인 의무 노동 방식인 노예 제도가 아메리카 대륙의 중심인 연방주에서 법으로 금지된 것은 1863년이었다. 노예제 폐지법을 제정한 북부가 남북전쟁에서 승리를 거둔 1865년에는 법률이 나라 전체에 실질적으로 적용되기 시작했다. 노예제를 폐지한 남북전쟁이 빠른 속도로 발전하고 있던 미국의 발목을 잡은 것은 어느 정도 사실이다. 그러나 미국은 전쟁 이후 다시금 유럽 세계에서 가장 생명력 넘치는 지역이 되었다.

전쟁 전에 이미 미국의 면화 농업은 유럽에 없어서는 안 되는 자원이었다. 남북전쟁은 면화 농업이 발달한 남부와 산업이 발달한 북부 사이에서 노예제를 두고 벌어진 전쟁이었다. 전쟁 이후 '신세계'는 유럽에서는 잘 자라지 않는 면화뿐만 아니라 식량까지 공급하는 유럽의 농산물 보고가 되었다.

식량 분배의 확대

미국을 비롯하여 캐나다, 오스트레일리아, 뉴질랜드, 아르헨티나, 우루과이 등은 유럽 본토보다 훨씬 싼 가격으로 식량을 공급할 수 있었다. 여기에는 두 가지 요인이 있었다. 첫째, 광대한 천연자원이었다. 아메리카의

1774년 프랑스 산간 지역에서 진행된 도로 공사 현장을 그린 클로드 조제프 베르네(1714~1789)의 풍경화. 농작물을 수송하기 위해서는 교통 시설부터 정비해야 했다.

평원, 남아메리카 팜파스*의 광활한 목초지, 오스트레일리아의 온대 기후 지대는 작물을 심고 가축을 기르기에 알맞은 아주 넉넉한 땅이었다. 둘째, 이 넓은 땅을 제대로 사용할 수 있을 만큼 수송 수단이 발전했다는 점이다. 1860년대부터 증기기관 열차와 증기선이 점점 널리 사용되면서 운송비가 낮아졌다. 상품이 싸지면서 수요가 늘어나자 운송비는 더 빠른 속도로 떨어졌다. 이렇게 해서 늘어난 이윤으로 신세계의 산맥과 초원에 더 많은 자본이 투자되었다.

규모는 작았지만 유럽에서도 같은 현상이 일어나고 있었다. 1870년대부터 동유럽과 독일의 농민들은 러시아 농민들의 도전을 받기 시작했다. 폴란드와 러시아 서부에 철도가 건설되고 흑해 항만에 증기선을 운항함으로써 유럽 대도시에 러시아의 곡물이 훨씬 싸게 공급될 수 있었던 것이다. 1900년경 유럽의 농업 경제는 이미 전 세계적인 차원에서 돌아가고 있었다. 유럽 각국의 시장에 칠레산 구아노와 뉴질랜드산 양고기가 산지 가격으로 판매되고 있었다.

이 시기 농업 발전은 폭발적이었다. 농업은 인류 최초의 문명을 낳았고, 이 문명은 이후 수천 년간, 농업 생산력이 정하는 일정한 한계에서 성장해 왔다. 이제 이 시기 농업은 한순간에 문명을 저 높은 곳으로 쏘아 올리는 연료가 되었다. 약 100년 사이에 농업은 전보다 훨씬 많은 식량을 생산할 수 있음이 증명되었다.

* 팜파스
대서양에서 안데스 기슭까지 서쪽으로 펼쳐진 광대한 평원. 팜파스라는 이름은 '평평한 면'이라는 뜻이며, 해발 약 500m의 멘도사에서 해발 106m의 부에노스아이레스까지 북서에서 남동 방향으로 점차 경사져 있다.

영국 맨체스터발 리버풀행 열차가 소, 양, 돼지 등 가축 떼를 싣고 영국 북부를 횡단하고 있는 그림이다.

▶ 제임스 하그리브스가 발명한 기계식 물레, '실 잣는 제니'. 이후 영국의 면직물, 모직물 산업에서 나타날 산업혁명의 시초가 되었다.

농업은 인류 역사에 있어 가장 중요한 산업이었으며 투자 자본을 만들어 내는 원동력이었다. 점점 인구가 늘어나는 도시의 식량 수요, 철도 건설, 늘어나는 자본 등 농업에 관한 모든 현상을 1750년부터 1870년 사이 유럽과 아메리카를 잇는 대양 횡단 경제의 전반적인 발전과 분리해서 생각할 수는 없다. 다만 편의를 위해 산업화와 농업 발전을 나누어 이야기하기로 하자. 이 시대에 유럽 사회는 대규모 산업화로 너무나 뚜렷하고 격심한 변화를 겪었다. 역사상 완전히 다른 사회가 나타난 것이다.

산업화의 거대한 물결

산업화는 역사 주제 중 가장 거대한 것이다. 그 규모를 따지는 것만 해도 보통 어려운 일이 아니다. 게르만족의 이동으로 유럽이 형성된 이후 유럽 사회에 가장 획기적인 변화가 나타났다. 그러나 이 변화는 단순히 유럽의 역사 차원에서 다룰 문제가 아니다. 산업화는 인류가 농사를 짓기 시작했던 순간 또는 철이나 바퀴를 만들기 시작한 순간 이후 역사상 가장 혁명적인 변화였다.

조지 스티븐슨이 발명한 증기기관차 '로켓 호'(1825) 주위에 구경꾼들이 모여들어 신기한 듯 바라보고 있다. 수백 년 동안 탄광에서 석탄을 나르는 데에는 화차와 레일이 쓰였다. 그러다 증기기관차 발명 이후 화차, 레일, 증기기관차가 하나로 합체되며 열차라는 놀라운 수송수단이 탄생했다.

인류의 긴 역사에서 100년에서 150년 정도의 시간은 한순간이라고 할 만큼 짧은 기간이다. 이 짧은 기간에 사회의 주역이 농부, 장인에서 기계 기술자와 경리 사원으로 바뀌었다. 역사에서 가장 중요한 산업은 농업에서, 애초 농업이 낳은 산업인 공업으로 바뀌었다. 각 지역에서 수백 수천 개로 나뉘어 있던 문화가 산업 문명이라는 하나의 공통 문화로 섞여 들어가기 시작했다.

산업화의 핵심은 잘 알 수 있지만 산업화가 무엇인지 정의하기란 그리 쉽지 않다. 일단 산업화란 인간과 동물의 노동 대신, 석탄 같은 광물의 힘으로 움직이는 기계가 일하게 만드는 것을 뜻한다. 또 생산 구조의 대규모화와 전문화를 말하기도 한다. 그러나 이러한 특징들에는 표면적인 의미보다도 더 많은 것들이 들어 있다.

산업화는 수많은 사업가들, 소비자들이 꼼꼼히 계산하여 결정을 내림으로써 이루어진 일련의 과정 끝에 생겨난 현상이다. 그러나 어떻게 보면 산업화는 사회를 막무가내로 뒤엎으며 행진하는 거센 바람 같기도 하다. 철학자 앨프레드 화이트헤드가 말하는 역사의 두 가지 작동 원리인 무분별한 힘과 분별 있는 힘 중, 산업화는 무분별한 힘에 속하는 듯하다.

산업화 결과 새로운 주거 집단이 나타났다.

새로운 교육 기관과 새로운 고등 교육 방식도 필요해졌다. 사람들이 사는 하루하루의 삶의 모습이 달라졌다.

산업화의 원인들

이러한 거대한 변화가 나타나게 된 원인을 찾자면 근대 초기로 거슬러 올라가야 한다. 수세기 동안 농업과 상업은 조금씩 발전해 왔고 그것을 토대로 투자 자본이 형성되고 있었다. 산업화에 필요한 지식도 함께 쌓여 가고 있었다. 운하는 산업화 과정에서 맨 처음으로 상품 수송망 역할을 했고 18세기 이래 수많은 운하가 유럽 내에 건설되었다.

물론 중국이라는 거대한 나라는 오래전에 남북을 잇는 대운하를 건설했다. 샤를마뉴 대제 때도 운하를 건설하는 기술은 있었다. 사실 운하를 건설하는 기술은 고대 사람들이 발명한 것이기도 했다. 19세기 프랑스 사람들이 자기 시대의 발전을 부르기 위해 만들어 낸 용어인 '산업혁명'의 밑바탕에는, 산업화 이전 시대에 미래를 위해 기술과 경험을 차분히 축적해 놓은 수많은 장인들, 발명가들의 공이 있었다.

예를 들어 14세기 라인 지방 사람들은 철을 가공하는 방식을 개발했고, 1600년 즈음부터는 용광로가 쓰이기 시작했다. 이로써 철의 가격이 내려가고 철을 널리 사용할 수 있게 되었다. 18세기에 와서는 일부 제조 공정에서 나무 대신 석탄을 사용하는 기술이 개발되었다. 이 시기 철의 가격은 이후 오히려 조금 더 올랐을 만큼 쌌던 터라 철을 사용하는 여러 방법을 자유롭게 실험할 수 있었다. 그러니 놀라운 발전이 뒤를 이을 수밖에 없었다.

철의 수요가 늘어난 것은 철광석이 풍부한 지역이 중요해진다는 것을 뜻했다. 제련 기술이 발전하여 목탄보다 석탄을 사용하게 되자 석탄과 철강이 나는 지역이 유럽과 아메리카의 산업 지형에서 가장 중요한 곳이 되었다. 세계에서 석탄이 많은 지역은 주로 북반구에 있었다. 중부 유럽의 슐레지엔과 루르, 로렌을 비롯해 영국 북부를 거쳐 아메리

윌리엄 파월 프리스(1819~1909)의 '기차역'(1862). 사람들이 북적거리는 런던 패딩턴 역 풍경이다. 당시 열차는 대중 교통수단으로 급속히 뻗어 나가고 있었다.

1767년 제작된 초기의 증기 기관. 제임스 와트와 매튜 볼턴은 증기기관을 열차 이외에도 사용할 수 있게끔 개량하고 크기도 줄였다. 처음에 나온 증기 동력 기계는 너무 큰 나머지 아예 사용할 장소에서 기계를 만들어야 할 정도였다.

카의 펜실베이니아, 웨스트버지니아에 이르는 거대한 산업 지대가 형성되었다.

증기와 제련술

품질 좋은 금속과 풍부한 연료, 거기에 증기기관이라는 새로운 동력원이 발명되면서 산업혁명이 시작되었다. 증기기관 역시 그 기원은 오래된 것이다. 고대 알렉산드리아 시대 사람들도 증기를 이용해 물체를 움직일 수 있다는 사실을 알고 있었다. 혹자는 그들이 증기를 이용하는 기술이 있었다고도 주장한다. 그러나 어쨌거나 당시 경제에서는 그렇게까지 증기를 활용할 필요가 없었다.

18세기에는 증기기관이 여러 측면에서 훨씬 정교해졌다. 사람들이 증기기관에 투자를 했기 때문에 가능한 일이었다. 그 결과 증기기관은 혁명적이라고 할 만큼 중요한 동력 기관이 되었다. 새로운 증기기관은 석탄과 철을 만들어 냈다. 뿐만 아니라 증기기관을 만들고 기계를 돌리는 데에 석탄과 철을 소비했고, 석탄과 철은 또다시 필요한 다른 산업을 만들어 냈다.

가장 눈에 띄는 결과는 철도 건설이었다. 거기에는 일단 엄청난 양의 철이 들어갔고 다음 단계에는 철로를 깔고 차량을 만드는 데에 엄청난 양의 강철이 들어갔다. 그러나 그 결과 수송에 드는 비용이 훨씬 싸졌다. 철도가 운반하는 것 또한 주로 석탄, 철광석이었으니 그것들이 풍부하지 않은 지역에서도 자원을 쉽게 사용할 수 있게 되었다. 열차 노선을 따라 새로운 산업 지대가 형성되었고 열차가 있는 곳이라면 어디든 상품을 내다 팔 수 있게 되었다.

증기 그리고 해양 수송

증기기관 이후 수송과 교통수단으로 철도가 나타났다. 뿐만 아니라 1809년에는 최초의 증기선이 출항했다. 1870년경에는 아직도 범선이 많았고 군대의 전함에도 돛이 달려 있었지만 바다를 운항하는 배 중 가장 일반적인 것은 증기선이었다. 증기선이 경제에 미친 영향은 놀라웠다. 1900년 당시 해양 수송에 드는 실제 비용은 1800년의 7분의 1 수준이었다. 수송 비용과 수송 시간이 단축되고 빈자리가 없을 만큼 많은 사람들이 증기선과 열차를 애용하면서 전에는 불가능했던 수많은 일들이 가능해졌다.

말을 가축으로 길들이고 바퀴를 발명한 이래 교통과 수송이 진행되는 속도는 각 지역의

1874년 당시 프랑스 오를레앙 지역의 대규모 방직 공장의 내부 모습.

도로 사정에 따라 천차만별일 수밖에 없었다. 어쨌든 장거리를 이동하는 평균 속도는 시속 10km를 넘지 못했다. 물길을 통하면 속도는 조금 더 빨라졌다. 그래서 사람들은 계속해서 배를 이런저런 식으로 개조했다. 그러나 그런 식으로 발전해 온 교통수단은 열차와 증기선에 비하면 아무것도 아니었다. 이 시대 사람들은 말을 타고 여행하는 시대가 열차를 타고 시속 70~80km로 먼 거리를 질주하는 시대로 바뀌는 것을 눈으로 확인할 수 있었다.

공장의 등장

산업화가 만들어 낸 풍경 가운에 가장 신기한 것은 푸른 들판을 배경으로 달리는 열차의 굴뚝에서 증기가 품어져 나오는 모습이었다. 이 광경을 처음 보는 사람들에게는 이 증기 구름이 참으로 신기했을 것이다. 이것 말고도 고도로 발전하는 산업화의 변화가 만들어 내는 새로운 풍경이 사람들의 눈을 사로잡았다. 가장 압도적인 것은 공장 지대의 모습이었다. 산업시대 이전에는 마을의 중심에 교회의 첨탑이 있었다. 그러나 이제 마을의 중심은 연기 나는 공장 굴뚝으로 바뀌었다.

공장은 완전히 새로운 건물이었다. 사실 산업시대 초기에 공장은 그렇게 일반적인 모습이 아니었다는 사실이 종종 간과되고는 한다. 19세기 중반에 이르러서도 영국 산업 노동자들은 직원이 50명도 채 안 되는 제조 현장에서 일했다. 대형 공장은 섬유 산업에서 나 있었다. 영국의 랭커셔 지역은 그곳에 들어선 대규모 방적 공장 때문에 이전 시대의 제조업 지역과 구별되는 도시적인 외관을 갖추게 되었는데 사람들은 그 독특한 모습에 놀랄 수밖에 없었다.

어쨌든 1850년경, 점점 더 많은 제조업에서 대규모화가 진행되고 있었던 것은 사실이다. 그 배경은 여러 가지였다. 수송 경제가 발달하고 작업 분야가 세분화되었다. 기계류의 생산력도 더 높아졌으며 노동을 효과적으로 통제할 수 있었다. 그 결과 대규모 공장이 등장한 것이다.

19세기 대영제국의 산업

19세기 중반, 이와 같은 거대한 변화들을 바

19세기 초반 영국 탄광에서 증기 동력 기계를 사용하는 장면.

약 1850년 존 루커스가 그린 '브리태니아 다리의 기술자 회의'. 이 당시 영국의 자본가와 기술자들은 자국의 놀라운 기술 발전에 자부심을 느끼고 희망에 가득 차 있었다. 영국인들은 전문 기술을 가지고 세계를 지휘했다.

탕으로 대영제국에서 고도의 산업사회가 태어났다. 따지고 보면 영국에서는 오래전부터 산업사회가 되기에 알맞은 환경이 조성되고 있었다. 유럽 대륙과 비교해 영국은 전쟁이 없는 평화로운 시절을 보냈고 정부의 횡포도 심하지 않았다. 그 결과 자본의 투자가 안정적으로 이루어질 수 있었다. 농업에 있어서도 영국은 최초로 잉여 생산을 해냈다. 약 100년에 걸쳐 발명된 몇 가지 중요한 기술로 기계가 만들어졌는데 영국에는 그 기계를 돌리는 데 필요한 석탄도 풍부했다. 또 영국은 해외로 진출하여 상업을 확장했다. 그 결과 투자 이익이 증가했다. 영국에는 산업화에 필요한 재정 금융 기관이 이미 들어서 있었다.

이러한 환경에서 영국 사람들은 변화를 받아들일 준비를 단단히 갖추고 있었던 듯하다. 18세기 영국 사람들의 모습을 보면 돈을 벌 수 있는 사업 기회에 굉장히 밝았던 것 같다. 결론적으로 말해 영국에서는 점점 더 많은 사람들이 노동자이자, 공장의 상품을 소비하는 소비자가 되어 갔다. 이 모든 요인들이 한데 모인 결과 1840~1850년 무렵, 역사상 유례없는 산업 발전이 일어났고 그것은 오랫동안 계속되었다.

1870년경에는 독일, 프랑스, 스위스, 벨기에, 미국 등이 대영제국과 함께 경제 대국의 반열에 올라섰으나 이때에도 영국은 산업 시설 면에 있어서나 산업의 역사에 있어서 선두 자리를 지켰다. 영국인들은 스스로를 '세계의 공장'이라고 불렀다. 영국인들은 산업화 이후 부와 권력이 얼마나 증진되었는지 계산하는 일을 좋아했다. 1850년에 지구의 바다 위를 누비는 배와 땅을 가로지르는 열차의 절반이 영국 소유였다. 이 철도 위를 달리는 열차는 정확한 시간에 맞춰 운행되었고 이 열차가 움직이는 속도는 100년 후 열차 속도에 크게 뒤지지 않았을 정도였다. 영국에서 세계 최초로 '운행 시간표'가 쓰이기 시작했다. 이것은 전보를 토대로 만들어졌다. 그 몇 년 전만 해도 합승 마차나 짐마차를 이용하던 사람들이 이제는 열차를 타고 다녔다.

1851년, 영국은 런던에서 국제 박람회를 개최하여 자국의 우수성을 자랑했다. 그 해에 영국은 철 250만t을 제련했다. 오늘날에는 적은 양으로 느껴지지만 당시로 보면 미국이 생산하는 양의 다섯 배이자 독일의 열 배였다. 같은 시기 영국의 증기기관이 뿜어내는 동력은 120만 마력을 넘었는데 이는 유럽 전체가 생산하는 동력의 절반에 해당하는 것이었다.

가속이 붙은 산업화

1870년경에는 이미 각국의 상대적인 우열 관계에 변화가 일어나고 있었다. 영국은 선두 자리를 유지하고 있었지만 예전 같지 않았고, 얼마 후면 그 자리에서 내려올 운명이었다. 영국의 생산력은 유럽 그 어느 나라보다도 높았으나 미국만큼은 1850년에 이미 영국을 능가했고 독일도 뒤를 바짝 따라오고 있었다. 1850년대에는 영국에서 먼저 일어난 변화가 독일과 프랑스에도 일어났다. 대부분 목탄을 이용하던 제철 방식이 석탄 제철로 바뀐 것이다. 영국은 그때까지도 철강 산업의 일인자였고 무쇠 생산도 늘어났지만 이제 영국의 생산량은 미국의 3.5배, 독일의 4배밖에 되지 않았다. 물론 이것도 어마어마한 차이로 영국의 시대는 계속되고 있었다.

대영제국을 필두로 한 산업국가들은 이제 첫발을 내디딘 것에 불과했다. 19세기 중반에 도시 인구가 상대적으로 많았던 나라는 대영제국과 벨기에뿐이었다. 1851년 인구 조사에 따르면 영국 내 산업 중 종사자가 가장 많은 분야는 여전히 농업이었고 그다음이 가내 산업이었다. 그러나 점점 많은 사람들이 제조 산업에 종사하기 시작했다. 경제적 부가 한 곳에 집중되고 도시화가 진행되었다. 여러 나라에서 이러한 변화들이 눈에 띄게 드러났다.

광산업, 건축업, 제조업, 조선업 등이 크게 발전하여 고용 인구가 크게 늘었다. 프랑스의 노천 채굴장을 그린 풍경화(1854).

요크셔의 셰필드 지역은 영국에서 가장 큰 철강 공업 지대였다. 1885년경 당시 셰필드의 풍경.

| 도시화의 확대 |

마을이 빠른 속도로 도시로 변해 가고 있었다. 특히 19세기 후반기는 후에 '광역 도시'라고 불리는 지역의 거점이 형성된 시기였다. 이때 최초로 유럽의 몇몇 도시들은 하나의 자급자족적인 단위를 이루었다. 이 도시들은 더 이상 농촌 지역에서 옮겨 온 이주자들이 만들어 가는 지역이 아니었다.

도시화 정도를 객관적으로 파악하기는 어렵다. 여러 나라에서 각각 다른 방식으로 도시가 형성되었기 때문이다. 그렇다고 당시 도시화 현상에 나타난 주된 흐름을 찾기가 힘든 것은 아니다. 1800년 런던, 파리, 베를린의 인구는 각각 약 90만, 60만, 17만 명이었는데 1900년에는 각각 470만, 360만, 270만이었다. 글래스고와 모스코바, 상트페테르부르크, 빈의 인구도 각각 100만이 넘었다. 모두 거대한 도시들이었다.

이외에도 유럽에는 인구가 50만이 넘는 도시가 열여섯 군데가 더 있었다. 1800년에 인구가 50만 명을 넘은 도시는 런던과 파리, 두 곳뿐이었다. 중소 도시라고 해도 예전과는 비교도 할 수 없이 거대했다. 수많은 시골 사람들이 도시로 옮겨 오고 있었다. 특히 대영제국과 독일에서는 이런 현상이 두드러졌다. 산업화의 속도가 빠른 국가에서 도시화 역시 빠르게 진척되었다고 볼 수 있다. 도시가 노동자들을 끌어당긴 힘은 무엇보다도 부와 일자리에 있었다. 1900년 인구가 50만 명을 넘어선 도시 스물세 곳 중에서 열세 곳이 영국, 독일, 프랑스, 벨기에 네 나라에 있었다.

도시에서의 삶

도시 생활에 대한 의견은 시대에 따라 조금씩 변해 왔다. 18세기 말에는 낭만적인 시골 생활 같은 것이 대유행이었는데, 이는 산업

19세기에 급속도로 산업화한 도시에서 사는 러시아 노동자의 삶은 더없이 비참했다. 이 사진에 나온 상트페테르부르크의 한 노동자 가족은 방 한구석을 빌려 함께 생활하고 있었다.

화의 첫 단계에 일어난 현상이었다. 19세기에 접어들어서는 미학적이고 윤리적인 측면에서 도시 생활을 비판하는 풍조가 나타났다. 실제로 도시에서의 삶이란 낯설고 어떨 때는 역겨운 것이 되어 갔다. 사람들은 도시화가 바람직하지 않은 변화라고 생각했다. 심지어 타락이라고까지 여겼다.

그런데 이러한 생각은 당시 힘을 얻어 가고 있던 혁명적인 기운에 한몫을 했다. 보수주의자들은 도시화에 의심을 품고 도시가 생겨나는 것을 두려워했다. 유럽 각국의 정부는 도시의 소요를 잘 다스릴 수 있다며 자신 있어 했다. 그러나 그 뒤로도 오래도록 도시는 거의 혁명의 근원지로 여겨졌다. 이상한 일도 아니었다. 대도시에 사는 가난한 사람들의 생활환경은 황량하고도 끔찍했다. 당시 런던 이스트엔드 지역을 가로지를 만한 뚝심이 있는 사람이 있었다면 그곳 빈민가에 만연한 가난과 더러움, 질병과 굶주림을 소름 끼칠 만큼 확연히 느낄 수 있었을 것이다.

독일 출신의 젊은 사업가인 프리드리히 엥겔스는 1845년 그 시대에 나온 가장 중요한 책 중 하나인 『영국 노동자 계급의 상태』*를 썼다. 맨체스터 지역의 빈민들이 처한 끔찍한 생활환경을 폭로하기 위해서였다. 그 외에도 여러 영국 출신 작가들이 비슷한 주제에 관심을 가졌다.

19세기 전반 프랑스 정부는 '위험한 계급들'이라고 불리는 현상 때문에 골머리를 썩었다. '위험한 계급들'은 가난한 파리 시민을 가리키는 말이었는데 이 빈곤 문제야말로 1789년에서 1871년 사이 프랑스에 일어난 연속적인 혁명에 불을 붙인 도화선이었다. 도시가 사회의 통치자, 특권 계층에 대한 분노와 증오를 키우는 장소이며 이 감정이 혁명을 부를 숨은 원인이라는 두려움은 사실 논리적으로 틀리지 않은 생각이었다.

* 『영국 노동자 계급의 상태』 (1845)
당시 신개념이라 할 수 있는 '산업혁명'에 대해 체계적으로 분석한 최초의 대작. 엥겔스가 남긴 선구적인 업적들 중 최초의 것이다. 이 책에서 프롤레타리아 계급의 생활상을 묘사한 엥겔스는 후대에도 능가하기 어려운 자본주의적 공업화와 도시화의 사회적 충격에 대해 분석해 냈다.

산업혁명 63

새로운 도시의 종교

도시가 사상을 전복시킨다는 주장 역시 일리가 있었다. 19세기 유럽의 도시에서는 전통적인 행동 양식이 완전히 파괴되었다. 도시는 새로운 사회 구조와 사상이 들끓는 도가니였다. 도시는 지방 공동체에 촘촘히 드리워 있던 신부, 지주, 이웃의 감시에서 쉽게 벗어날 수 있는 거대한 익명의 숲이었다. 게다가 문자 능력이 하층민으로까지 퍼져 가면서, 오랜 세월 굳건하게 유지되었던 것들이 무너지고 새로운 사상이 나타났다.

19세기 유럽의 상류층은 도시 사람들이 신을 믿지도 않고 종교와도 거리가 멀다는 점에 큰 충격을 받았다. 종교적 진실과 정통적인 교리만이 무너지고 있는 게 아니었다. 사실 상류층 스스로가 오래전부터 그런 것들이 들어맞지 않다는 것을 묵인하고 있었다. 그보다 더 심각한 것은 사회 윤리와 질서가 위태롭다는 사실이었다. 종교는 윤리를 지탱하고 기존 사회 질서를 유지하는 가장 중요한 버팀목이었다. 혁명적인 철학자 칼 마르크스는 "종교는 민중의 아편"이라고 비꼬았다. 지배층이 종교에 대해 이런 식으로 말할 리는 없었으나 그들 역시 사회를 하나의 공동체로 이어 붙이는 종교의 역할은 이미 잘 알고 있었다.

그랬기에 가톨릭 국가도, 개신교 국가도 도시를 종교적으로 교화하기 위해 여러 방면으로 노력을 기울였다. 하지만 새로운 도시에는 옛 도시와 마을의 전통적인 처벌 구조와 종교 제도가 이미 완전히 사라져 버렸다. 그러니 그곳에서 교회가 힘을 쓰기는 힘들었다. 그래도 어쨌든 도시 안에 교회를 세우려는 다양한 모습이 나타났다. 산업 지대 주변에 새로운 교회를 짓는다든가, 사회사업과 복음주의를 결합하여 사람들에게 현대 도시 생활의 진실에 대해 가르치는 식이었다.

19세기 말이 되어서야 종교인들은 그들이 벽에 가로막혔음을 알아챘다. 영국의 종교가 윌리엄 부스는 『가장 암울한 영국에서의 탈출』을 썼다. 그는 영국 내의 전도와 이교도의 땅인 신대륙에서의 전도를 비교하면서 영국의 현실을 강조하기 위해 영국을 "가장 암울한 곳"이라고 불렀다. 그는 도시에 사는 새로운 사람들의 마음을 사로잡을 수 있고 도시 사회의 병폐에 맞설 수 있는 완전히 새로운 복음 전파 방식을 찾고자 했다. 그래서 1878년 그가 설립한 것이 바로 구세군이었다.

도시 주민의 변화

산업화가 부른 혁명은 비단 물질적인 생활뿐만 아니라 훨씬 많은 부분까지 영향을 미쳤다. 일단 우리가 알고 있는 근대 문명, 즉 신앙을 기반으로 하는 기본 구조가 없는 이 문명이 어떤 식으로 탄생했는지를 파악하는 것은 굉장히 복잡한 문제다. 우리 눈에는 도시가 전통적인 종교 의식을 해체하는 방법과, 과학과 철학이 지식인의 신앙을 무너뜨렸던

1881년 런던 화이트채플 거리에 있는 구세군 본부에서 열린 예배 모습. 윌리엄 부스(1829~1912)는 1878년, 복음 전파 및 사회복지 사업을 위해 구세군을 설립했다. 설립 이후 구세군 교회는 빠른 속도로 전 세계에 퍼져 나갔다.

방법이 그리 다르지도 않다.

하지만 1870년에 이미, 유럽의 산업 인구 속에 새로운 미래가 뚜렷이 나타나 있었다. 그들 상당수가 읽고 쓰는 법을 알았고, 전통적인 권위와 종교로부터 자유로웠으며, 스스로를 하나의 실체로 여기기 시작했다. 바로 이런 사람들이 완전히 새로운 문명의 바탕을 이루었다.

달라진 생활 양상

새로운 문명의 바탕에 대해 조금 급하게 이야기를 꺼냈는지도 모르겠다. 하지만 산업화의 영향이 생활의 요소요소에 아주 빠른 속도로 나타났다는 사실을 다시 한 번 강조하기 위해서는 그럴 수밖에 없다. 이 시대에는 삶의 리듬까지도 달라졌다.

그 이전에 살았던 인류 대부분은 근본적으로 자연이 정하는 리듬에 맞추어 경제 활동을 진행했다. 농경사회나 유목사회에서는 경제 활동이 1년을 주기로 구성되었다. 계절의 변화에 맞추어 해야 할 일과 할 수 있는 일이 정해졌다. 계절 다음으로는 낮과 밤, 날씨의 변화 같은 자연 변화가 생활의 기준이었다. 사람들은 자신들의 도구, 자기가 기르는 가축을 제 몸과 같이 여겼다. 먹을 것을 수확할 수 있는 대지와도 무척 친했다. 당시에 변화가에 사는 사람은 시골 사람보다는 수가 적었는데 그들의 삶 역시 대부분 자연 변화에 따라 진행되었다.

1850년 이후에도 흉년이 오면 영국과 독일의 전체 경제가 흔들리기도 했다. 그러나 그즈음 이미 많은 사람들의 삶은 자연이 아닌 새로운 지배 체계에 따르고 있었다. 가장 중요한 것은 생산과 수요였다. 다시 말해 사람들의 삶은 기계를 경제적으로 가동할 수 있는 주기에 맞추어, 투자비용이 높은가 낮은가에 따라, 노동 인구가 얼마나 되느냐에 따라 움직였다. 이것을 상징하는 것이 공장이

1875년 베를린의 합판 공장 모습. 1840년 이후 광산, 채석장, 제철소, 기계 공장, 조선소에서 일하는 노동자의 숫자가 폭발적으로 증가했다. 이런 종류의 직종은 임금 수준이 높기는 했으나 생산 수요가 불안정했다. 따라서 노동자들은 언제 해고당할지 모른다는 불안을 안고 살았다.

었다. 공장에서는 기계류 가동 주기에 따라 작업 주기가 정해졌다. 공장에서는 시간 엄수가 필수였다. 산업에 종사하는 사람들이 느끼는 시간은 이제까지 인류가 생각하는 시간과 전혀 다른 것이었다.

산업화는 사람들의 삶에 새로운 리듬을 만들어 냈다. 그에 따라 노동자와 그가 하는 일 사이의 관계도 달라졌다. 이런 면모를 평가할 때는 으레 과거에 대한 감상적인 향수가 끼어든다. 그렇더라도 객관적인 견지를 유지해야 한다. 일단 우리도 잘 알고 있는 공장 노동자의 모습, 즉 단조로운 일상, 황량한 인간관계, 타인의 이윤을 위해 희생한다는 느낌 등 환멸에 가까운 모습이 눈에 들어온다. 그래서 이제는 사라져 버린 중세 장인의 세계를 그리워한다든가, 이 시대부터 노동자는 자기가 생산한 생산물에서 소외를 당하게 되었다고 분석하는 식으로 반응하기가 쉽다.

하지만 중세에도 소작인들은 단조로운 생활을 영위했고 그들 대부분이 다른 사람의 이윤을 위해 희생되었다. 고용주가 시켜서가 아니라 태양이 뜨고 지는 하루 일과에 맞추어 일한다고 해서 고된 생활이 덜 고되었을까? 상업상의 불황이나 활황에 맞춰 삶이 변화하는 게 아니라 가뭄이나 폭풍우에 영향을 받고 산다고 해서 삶이 더 즐거웠을 리 없다. 그렇지만 과거와 비교해서 어쨌든 간에, 산업화시대에 나타난 새로운 노동 방식은 사람들의 삶에 혁명적인 변화를 불러일으켰다.

아동 노동

일터에 나타난 변화 가운데 가장 분명한 것 중 하나가 아동 노동 착취였다. 산업화 초기부터 나타난 이 현상은 쉽게 사라지지 않은 병폐였다. 당시 영국은 노예제를 폐지하고 명성을 얻어 도덕적으로 고양된 참이었다. 이들은 종교 교육의 중요성도 잘 알고 있었다. 이후 세대는 자신들과는 무언가 다른 삶을 살게 될 것이라는 생각도 뚜렷했다. 또한 이들은 이전 세대와는 달리 아동에 대해 다정다감한 태도를 보였다.

그런 까닭에 영국에서부터 야만스러운 아

1848년 런던에 있는 어느 공장의 풍경. 일하는 어린이들과 어린이를 학대하는 감독관의 모습이다. 19세기에는 공장 산업이 폭발적으로 성장하여 일손이 부족해지자 여성, 아동 등 새로운 노동자 계층이 생겨났다.

동 노동 착취가 문제화되었다. 하지만 그 과정에서 아동 착취가 실제로는 공장에서 일하는 전체 노동자에게 일어난 변화의 한 부분일 뿐이라는 사실이 관심 밖으로 밀려나기도 했다. 실제로 아동 노동 자체는 오래전부터 존재했다. 수백 년 동안 유럽의 아이들은 양을 치고, 새를 쫓고, 이삭을 주우며 하인으로, 청소부로, 매춘부로 고되게 일했다. 심지어 세계의 어느 소외된 지역에서는 지금도 이런 현상이 지속되고 있다.

빅토르 위고의 위대한 소설 『레 미제라블』(1862)에는 산업화 이전 시대, 보호받지 못한 채로 살아가는 수많은 아이들의 끔찍한 삶이 고스란히 그려져 있다. 산업화로 달라진 점이 있다면 아동 착취가 공장이라는 산업 형태에 맞춰 규격화되었다는 점, 아이들이 겪는 고통의 종류가 달라졌다는 점이었다. 농경사회에서는 힘이 약한 아동이 하는 일은 힘센 어른의 노동과 분명히 다를 수밖에 없었다. 그에 비해 공장에서 아동이 하는 노동은 어느 모로 보나 어른의 노동에 맞먹었다.

노동력 공급이 절실히 필요한 사회에서는 아이가 가능한 한 빨리 가족 경제에 힘을 보탤 수 있도록 부모가 아이를 강제로 공장으로 내몰았다. 심지어 아이가 대여섯 살밖에 안 되었는데도 말이다. 자연히 끔찍한 희생자가 생겨났다. 뿐만 아니라 사회에 돌이킬 수 없는 변화도 나타났다. 아동과 사회의 관계가 기괴해지고 가족 구조가 파괴되었다. 역사를 움직이는 '무분별한 힘'이 끔찍한 결과를 낳았던 것이다.

산업화 초기의 법률 제정

산업화가 낳은 문제들은 외면하기 힘들 만큼 절박했다. 개혁가들은 그중 가장 명백한 해악들을 제압하기 위해 재빠르게 움직였다. 이를테면 1850년경이면 영국에서는 이미 공

런던의 금융 중심지 '시티 오브 런던'의 신 증권거래소 입회장 모습(1809). 토머스 로랜드슨의 작품을 판화로 옮겼다.

장이나 광산에서 일하는 여성, 아동에 대한 보호 법률이 시행되고 있었다. 그러나 아무리 산업시대가 열린 유럽과 미국이라 해도, 농업 경제를 기반으로 수천 년을 이어 온 역사에서 그 중심 구조인 노예제를 한순간에 근절한다는 것은 불가능했다.

순조롭게 산업시대를 열어젖힌 유럽에 대해 산업화로 나타나는 병폐에 그때그때 대처하지 않았다고 비판하기는 어렵다. 그만큼 사회가 전례 없는 규모와 속도로 변화하고 있었던 것이다. 그 한가운데에 있는 유럽인들은 어떤 것이 심각한 문제인지 겨우 짐작이나 할 수 있었을 뿐이다. 영국 사회는 산업화 초기 단계에서 출혈이 가장 심한 나라였지만, 당시 영국 사람들도 경제가 법률 규제로부터 자유로워야 새로운 부를 양산할 수 있다는 생각을 버리지 못했다.

| 경제 분야의 변화 |

초기 산업사회에는 완전 자유무역을 주장하는 이론가나 정치가가 거의 없었다. 그렇지

윌리엄 벨 스콧(1811~1890)이 영국 북부 뉴캐슬 지역의 선창가 모습을 그린 벽화(1843~1850). 지역 산업의 활기 있는 모습을 그림으로 남겼다.

* **자유방임주의**
국가의 간섭을 최대한 제한하고 사유재산과 기업의 자유를 옹호하는 경제 이론. 18세기 중기 자본주의의 기본 정책으로, 애덤 스미스 같은 고전학파 학자들이 그 체계를 세웠다.

만 정치가나 공무원들이 시장경제를 돕거나 간섭하지 않는다면 더 좋은 결과가 생길 것이라는 의견이 점점 널리 퍼져 가고 있었다. 이 흐름 중 하나가 프랑스 중농주의자들이 만들어 낸 '자유방임주의'* 라는 사상이었다. 넓게 보아 애덤 스미스 이후의 경제학자들은 대부분 이렇게 주장했다. 그들은 시장이 만드는 '자연스러운' 수요를 따라 경제 자원을 사용한다면 부의 생산 속도가 높아지고 그 결과 사회 전체의 부가 증가한다고 보았다.

그리고 또 하나의 강력한 흐름은 '개인주의'였다. 개인주의 사상은 각 개인이 스스로 해야 할 경제 활동을 가장 잘 파악하고 있다고 주장했다. 개인의 권익 문제를 다루는 사회 기관이 점점 많아지는 현상 역시 개인주의가 구체적으로 드러난 모습이었다.

영국의 자유무역

개인주의와 자유방임주의는 산업화와 자유주의가 하나로 결합하여 오랫동안 하나의 체계로 작동할 수 있었던 사상적 원천이었다. 물론 보수주의자들은 개인주의와 자유방임주의를 공격했다. 그들은 구시대적인 농경사회의 질서, 다시 말해 영주와 농민이 맺은 상호 간의 의무와 권리, 안정된 사상, 종교적 가치 등을 그리워했다.

그러나 새 시대를 환영하는 진보주의자들이 그저 부정적이고 이기적인 바탕에서 자신의 입장을 만들어 낸 것은 아니었다. '자유무역주의'를 뜻하는 '맨체스터 정신'의 수호자들은 자신들의 경제 발전에만 골몰하지 않았다. 19세기 초반 몇 년 동안 영국 사회를 휩쓴 정치적 분쟁을 들여다보면 이 점이 더욱 분명해진다.

이 분쟁의 핵심은 곡물법 폐지였다. 이 법률은 원래 영국 농업을 보호하기 위해 값싼 외국 농작물에 관세를 붙이는 관세 제도였다. 리처드 코브던이라는 중소 사업가는 곡물법 반대 동맹을 결성하고 스스로 하원의원이 되어 곡물법 폐지에 앞장섰다. 그를 비롯하여 곡물법에 반대하는 '법안 폐지론자'들은 곡물법에 문제가 많다고 주장했다. 이들은 농작물에 관세를 매기는 법률 자체가, 오랫동안 농업사회를 지배해 온 특정 계급이 입법 기관을 장악했다는 증거라고 말했다. 낡은 지배층이 국가의 권력을 독점해서는 안 될 일이었다. 그리하여 특정 집단에 이익이 되는 방향으로 변질된 국가 경제를 제 방향으로 되돌려 놓기 위해 신진 세력이 들고 일어나 곡물법에 반대하고 나선 것이었다.

폐지 반대파는 여기에 이렇게 대응했다. 제조업자는 식량을 싸게 수입하여 임금을 낮추려는 생각밖에 하지 않으니 그들이야말로 특혜를 받겠다는 것 아닌가? 만약 사업가들이 가난한 사람들을 돕고자 하는 것이라면, 그네들 공장에서 일하는 여성과 아동에게 제대로 된 환경을 제공할 수 있도록 규제 법안을 마련하는 쪽이 옳지 않은가? 맞는 말이기도 했다. 공장의 비인간적인 환경을 놓고 보면 사업가라는 특권층은 의무적으로 실천해야 할 것을 실천하지 않고 있었다. 농촌에서는 절대로 용납할 수 없는 처우였다.

이에 대해 폐지론자들은 식량을 싸게 들여오면 생산품을 싸게 수출할 수 있다고 반박했다. 그리고 국제적인 평화를 추구한 코브던 같은 사람에게 곡물법 폐지는 단순히 이윤에 관한 문제가 아니었다. 자유무역이 국가의 중상주의적인 정책에 방해받지 않고

영국의 직물 공장에서 일하는 여성 노동자들을 그린 그림(1851).

전 세계적으로 확장되면 세계는 물질적으로도 정신적으로도 진보할 것이라는 게 그의 신념이었다. 각 지역 사람들은 무역을 통해 하나로 뭉칠 것이고, 문명 하나하나가 누리는 혜택이 여러 문명으로 서로 전파될 것이며, 각 나라의 진보 세력이 힘을 얻을 것이라고 코브던은 생각했다. 그는 자유무역이 신의 의지 표현이라고까지 말한 적도 있다. 다만 "예수 그리스도는 자유무역이고, 자유무역이 예수 그리스도다"라고 선언했던 중국 광둥에 주둔한 영국 영사의 발언만큼 극단적이지는 않았다.

곡물법 폐지

곡물법 폐지론을 중심으로 일어난 대영제국의 자유무역 논쟁은 간단히 요약될 사안이 아니었다. 자세히 들여다보면 볼수록 점점 더 분명해지는 점은, 산업주의로부터 창조적이고 긍정적인 사상들이 나타났다는 사실이다. 이 새로운 사상들은 구시대의 학문과 사회, 정치에 문제를 제기했다. 그렇기에 이 시대의 자유무역 논쟁에 대해 단순히 옳다 그르다 하는 식으로 평가할 수 없다. 당시에는 보수주의자나 진보주의자나 도덕적인 옳고 그름을 기준으로 삼기도 했지만 말이다.

당시 어떤 사람은 모범적인 고용주로서 열성적으로 교육 개선, 정치 개혁을 주장하고 특권층이 공공의 이익을 훼손하는 것을 비판하면서도 노동자가 장시간 노동으로 혹사당하지 않도록 규제하는 법률에는 반대했다. 반대로 어떤 사람은 참정권에 있어서 종교 차별을 없애거나 지주의 정치력이 약해지는 변화에는 강력하게 반대하면서도 공장에서 일하는 아동을 보호하기 위해, 소작농에게 모범이 되는 아버지 역할을 다하기 위해 갖은 노력을 다했다. 전혀 갈피를 잡을 수 없는 상황이었다.

곡물법 사안에서도 기묘한 결과가 나왔다. 영국 보수당의 총리 로버트 필이 폐지론자들의 손을 들어준 것이다. 그는 1846년 의회를 설득하여 곡물법을 폐지했다. 그러나 그의 정당에는 이를 결코 받아들일 수 없는 세력이 있었다. 그는 보수 노선에서 멀리 벗어난 덕분에

영국의 요크셔 브래드퍼드 근교 솔테어 지방의 풍경(약 1860). 자본가이자 자유주의 정치가인 티투스 솔트 경(1803~1876)은 리즈-리버풀 운하 제방에 모직 공장 단지를 세웠다. 1853년에 그는 자기 공장에서 일하는 노동자들의 복지를 위해 주택을 지었다. 노동자 시범 주택의 시초였다.

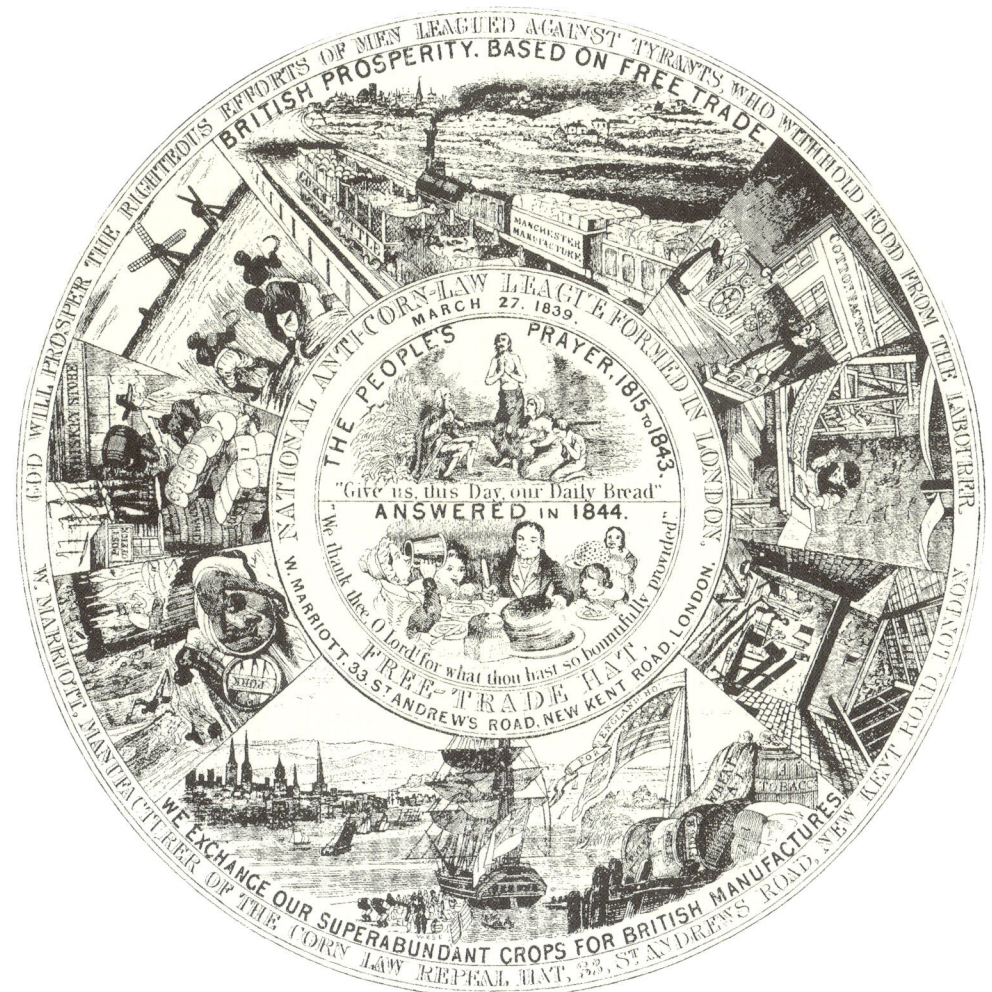

1844년에 나온 '곡물법 반대 모자'의 안쪽 부분. 지주계급이 정한 곡물법 때문에 풍년이 들어도 빵 값이 내려가지 않았고 서민들의 삶은 피폐해졌다. 그리하여 수출입 자유화 및 관세 철폐를 주장하는 자유무역론자를 중심으로 곡물법 반대 운동이 거세게 나타났다. 운동가들은 '곡물법 반대 모자'를 만들어서 그 안에 자유무역을 통해 대영제국이 누릴 수 있는 수많은 혜택들을 그림으로 그려 넣었다. 1846년 곡물법은 폐지되었다.

반대파인 진보주의 세력의 지지를 얻어 정치 인생의 절정기를 맛보았으나 그 기간은 무척 짧았다. 결국 그는 자신이 이끄는 당원들의 결정으로 자리에서 물러날 수밖에 없었다.

영국의 교훈과 유럽의 낙관적 태도

자유무역 논쟁이 이처럼 명확하게 드러나고 명백히 결론이 난 나라는 영국밖에 없었다. 역설적이게도 영국의 관세 문제 때문에 불이익을 받고 있던 나라들에서는 오히려 보호무역론이 우세했다. 19세기 중반, 그러니까 영국을 비롯한 각국 경제가 번영 일로를 달리던 시기에 와서야 대영제국 이외 지역도 자유무역주의에 찬성하는 분위기가 형성되었다. 자유무역론자들은 영국의 번영이 자유무역주의의 정당성을 입증한다고 주장했다. 반대파들까지도 이 의견에 동조할 정도였다.

자유무역은 영국적인 정치 신조가 되었고 20세기로 넘어가서도 그 힘은 여전했다. 유럽 전체에서 영국 경제가 우위를 차지한 까닭에 영국적인 자유무역론은 유럽 어디에서나 인기를 끌었다. 사실 이 시기 영국의 번영에는 자유무역주의 말고도 다른 많은 요인이 작용했다. 그렇지만 경제 개혁가들은 자유무역주의를 신봉했다. 각 개인이 가진 가능성이 미래를 비춘다고 믿은 것이다. 18세기 계몽주의 시대가 낳은 인간에 대한 믿음이 이 시기에 절정에 달했다.

에펠탑의 예상 완성도로 제작한 1886년의 포스터. 에펠탑이 1889년 파리 만국 박람회의 꽃이 될 것이라고 선전하고 있다. 에펠탑은 이 시대를 호령한 진보에 대한 희망과 믿음을 뜻하는 대중적인 상징물이었다.

요즘에는 당시의 강력한 낙관주의를 별것 아닌 것으로 평가하곤 한다. 산업화가 부른 충격을 따질 때면 산업화가 치료한 구시대의 고통은 제대로 따져 보지 않고 넘어간다.

1900년 당시 대도시 주민들은 물론 가난했고 초라하기 짝이 없었으나 그래도 그들은 자기 조상들보다 더 잘살았고 더 오래 살았다. 그렇다고 그들이 우리 기준에서 보아 어지간히 살 만했다거나 행복했다는 뜻은 아니다. 그렇지만 1900년 당시 사람들은 특히 물질적인 측면에서는 그 전 사람들보다, 그리고 같은 시대 유럽 바깥 지역에 사는 사람들보다 풍요로운 삶을 영위했다고 볼 수 있다. 그들은 인류 중에서도 소수의 특권층이었던 것이다. 가장 뚜렷한 증거는 전보다 길어진 수명이었다.

3. 혁명의 시대에 일어난 정치적 변화

18세기, '혁명'이란 말에는 전혀 새로운 뜻이 생겨났다. 그 전까지는 혁명이라고 하면 대개 한 정권이 다른 정권으로 바뀌는 정도의 변화를 뜻했다. 꼭 폭력이 있어야만 혁명이라고 부르는 것은 아니었다. 물론 영국인들 말대로 1688년 영국의 '명예혁명'* 에 '명예'라는 말이 붙은 이유는 이 사건에 폭력이 없었기 때문이었다. 어쩌면 혁명이 평화로운 경우가 흔하지 않았다는 것을 말해주는 표현일지도 모른다. 그런가 하면 궁정에서 장관 한 명이 교체된 것을 두고도 '혁명'이라 부르는 경우도 있었다.

그러나 1789년 이후 혁명의 의미는 완전히 달라졌다. 이 해에 사회 각 분야에서 격렬한 변화가 일어나면서 그 뒤 혁명이라는 오래된 말은 그 의미가 완전하게 바뀌었다. 이제 혁명은 유혈이 낭자하고, 사회적으로나 정치적·경제적으로 어떤 근본적인 변화가 뒤따르며, 과거와 급격하게 단절하는 사건으로 풀이되었다. 이런 격렬한 분위기를 싫어하는

* 명예혁명
1688년 영국에서 피를 흘리지 않고 평화롭게 전제 왕정을 입헌 군주제로 바꾼 혁명. 제임스 2세의 권력 남용과 가톨릭 부흥 정책에 반대한 국회가 국왕을 추방하고, 왕의 딸 메리 2세와 그녀의 남편 오렌지 공 윌리엄 3세를 공동 통치자로 정했다. 그리고 다음 해, 의회 주권에 기초를 둔 입헌 왕정을 수립하였다.

북아메리카 영국 식민지의 독특한 정치 상황

18세기 북아메리카의 영국 식민지 주민들은 유럽 대다수 국민보다 정치적으로 훨씬 더 자유롭게 활동하고 있었다. 지역 개발 문제에 대해 논의하고 결정하며 공개 토론회를 개최하기도 했다. 종교 선택, 기업 설립, 의회 청원에도 제약이 없었다. 이들은 스스로 존엄하다고 생각했고 한데 모여 의사를 결정하는 데에 익숙했다.

그렇다고 그들이 영국 정부의 간섭에서 완전히 자유로울 수는 없었다. 예컨대 영국은 식민지 주민들의 국방권을 용인하지 않았고 일반적인 법률 문제도 영국 의회가 통제하고 있었다. 영국은 무역 문제에 개입하여 마찰을 일으키곤 했는데 이러한 마찰은 대개 충돌 일보 직전에 가서야 무마되는 식이었다.

18세기 후반 아메리카 식민지의 인구, 규모 그리고 물질적 부는 빠른 속도로 증가하고 있었다. 식민지 주민들도 자치권 확대를 요구하기 시작했는데 영국 정부가 영토, 무역, 법률, 정치 등에 대해 계속해서 엄격하게 통제하려고 들자 영국과 식민지 사이에 문제가 생겼다. 영국은 1763년부터 일련의 규제 법률을 만들고 1765년에는 인지 조례를 완성했다. 그리고 이것이 결과적으로 북아메리카의 독립혁명을 촉발하는 원인이 되었다.

영국의 조지 3세(1738~1820)와 그의 대신들은 북아메리카 식민지 주민의 자치권 확대 요구에 대해 강경론을 고수했다. 독립을 주장하는 사람은 곧 반역자로 간주되었다.

사람들도 이 새로운 의미의 '혁명'이 당대 정치를 규정하는 핵심 요소임을 인정할 수밖에 없었다.

정치와 혁명

이 시대의 모든 정치적 변화를 '혁명'이라는 단어 하나로 표현하는 것은 옳지 않다. 그러나 두 가지 이유로 이 시기를 '혁명의 시대'라고 부를 수 있을 것이다. 첫째, 이전의 어떤 시기와 비교해 보아도 18세기는 앞서 말한 극단적인 혁명에 해당하는 정치적 격변이 곳곳에서 자주 일어난 시대였다. 물론 혁명의 상당수가 실패하기도 했고 예상과는 전혀 다른 결과를 낳기도 했지만 말이다. 둘째, 혁명이 단순히 통치자가 바뀌는 것 이상의 근본적이고 급격한 변화를 뜻한다고 할 때, 이 시기야말로 혁명의 시기로 불릴 수 있다. 이런 의미로 본다면 우리 시대에는 오히려 혁명이 줄어들었다고 할 수 있다. 이 시대에 가장 먼저 나타난 혁명은 미국의 독립혁명이었다.

| 북아메리카의 영국 식민지 |

1763년, 대영제국은 북아메리카에서 최고의 권력을 행사했다. 영국은 프랑스와의 전쟁에서 승리하여 캐나다를 빼앗았고, 자국 식민지를 위협하던 눈엣가시였던 미시시피 협곡의 프랑스 진영을 몰아냈다. 언뜻 생각하기에 이것으로 이제 북아메리카에서 영국 패권을 위협하는 요소는 모두 사라진 듯했다.

그러나 프랑스가 패배하기 이전에도 이미 선견지명이 있는 사람들은 프랑스 세력이 소멸함으로써 북아메리카에서 영국의 지배력이 강해지기는커녕 오히려 약해질 것이라고 내다보았다. 당시 영국 식민지에 사는 인구는 이미 유럽 내 웬만한 나라의 인구보다 많았다. 식민지 주민 다수가 영국 민족이 아니었고 영어를 할 줄도 몰랐다. 이들의 경제적 이해관계가 꼭 제국의 이익에 들어맞지도 않았다. 게다가 런던은 식민지로부터 너무 멀리 떨어져 있었기에 영국의 식민지 지배는 느슨할 수밖에 없었다. 프랑스가 사라지고,

18세기의 목판화. 부유한 농장주 가족을 맞이하는 버지니아 주의 노예들을 묘사했다.

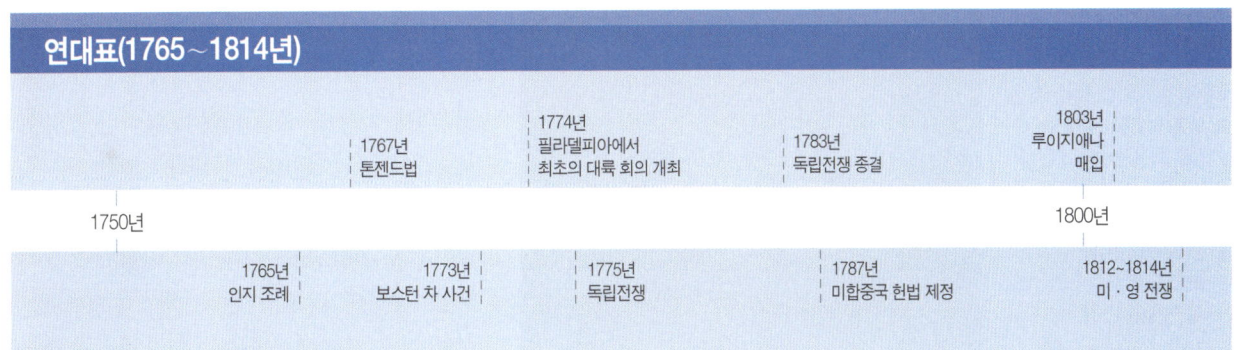

연대표(1765~1814년)

- 1765년 인지 조례
- 1767년 톤젠드법
- 1773년 보스턴 차 사건
- 1774년 필라델피아에서 최초의 대륙 회의 개최
- 1775년 독립전쟁
- 1783년 독립전쟁 종결
- 1787년 미합중국 헌법 제정
- 1803년 루이지애나 매입
- 1812~1814년 미·영 전쟁

프랑스의 사주를 받던 인디언들의 위협이 사라지자 영국은 식민지에 대해 더욱 안이하게 대처한 듯하다.

아메리카의 독립 가능성

프랑스를 쫓아내자 해결해야 할 문제들이 산더미처럼 불어났다. 대륙 서부는 어떻게 경영할 것인가? 식민지와 서부의 관계는 어떻게 형성해 갈 것인가? 새로 편입된 캐나다의 주민들은 어떻게 대우할 것인가? 등등 많은 문제가 드러났다. 1763년 오하이오 계곡에서 일어난 '폰티악의 난'으로 문제가 시급해졌다. 이 반란은 서부 지방을 자신들의 독점적인 거주지 및 통상 지역으로 여기던 식민지 개척자의 압력에 아메리카 원주민들이 반발하여 일어난 사건이었다.

이 사건 직후 영국 정부는 앨러게니 산맥 서쪽으로 이주하는 것을 금지했다. 그러자 서부 진출을 고대하고 있던 식민지 개척자들이 곧바로 분노했다. 영국 관리들이 북아메리카 원주민과 협정을 맺고, 원주민과 식민지 개척자들 간의 충돌을 방지하기 위해 변경에 요새를 설치하려고 하자 식민지 주민들의 불만은 켜켜이 쌓여 갔다.

이후 10년 동안 아메리카의 독립 가능성은 점점 무르익었다. 영국에 대한 불만은 소규모 반항에서 대규모 저항과 반란으로 이어졌다. 아메리카의 독립을 주장하는 분리주의 정치가들은 영국 법률 중에 사람들의 마음을 흔들어 놓을 만한 문구들을 찾아 인용했다. 식민지 주민들에게 그들이 누리고 있는 자유로운 생활이 위협받고 있다는 인상을 심어 줌으로써 아메리카 정치를 과격한 양상으로 몰고 가려는 것이었다.

하지만 뜻밖에도 이러한 독립의 움직임을 부추긴 가장 큰 원인은 바로 영국 자신이었다. 당시 영국 의회는 그동안 영국이 식민지를 통치해 온 방식을 대대적으로 개혁하려는 정치가들이 장악하고 있었다. 이들의 개혁 정책은 선의에서 출발했으나 결과적으로는 이전까지 잘 작동하고 있던 식민지 지배 체제를 흔들어 놓는 부작용만 낳고 말았다.

이후 수십 년 동안 서양의 정치에는 하나의 뚜렷한 경향이 나타났다. 애초에 의도는 좋았으나 정치적으로 잘못 판단한 탓에 아무 문제 없던 기득권 세력을 저항 세력으로 변모하게 만든 것이다. 영국의 식민지 개혁 실패는 그 최초의 사례였다.

식민지에 대한 과세

영국 의회가 꾸준히 고수하던 원칙 중 하나는 아메리카의 주민들은 제국의 공익과 국방을 위해 마땅히 세금을 내야 한다는 것이었다. 이 원칙을 관철하기 위해 18세기 중반, 의회는 두 차례에 걸쳐 중요한 법안을 만들어 냈다. 우선 1764~1765년, 식민지로 들어가는 설탕에 관세를 부과했다. 다음으로는 각종 법률 문서에 수입인지를 부착하게 함으

북아메리카의 철학자, 물리학자, 정치가였던 벤저민 프랭클린(1706~1790). 그는 인지 조례에 대한 식민지 주민의 항의를 전달하기 위해 식민지 대표로 런던에 파견되었다. 그는 그때까지도 식민지가 대영제국의 지배 하에서도 자유롭게 발전할 수 있다고 믿었으나, 영국 정부가 그의 요구를 거절하는 순간 생각을 바꾸었다. 프랭클린은 1775년 아메리카로 돌아와 독립 논쟁에 주도적으로 참여하여 이듬해 독립 선언서를 작성, 발표하는 데 주역을 맡았다.

로써 세금을 거두려는 '인지 조례'를 만들었다. 세금 액수는 문제가 아니었다. 이 법률들이 식민지의 상업 활동에 개입한 최초의 징세 조치라는 사실도 그리 중요하지 않았다. 문제는 식민지의 주민이나 관리 모두가 이 과세 법률을 영국 의회가 일방적으로 강요한 법이라고 여겼다는 데 있었다.

이전까지 식민지에서 생기는 모든 문제는 식민지 의회를 통해 자율적으로 해결했고 세금 문제 역시 마찬가지였다. 그러니 영국 의회가 식민지의 자율성마저 침식하려는 게 아닌가 하는 전혀 새로운 문젯거리가 생겨났다. 이윽고 폭동이 일었고, 수입 거부 운동이 벌어졌다. 사람들은 거세게 항의했다. 인지 업무를 맡은 운 나쁜 관리들은 주민들의 비협조 때문에 고생했다. 결국 아홉 개 식민지의 대표들이 인지 조례 총회장에 나타나 격렬히 항의한 끝에 인지 조례는 폐지되었다.

영국 정부는 새로운 조치를 강구했다. 염료, 종이, 유리, 차 등에 관세를 부과하는 것이었다. 이것들은 애초 내국세 물품이 아니었다. 또한 무역도 그간 영국 정부가 계속해서 통제해 온 사안이었다. 그러니 이 조치에 대해서는 식민지 주민들도 그다지 큰 거부감을 느끼지는 않을 것이라고 예상한 것이다. 그러나 이것 역시 착각이었다. 당시 아메리카의 급진파 정치가들은 이미 자신들이 입법 과정에 참여하지 않은 채 결정된 과세 법안은 그 어떤 것이라도 거부해야 한다며 주민들을 선동하고 있었다.

영국의 왕 조지 3세도 익히 알고 있었듯이, 식민지 주민들은 영국의 지배보다는 영국 의회를 문제 삼고 있었다. 폭동과 불매 운동이 잇달아 일어났다. 특히 1770년 시위 도중 영국군의 총격에 시위자 다섯 명이 사망했다고 하는 이른바 '보스턴 학살 사건'*이 일어나면서 식민지 독립 운동에 불이 붙었다.

미국 독립혁명 당시의 판화. 최초의 유혈 사태였던 1770년 5월 5일의 보스턴 학살 사건을 묘사했다. 이 사건으로 다섯 명이 사망했다. 그 결과 영국군 병사 아홉 명이 기소되고 그중 일곱 명은 무죄 석방, 두 명은 살인죄를 선고 받았다.

식민지의 급진적 정치가들

결국 영국 정부는 다시 한 번 물러나야 했다. 앞서 말한 네 가지 품목에 대한 관세 중 세 가지는 철폐했다. 그러나 차에 대한 관세만은 그대로 유지했다. 그러자 이제 문제는 관세 법률 따위가 아니었다. 영국 의회가 아메리카를 통치하는 권한 자체가 쟁점이었다. 나중에 조지 3세가 말한 것처럼 "그들을 완전히 지배하든가, 아니면 완전히 놓아 주든가" 해야 하는 양자택일의 상황이었다. 겉으로 보기에는 갈등의 초점이 차 관세 문제에 있었지만, 그 이면에는 영국이 식민지 전체에 통치권을 유지할 수 있느냐 없느냐 하는 문제가 놓여 있었다. 식민지 주민이나 영국 의회나 모두가 이를 알고 있었다.

1773년 급진주의자들이 보스턴 항구에 정박한 배에 실려 있던 차 수백 상자를 바다에 던지는 이른바 '보스턴 차 사건'이 일어났다. 이대로 간다면 영국이 더 이상 매사추세츠의 통치권을 유지할 수 없음은 불 보듯 뻔한 일이었다. 조지 3세와 영국 의회는 이제 더 이

* **보스턴 학살 사건**
1770년 3월 5일 영국군과 시민들이 거리에서 격돌한 사건. 영국군이 시위 군중을 향해 발포해 다섯 명이 죽었고, 이에 도덕적으로 책임을 지게 된 영국은 차에 대한 세금을 제외한 다른 세법을 모두 철회했다.

혁명의 시대에 일어난 정치적 변화

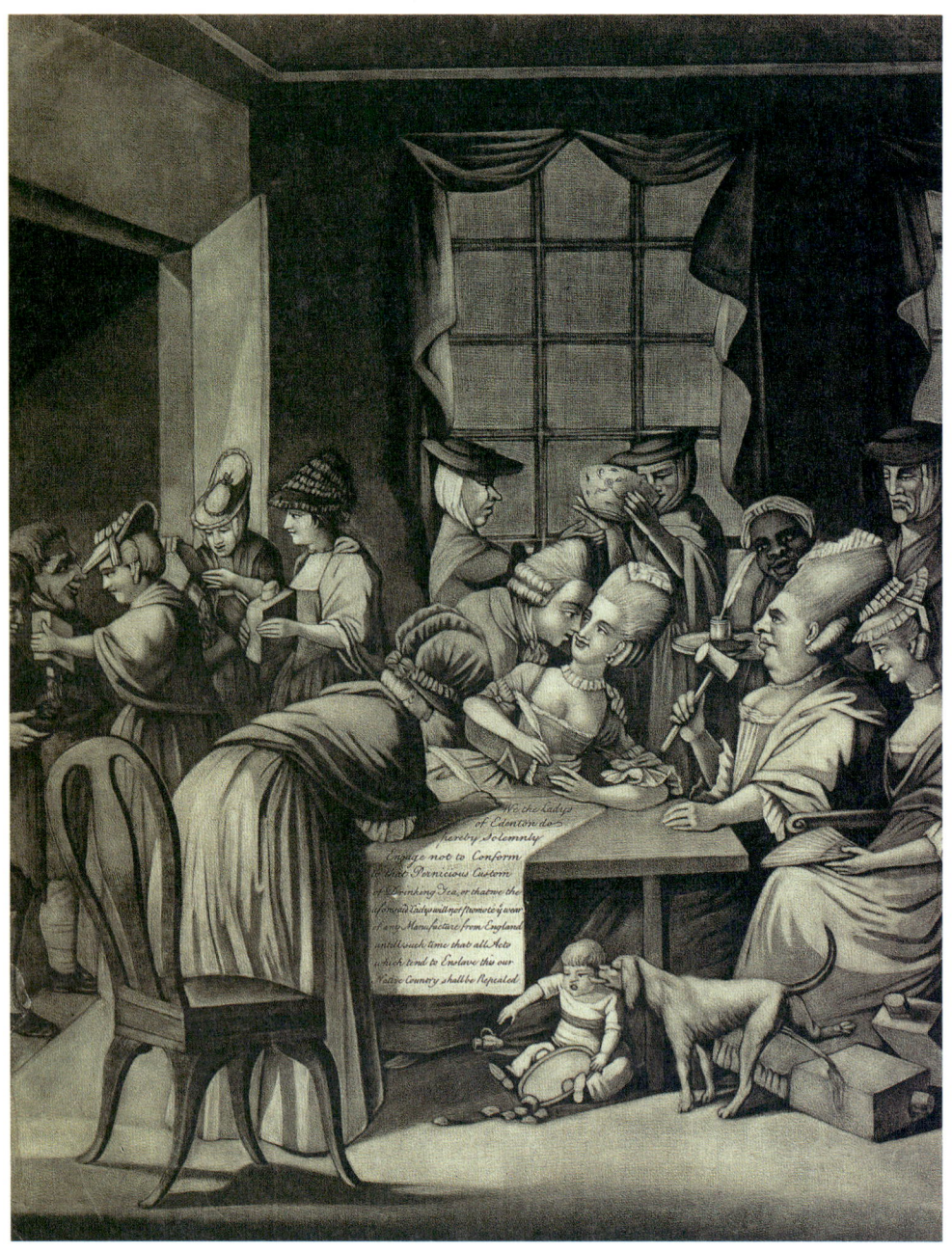

영국 관세에 항의하는 불매 운동이 확대되었고 북아메리카 식민지의 저항 운동을 조직화하기 위해 위원회가 조직되었다. 이 18세기 판화에서는 노스캐롤라이나의 이든턴에서 온 한 여성이 아메리카가 자유를 얻기 전에는 한 방울의 차도 입에 대지 않겠노라고 맹세하고 있다.

상 후퇴할 수 없다고 생각했다. 보스턴의 질서를 바로잡기 위해 강제적인 법률을 차례차례 통과시켰다.

이 급박한 정세의 한편에서는, 1774년 도입된 퀘벡법에 대항하는 영국 식민지의 급진주의자들이 식민지 전역에 넓은 공감대를 형성하고 있었다. 퀘벡법이란, 이후 캐나다의 통치, 개발 계획과 관련된 법이었다. 이 법률 중 영국의 통치를 달갑게 여기지 않던 프랑스계 캐나다인들을 달래기 위한 조처였던 로마 가톨릭교에 대한 특혜와 캐나다의 남쪽 경계를 오하이오 이남까지 확대한 부분이 문제가 되었다. 식민지 주민들은 캐나다의 남쪽 경계선 때문에 서부로 진출하는 길목에 장애물이 생겼다고 여겼던 것이다.

이 해 9월, 필라델피아에서 대륙 회의가 열

렸다. 각 식민지의 대표들은 영국과의 무역 관계를 청산하고 퀘벡법을 비롯해 식민지에 적용되는 영국 법률 대부분을 폐기할 것을 강력히 주장했다. 또한 급진파 정치가들은 당시 이미 많은 식민지 주민이 느끼고 있던 아메리카 독립의 필요성을 공개적으로 발언했다.

이 정도 상황에서라면 본국 정부가 무력으로 개입할 수밖에 없었다. 그런데도 18세기 제국 정부들은 식민지 주민들의 불만이나 불온한 움직임을 제대로 알아보지 못했다. 영국 또한 마찬가지였다. 이전까지 비교적 법을 잘 지키고 온순했던 식민지 주민들이 이미 통제 불능의 단계에 들어선 다음에야 마지못해 무력과 강제력을 사용하는 식이었다. 그러면서도 영국은 식민지의 독립을 인정할 수 없다는 기본 입장만을 늘 분명하게 밝히고 있었다.

독립을 선언하다

매사추세츠의 급진파는 은밀히 무기를 모으기 시작하더니 1775년 4월 마침내 렉싱턴에서 영국군과 격돌, 미국 독립전쟁의 서막을 올렸다. 그러나 이것으로 독립전쟁의 불씨가 완전히 지펴진 것은 아니었다. 대영제국으로부터 완전히 독립하는 것만이 확실한 저항이라는 생각이 자리 잡게 된 것은 1년여의 시간이 지나고 나서부터였다. 결국 1776년 7월

1774년에 제작된 판화. 필라델피아에서 열린 최초의 대륙 회의를 묘사하고 있다. 13개 식민지 대표들은 그들이 1763년 이전에 누렸던 모든 권리가 회복되고 이후에 도입된 규제 법률들이 철회될 때까지 영국과의 무역을 중단하기로 합의했다. 그 밖에 영국에 대한 납세 거부, 영국군이 공격할 경우에 대비해 식민지 방어 준비를 갖출 것 등도 결의했다.

미국 독립 선언문(1776년 7월 4일)

"우리는 다음 사실들이 자명한 진리라고 생각한다. 즉 모든 인간은 평등하게 태어났으며 창조주로부터 양도할 수 없는 권리들을 부여 받았다. 그중에는 생명, 자유 그리고 행복 추구의 권리가 있다. 이 권리들을 확보하기 위해 인류는 정부를 조직했으며, 이 정부의 정당한 권력은 통치받는 사람들의 동의에서 생겨나는 것이다."

"어떤 형태의 정부든 그것이 이러한 목적을 파괴할 때, 국민에게는 이 정부를 개조하거나 없앨 수 있는 권리가 있다는 것을 그리고 그러한 원칙에 부합되는 새로운 정부를 구성하고 새로운 권력을 조직할 권리가, 그들이 보기에 자신의 안전과 행복에 가장 어울리는 방향으로 정부를 만들 권리가 있다는 것을……"

"현 대영제국 국왕의 역사는 악행과 착취를 되풀이한 역사이며, 우리 식민지 땅에 직접 절대 전제 정치를 세우려는 목적으로 나아가고 있다."

"이에 우리 미합중국의 대표들은 엄숙하게 공포하고 선언한다. 우리 연합 식민지는 자유롭고 독립된 국가이며 또 권리에 의거하여 자유롭고 독립된 국가여야 마땅하다. 영국 왕에 대한 모든 충성 의무를 벗어야 하며, 대영제국과의 모든 정치적 관계를 완전히 해소해야 한다. 따라서 이 국가는 자유롭고 독립된 국가로서 전쟁을 개시하고 평화를 체결하고 동맹 관계를 협정하고 통상 관계를 수립하는 …… 독립 국가가 당연히 해야 할 모든 행동을 할 수 있는 완전한 권리가 있다. 우리는 이 선언을 지키기 위해, 우리의 목숨과 재산, 신성한 명예를 걸고 서로 굳게 맹세한다."

- 미국 「독립 선언문」 중에서

미국 독립전쟁은 1775년 4월 18일 발생한 무력 충돌로 시작되었다. 이 판화는 1777년 10월 17일 사라토가에서 영국의 존 버고인 장군이 식민지의 호게이쇼 게이츠 장군에게 항복함으로써 식민지군이 전세를 역전하는 장면을 그렸다.

식민지 대표들은 미국의 독립을 선언했다. 독립에 대한 논쟁은 이제 독립을 위한 전쟁이 되었다.

영국은 전쟁에서 패배했다. 여러 가지 이유가 있었다. 본국은 멀었고, 식민지는 광대했기 때문이다. 독립군은 병력이 우세한 영국군과 전면전으로 부딪히지 않았다. 그들은 계속해서 전력을 다지면서 크고 작은 전쟁을 이끌었고 결국 1777년 사라토가 전투에서 승리함으로써 전세를 역전시켰다. 그 즈음 프랑스가 전에 영국에게 당했던 패배를 보상받고자 전쟁에 뛰어들었다. 스페인 역시 식민지를 지원하며 영국의 해상권을 빼앗았다.

영국 측에는 이밖에도 불리한 조건이 하나 더 있었다. 아메리카 주민들을 위협하여 독립군의 보급선을 차단하고 진로를 방해하는 전략을 세웠지만 그들을 마음껏 부리지는 못했던 것이다. 왜냐하면 영국의 최종 목표는 전쟁에 승리하여 식민지 주민들이 다시금 제국의 통치를 기꺼이 받아들이게 하는 데 있었기 때문이었다.

이런 상황에서 프랑스 부르봉 왕가의 개입은 영국에 치명적이었다. 결정타를 맞은 것은 1781년이었다. 요크타운에서 영국군은 육지에서는 식민지 군대에, 바다에서는 프랑스 군대에 의해 포위되어 버렸다. 항복한 영국군은 7,000명 정도밖에 되지 않았으나 이것은 영국 군대가 그때까지 겪은 일 중 최대의 굴욕이었다.

드디어 제국의 지배가 끝났다. 곧이어 평화 협상이 시작되었다. 1783년 파리 조약으로 영국은 미국의 독립을 승인하고 미시시피 강까지의 영역을 미국의 영토로 인정했다. 이로써 새로운 나라의 기본 모습이 결정되었다. 북아메리카 대륙은 미국, 영국, 스페인 영토로 분할되었다. 미시시피 계곡의 옛 영토를 회복하고자 했던 프랑스는 별 소득을 얻지 못했다.

새로운 국가의 탄생

물론 해결해야 할 수많은 과제들이 남아 있었다. 그 후로도 국경 분쟁은 수십 년간 계속되었다. 그러나 어쨌든 서반구에 엄청난 가능성을 가진 새 나라가 출현했다는 사실은 어떻게 보아도 혁명적인 변화였다. 다만 이 무렵 미국의 모습은 잠재력보다 약점이 훨씬 두드러졌기에 유럽인들은 미국 탄생의 의미를 제대로 이해하지 못하는 경향이 있었다. 확실히 미국은 아직 국가의 틀조차 제대로 갖추지 못한 상태였다. 식민지 세력은 약했고 분열되어 있었다. 이들은 결국 서로 간의 마찰 때문에 뿔뿔이 갈라설 것처럼 보였다. 그러나 미국에는 더할 나위 없는 큰 장점이 있었다. 바로 지리적으로 고립되어 있다는 사실이었다. 미국은 외세의 간섭 없이 스스로 자국의 문제를 해결해 나갈 수 있었다. 미국의 지리적 특성은 이후 이 나라의 발전을 뒷받침하는 커다란 축복이 되었다.

독립전쟁 승리 후 몇 년간, 미국에 몇 안 되는 정치가들은 장차 세계 역사의 흐름을 바꿀 만큼 중요한 결정을 내렸다. 내전이나 독

조지 워싱턴 장군(1732~1799)은 미국 독립혁명군의 총사령관으로 임명받고 영국군, 미국 내 영국파 그리고 식민지 반대파와 손을 잡은 아메리카 원주민 부족의 전사들과 맞서 싸워야 했다. 워싱턴은 이후 미국의 초대 대통령이 되었다.

1787년 헌법 총회 기간 중 필라델피아의 독립 기념관에 들어서는 해군 제독 존 폴 존스, 벤저민 프랭클린, 조지 워싱턴.

립전쟁 후엔 늘 그렇듯이 사회가 심각하게 분열되었고 정치 구조는 허약해졌다. 이러한 분열 중 가장 격렬했던 것은 영국 지지파와 식민지 독립파 사이의 대립이었다. 하지만 이 문제는 가장 먼저 해결되었다. 8만 명에 달하는 영국 지지파들이 식민지를 떠난 것이다. 협박이나 테러 또는 조국인 영국에 대한 충성스러운 애국심 때문이었다.

그러나 사회 다른 곳의 분열은 그대로 남아 미국의 앞날에 그늘을 드리우고 있었다. 계급과 경제적 이해관계에 따라 농부, 상인, 농장주들이 대립했다. 옛 식민지 지역과 새로 개척되어 급속히 발전하는 지역 간의 갈등도 심했다. 특히 노예제에 기반을 둔 남부와 산업 경제에 기반을 둔 북부의 대립이 심각했다. 노예제를 둘러싼 지역 대립은 수십 년 동안 이어졌다.

반면 미국에는 다른 나라보다 훨씬 유리한

이점이 있었다. 우선 글을 잘 모르고 시대에 뒤떨어진 대규모 농민 계층이 없어 민주주의가 빠른 속도로 발전할 수 있었다. 그 당시 미국이 소유한 영토와 자원은 이미 엄청난 규모를 자랑했으며 앞으로는 더욱 증가할 것이었다. 마지막으로, 미국은 유럽 문명이라는 훌륭한 참고서가 있었다. 미국인들은 그중 마음에 드는 것만 골라 자기 것으로 만들면 되었다.

미국 헌법

영국과 전쟁을 치르는 과정에서 식민지에 새로운 질서가 성립되었다. 전쟁 중인 1781년 식민지 연합 규약이 만들어졌다. 이 규약에서 미합중국이라는 새로운 국명이 등장했다. 그러나 전쟁 이후, 이 규약만으로는 새로운 국가의 당면 과제들을 해결하기가 어렵다는 사실이 뚜렷해졌다. 신생 국가인 미국은 특히 두 가지 사안에서 혼란을 겪고 있었다. 첫째, '독립혁명'의 의의에 대한 사회적 합의가 이루어지지 않아 국정의 방향을 둘러싸고 이러저러한 의견이 난무했다. 둘째, 전후의 경제 침체로 인해 특히 대외 무역이 타격을 입었고, 이제는 독립하여 주州가 된 식민지들 간에 환율 문제가 생겼다.

이 문제들을 해결하기에 중앙 정부는 부족하기 짝이 없는 것 같았다. 정부가 외국과의 협상에서 미국의 경제적 이해관계를 제대로 주장하지 못한다는 의혹이 쏟아졌다. 정부의 역할에 대한 기대치가 달랐던 터라 많은 국민들이 정부에 만족하지 못했고 불신도 점점 쌓여 갔다. 연방 정부의 역할을 조금 더 명확하게 규정하는 헌법이 필요한 시점이었다.

1787년, 각 주의 대표들은 필라델피아에 모여 헌법 총회를 개최했다. 넉 달에 걸친 토의 끝에 헌법 초안이 작성되었고 각 주의 승인을 얻기 위해 전국에 발송되었다. 1788년 여름에는 아홉 개 주가 헌법을 승인함으로써 헌법이 공식 발효되었다. 그리고 1789년 4월, 독립군 사령관이었던 조지 워싱턴이 취임 선서를 하고 새로운 공화국의 초대 대통령이 되었다.

1787년 헌법 서명식 장면. 이 그림은 1940년 하워드 챈들러 크리스티가 워싱턴의 의원 회관을 장식하기 위해 그린 것이다.

미국의 헌법은 국가의 기본 제도와 원칙을 간단하고도 명쾌하게 제시하려고 했지만, 200년이 지난 오늘날까지도 유연한 해석이 가능하다. 즉 재해석의 여지가 없는 명료한 문서를 만들고자 했던 초안자들의 노력은 실패했다고 볼 수 있다. 그러나 미국 헌법의 생명력은 바로 여기에 있었다. 각 시대마다 헌법을 보다 새롭게 발전적으로 해석하고 가끔씩 헌법 수정 조항들을 만들어 냄으로써, 미국 헌법은 초창기 농업사회에서나 이후 거대한 공업사회에서나 같은 효력을 유지할 수 있었다. 물론 미국 헌법에는 변하지 않고 그대로 유지되는 근본 원칙들, 즉 헌법에서 가장 중요한 부분들이 있다. 이 조항들은 그 의미를 둘러싸고 상당한 논란이 벌어진 후에도 수정되지 않고 그대로 이어져 왔다.

공화주의

미국 헌법의 가장 뚜렷한 특징은 공화주의였다. 이것은 18세기의 헌법으로서는 획기적인 것이었다. 일부 국민들은 공화주의를 너무나 중요하게 여긴 나머지 대통령을 정부 수반으로 규정한 미국 헌법이 군주제의 낌새가 있다며 헌법을 거부하기까지 했다. 정통 교육을 받은 유럽 지식인들은 고대 그리스의 공화주의가 도덕적으로는 훌륭하지만 그만큼 부패하기 쉽고 내분을 일으킬 위험이 다분한 체제라고 생각했다. 중세의 이탈리아 공화국 역시 그다지 뛰어난 것이 아니며 고대 그리스나 로마에도 미치지 못한 것으로 여겼다. 18세기의 유럽에서는 공화주의를 찾아보기 힘들었고 발전의 여지도 없었다. 공화주의는 규모가 작은 나라에나 어울리는 것이며 큰 나라에 적용하기는 무리라고들 생각했다.

미국의 경우, 지리적으로 고립되어 있다는 특성 때문에 공화주의를 도입하더라도 그 체제가 쉽게 무너지지는 않을 것이라는 예상을 할 수 있었지만 그래도 사람들은 아직 이 새로운 국가의 장래가 어떨지 확실히 말할 수 없었다. 그랬기에 이후 미국 공화주의가 거둔 눈부신 성공은 공화주의에 대한 전통적인 회의론을 뒤집었다. 공화제란 오래 지속될 수 있는 체제일 뿐 아니라 대단히 효율적인 체제이며, 사람들이 우려한 것처럼 방종으로 빠지지는 않을 수 있다는 사실이 미국에서 입증되었다.

그러자 곧바로 전통적인 군주제를 비판하는 전 세계의 개혁주의자들이 공화주의에 주목했다. 유럽의 정치 변화를 갈망하는 사람들은 미국의 사례에서 희망을 보았다. 북아메리카에 이어 남아메리카에서도 공화주의 정부가 잇따라 생겨났다.

영국의 영향

새 헌법에서 또 하나의 중요한 특징은 그 뿌리가 영국 정치에 있었다는 점이다. 미국 법률 체계의 기원은 영국의 관습법이었다. 정부를 조직하는 과정에서도 미국은 영국의 제도를 많이 참고했다. 미국을 건국한 사람들은 주민이 선출한 대의원이 총독과 협의하여 공공 문제를 처리하는 영국식 식민 통치 체제 속에서 자라난 이들이었다. 그들은 영국 상원의 의원 세습제는 없앴지만 의회를 영국과 같이 양원제로 구성하여 대통령의 권력을 견제하게 했다. 대통령제는 영국의 입헌 군

조지 워싱턴 대통령 취임식 장면. 1789년 4월 30일 뉴욕의 구 시청사에서 거행됐다. 워싱턴은 1793년에도 재선되어 1797년까지 대통령직을 수행했다

완공 직전의 국회의사당. 1792년 조지 워싱턴이 미국 정치의 중심이 될 이 건물의 초석을 놓았다. 워싱턴은 그의 이름을 딴 미국의 수도 워싱턴 건설 계획에도 참여했다. 의회는 1800년 워싱턴 국회 의사당에 입성했다.

주제를 본떠 만든 것이었다. 즉 대통령은 '선거에서 뽑힌 군주'라고 할 수 있었다.

사실 18세기에 영국의 법 관행은 미국이 참고했던 것과는 차이가 있었다. 그러나 영국 정치를 뒷받침하는 기본 원리가 미국의 모범이 된 것은 사실이었다. 미국의 헌법 초안자들이 한 일은 가장 뛰어나다고 여겨지는 영국 헌법에서 문제가 있는 부분을 제거하고 미국의 정치적·사회적 상황에 맞게 약간 고친 것 정도라고 할 수 있었다. 이들에게 업적이 있다면 당시 유럽에 존재하던 또 하나의 정치 체제, 즉 절대 군주제는 아무리 발전한 것이라 해도 따라가려 하지 않았다는 점이었다.

미국 사람들은 자유 시민을 위한 헌법을 만들려고 했다. 그리고 그들은 영국 헌법이 자유 시민을 위한 헌법이라고 여겼다. 아메리카에서 영국이 실패한 것은 영국의 기본 원칙이 틀려서가 아니라 실행 과정이 부패했기 때문이라고 생각했다. 미국인들은 자신들도 영국 헌법에 따라 영국 본국민과 동등한 권리를 누려야 마땅했으나 그러지 못했다고 생각했다. 훗날 앵글로색슨 문화와 상관없는 영국의 식민지에서 영국식 민주주의가 널리 자리 잡는 것도 바로 이런 사고방식과 연관된다. 물론 이때에는 영국의 정치 원리가 훨씬 진보한 모습으로 나타났다.

연방주의

미국이 특별히 영국 헌법과 다르게 구성한 부분은 연방주의*였다. 연방주의는 다른 여러 나라의 헌법과도 확연히 구별되는 미국 헌법만의 특색이다. 식민지 연합으로 탄생한 국가인 미국이 각 주에 많은 자유를 부여하는 것은 사실 당연한 일이었다. 식민지 상태를 갓 벗어난 주들은 영국 식민지 시절처럼 중앙 정부로부터 부당한 간섭을 받고 싶어 하지 않았다. 20세기 초까지 미국의 국가 슬로건이었던 '여럿으로 이루어진 하나'라는 강령에서 알 수 있듯, 이 다원주의 국가가 문제를 해결하는 방안이 바로 연방제였다.

이후 약 80년간 미국 정치의 형식과 내용은 대부분 연방주의 원칙에 따라 결정되었

* **연방주의**
중앙정부와 연방을 구성하는 주(州)정부 간의 권력을 분리하는 정치 형태. 각 정부는 실질적이고 독립적인 권력을 가지며 해당 지역의 시민에게 직접 권력을 행사한다. 각각 주마다 독립된 통치권을 가지는 것이다.

1789년 대통령 취임식이 있던 날 아침, 뉴욕의 분주한 거리 모습.

다. 중앙 정부와 각 주가 경제적으로나 사회적으로, 또는 이념적으로 어떤 관계를 맺어야 하는지를 두고 논쟁이 끊이지 않았다. 이 문제 때문에 연방을 해체할 뻔한 적도 있다. 연방제 채택으로 헌법에도 큰 변화가 생겼다. 대법원이 연방 전체의 사법 심사를 총괄하는 기구로 부상한 것이다.

19세기에 들어서는 미국의 성공에 감명 받은 여러 나라가 연방주의를 도입하기 시작했다. 유럽의 자유주의자들은 연방제가 자유와 통일성을 융합하는 획기적인 수단이라고 생각했고, 영국 정부는 식민지 통치 문제에 있어 연방제가 훌륭한 대안임을 알게 되었다.

민주주의의 새로운 장을 열다

미국 헌법의 역사적 의의를 소개하고자 한다면 제아무리 간략하더라도 헌법의 첫머리, "우리, 국민은"이라는 구절을 빼놓을 수 없다. 설령 그것이 무심코 들어간 구절이라 해도 말이다. 1789년 독립한 몇몇 주의 실제 정치 제도는 민주주의와는 거리가 멀었지만, 미국은 시작부터 국민 주권의 원칙을 명확하게 표방했다. 역사의 신기원을 이룬 이 시대에 대해 갖가지 이야기가 난무하지만 어쨌든 미국에서 정치의 최고 권력자는 '대중'이었다.

* **중우 정치**
일시적 충동에 좌우되는 어리석은 대중들의 정치. 고대 그리스 민주정치의 타락한 형태를 이르던 말로 민주 정치를 멸시하는 뜻으로 쓰인다.

영국의 헌법과 근본적으로 차이가 나는 것이 바로 이 점이었다. 이러한 인식은 17세기에 식민지들이 스스로 헌법을 만들어 시행했던 경험에서 비롯되었다. 물론 영국이나 과거 식민지들의 헌법은 군주제가 기반이었다. 또한 영국의 헌법은 관습적인 요소가 강했다. 국왕의 권위는 사람들이 합의하여 부여한 권위가 아니라 애초부터 그렇게 인정된 권위였다. 영국 헌법 역사가인 윌리엄 메이틀런드가 지적했듯이 영국인에게 국왕은 곧 국가였다. 그러나 새로운 헌법은 영국 헌법의 관습적인 요소 모두를 부정했다. 그렇다고 해서 미국이 영국의 정치사상과 완전히 갈라섰다는 뜻은 아니다. 영국의 철학자 로크는 이미 1680년대에, 정부의 권력은 사회적 합의에 바탕을 두고 있으므로 국민은 이 합의를 저버리고 권력을 남용하는 정부를 타도할 수 있다고 주장했다. 이러한 생각을 바탕으로 명예혁명을 정당화하는 사람들도 있었다.

미국이 독립과 동시에 '국가 권력은 국민의 동의에서 나온다'는 민주주의 이론을 채택하는 순간, 세계 역사에 새로운 시대가 열렸다. 그러나 이 변화가 아무런 어려움이나 마찰 없이 쉽게 자리 잡은 것은 아니었다. 일단 민주주의가 가져올 혼란에 대해 우려의 목소리가 높았다. 중우 정치*가 될 것을 두려워하여 민주주의 정치의 대중적인 요소들을 제한하자는 주장도 나왔다. 1789년 말에 최초의 헌법 수정 조항이 비준되어 종교의 자유, 언론의 자유, 출판의 자유, 집회 및 청원의 권리 등 국민의 기본권이 확정되었다. 이때 민주주의의 원칙을 두고 다시 한 번 논란이 일어났다. 안정적으로 보장되어야 할 국민의 기본권이 '대중의 뜻에 따라' 수시로 변경된다면 이것 역시 곤란한 것 아니냐는 것이었다. 대중의 뜻에 따르는 것과 국민의 기본권을 보장하는 것 중 어느 쪽이 진정한 민주주의 원칙인지의 문제는 지금까지도 미국인들의 주된 고민거리이다.

이러저러한 문제야 있었지만 1787년 도입된 민주주의적 헌법은 세계사의 중대한 이정표가 되었다. 미국 헌법은 역사적으로 확고한 지위에 올랐다. 미국인 스스로가 말하듯, 그들은 전 세계를 통틀어 자유를 갈망하는 자들의 '최후이자 최선의 희망'이 되었다. 미국이 거대한 보수주의 국가가 된 오늘날에도 미국이 오래도록 지켜오고 또 모범적으로 실천한 민주주의 이상은 세계 여러 나라에서 영향력을 발휘하고 있다. 미국이 만들어 낸 제도들 또한 아직도 효력을 잃지 않고 있다.

왕정을 반대하는 프랑스대혁명기의 풍자화. '귀족 사냥'이라는 제목이 붙어 있다. 이 시기에는 귀족이나 성직자가 혁명가들에게 쫓기거나 조롱당하는 모습을 담은 그림이 많이 나왔다.

프랑스대혁명

18세기 후반 유럽의 정치적·사회적 중심지는 파리였다. 당시 이 도시에는 미국 독립전쟁에 참전했다가 돌아온 군인이 많았다. 이들의 입을 통해 대서양 저편에서 일어난 혁명에 대한 이야기가 전파되었다. 미국의 독립혁명은 새로운 정치에 대한 희망을 낳았고 '프랑스대혁명'이라고 부르는 거대한 정치 변혁에 어느 정도 밑거름이 되었다.

프랑스대혁명이라는 말은 익숙하고 간단한 용어라 어쩌면 이 사건을 이해하는 데 방해가 되기도 한다. 정치가나 학자들은 이 혁명의 본질, 종결 시점과 결과, 심지어 시작 시기를 두고도 의견이 분분하다. 그나마 공통적으로 인정하는 것은 1789년 시작된 사건이 대단히 중요했다는 사실 하나뿐이다.

프랑스대혁명은 비록 그 안에 과거로 회귀하는 요소들이 있었음에도, 순식간에 혁명에 대한 기존의 관념을 뒤엎어 버렸다. 마치 1640년대 영국의 내란 때처럼 보수적인 요소들과 급진적인 요소들이 뒤죽박죽 혼재했다. 사회가 나아갈 방향과 목적에 대한 생각, 감정도 갈피를 잡을 수 없었다. 프랑스 사회는 하나의 거대한 정치적 용광로였다.

비운의 왕 루이 16세(1754~1793). 그의 통치 기간에 프랑스는 절대 군주정을 끝내고 공화정을 시작했다.

▶ 스위스 출신의 은행가 자크 네케르(1732~1804). 1777년 이래 프랑스 재정의 총 책임을 맡았다. 그가 펼친 개혁 정책들은 왕비의 노여움을 사서 네케르는 1781년 파면되고 말았으나 1788년 다시 공직에 복귀하여 삼부회 소집을 제안했다.

* 요크타운 전투
미국 독립 전쟁의 마지막 전투. 1781년 미국과 프랑스 연합군이 버지니아 주의 요크타운 지역에서 영국군을 크게 무찔러, 미국 독립군을 승리로 이끌었다.

혼란을 가져 온 재정난

이러한 혼란은 프랑스 사회가 재정난에 빠지면서부터 시작되었다. 당시 프랑스는 유럽 최강국으로서, 이웃 국가들에 대한 영향력을 유지하는 데 많은 노력을 기울이고 있었다. 여기에는 비용이 많이 들었기 때문에 자국에 과도한 부담이 되기도 했다. 18세기 후반 프랑스는 커다란 실수를 저질렀다. 미국의 독립 전쟁에 뛰어든 것이다.

확실히 미국 독립혁명은 숙적 영국에 보란 듯이 복수할 수 있는 기회이기는 했다. 요크타운 전투*에서 거둔 승리는 영국과의 7년 전쟁에서 패배한 데에 대한 보복이었다. 영국이 식민지 열세 곳을 잃었다는 사실이 캐나다와 인도를 빼앗긴 프랑스에는 위로가 되었다. 그러나 프랑스가 미국 독립전쟁에서 실질적으로 얻은 이익은 라이벌에게 굴욕을 안겨 주었다는 것 외에는 아무것도 없었다. 그저 막대한 돈을 낭비했을 뿐이었다. 그 결과 프랑스는 1630년대 유럽에서의 패권을 유지하느라 빚을 지기 시작한 이래 최악의 재정 상태에 이르렀다.

특히 프랑스는 1783년 이래 재정이 고갈되어 대외 문제를 해결할 능력이 급격히 떨어지고 있었다. 1774년 이래 프랑스는 젊고 선량하지만 의지와 능력은 부족했다고 평가받는 루이 16세가 통치하고 있었다. 왕과 신하들은 프랑스 정부의 발목을 잡고 있는 채무 문제를 해결하기 위해 여러 대책을 마련했다. 그러나 이 대책들은 하나같이 실패하고 말았고, 빚은 오히려 늘어만 갔다. 설상가상으로 이 과정에서 프랑스의 재정 상태가 만천하에 공개되었다. 이때는 이미 루이 14세 시대와 다른 시대였다. 통계 기술이 발달한 덕분에 재정 적자액 규모나 각종 경제 지표를 측정하여 공표할 수 있었던 것이다. 1780년대 프랑스를 '떠돌아다니는 유령'이 있었다면 그것은 혁명의 기운이 아니라 국가 파산할 것이라는 위기감이었다.

프랑스의 근본적인 문제는 사회적·정치적 구조에 있었다. 재정 문제를 해결할 수 있는 유일한 방법은 부유한 귀족들의 재산을 거두는 것이었는데 프랑스 사회에서는 그것이 불가능했다. 무력을 쓰지 않고서는 부유층에게서 세금을 제대로 거둘 수 없다는 사실이 이미 루이 14세 시대에 증명되었다. 귀족과 성직자들이 법적·사회적으로 누리던 특권, 면제 사항, 전통적인 권리가 너무나 많았던 탓이다.

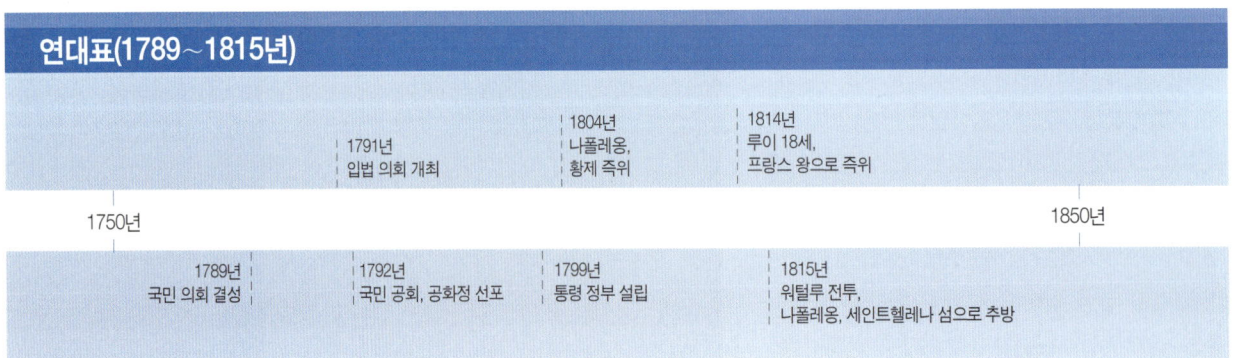

연대표(1789~1815년)

| 1789년 국민 의회 결성 | 1791년 입법 의회 개최 | 1792년 국민 공회, 공화정 선포 | 1799년 통령 정부 설립 | 1804년 나폴레옹, 황제 즉위 | 1814년 루이 18세, 프랑스 왕으로 즉위 | 1815년 워털루 전투, 나폴레옹, 세인트헬레나 섬으로 추방 |

18세기 각국의 절대 군주제 정부가 처한 모순이 프랑스에서 가장 뚜렷이 드러나고 있었다. 이론적으로는 제아무리 절대 권력을 가진 군주라 할지라도 감히 귀족들의 수많은 특권을 건드릴 수는 없었다. 군주의 존립 기반이 흔들릴 위험이 너무 컸기 때문이다. 절대 군주제 자체도 결국 기존의 관습 위에 성립하는 것이었다.

격화된 대립

프랑스가 곤경에서 벗어나기 위해서는 정치 제도를 개혁해야 한다고 생각하는 사람들이 점점 많아졌다. 어떤 이들은 더 급진적인 의견을 내기도 했다. 각 계급에 공정하게 세금을 분배할 능력이 없는, 또 그럴 의지도 없는 정부 당국이야말로 개혁해야 한다는 주장이었다. 문제가 점점 심화되었고, 대립도 격화되었다. 프랑스는 이성과 미신의 대립, 자유와 노예 상태의 대립, 인본주의와 탐욕 간의 대립으로 분열되었다는 식의 극단적인 주장이 나왔다. 비판의 첫 번째 대상은 법률적 특권이었고, 귀족층이 비난의 표적이 되었다. 그런데 사실 귀족층이란 것은 무척 광범위한 개념으로 어느 정도 법률적 특권을 누린다는 것 외에는 문화적·경제적·사회적으로도 매우 편차가 심한 계층이었다. 1789년 프랑스의 귀족 남성은 대략 20만 명에서 25만 명이었다.

삼부회 소집

재정적 위기로 인해 프랑스 정부와 특권층은 점점 피할 수 없는 대결 국면으로 접어들었다. 그러나 대부분 귀족 출신이었던 대신들과 루이 16세는 사태를 강제적으로 해결할 마음이 없었다. 1788년에는 정책들이 잇따라 실패함으로써 특권층과 정면으로 대결할 수밖에 없었는데, 이때도 정부는 합법적인 수단으로 문제를 해결하려고 했다. 1640년의 영국처럼, 프랑스 정부도 과거의 제도에서 돌파구를 찾고자 했다. 당시 프랑스에는 의회가 없었기 때문에 정부는 자국 정치 체제 안에서 의회와 가장 비슷한 것을 찾아야 했다. 그래서 소집된 것이 삼부회였다.

삼부회란 귀족, 성직자 그리고 평민으로 구성된 회의로 1614년 이후에는 한 번도 소집된

1789년 5월 5일 베르사유에서 열린 삼부회 개회 장면. 당시 현장을 직접 묘사한 궁정 화가의 스케치를 후에 판화로 제작한 작품이다.

'고달픈 노동을 타고난 시골 사람'이라는 제목의 18세기 판화 작품. 당시 농민들이 처해 있던 가혹한 환경을 보여 주는 그림이다. 이들이 얼마 되지 않는 수입마저 대부분 지대와 세금으로 지출해야 하는 현실을 비판하고 있다.

적이 없었다. 1789년, 175년 만에 삼부회가 열렸다. 정부는 이 회의에서 스스로의 도덕적 입지를 강화함으로써 부유한 특권층을 설득하여 세액을 증가시키고자 했다. 이 방법은 분명 누가 보아도 합법적인 절차였다. 그러나 여기에는 부작용도 나타났다. 사람들은 실제 삼부회가 가진 권한이나 역량보다 훨씬 더 많은 것을 기대했다. 어떤 사람들은 삼부회가 법률 기관이 되어야 하며, 그간 한 번도 도전받은 적 없는 전통적인 특권 문제까지도 삼부회가 규제할 수 있다고 주장했다.

고조되는 긴장

이와 같이 국내 정치가 복잡한 사태로 흘러가는 동안 서민들은 경제적으로도 힘든 시기를 보내고 있었다. 문제의 근원은 인구 증가였다. 1730년대에 인구 증가는 식량 생산량 증가 속도를 추월했다. 게다가 이 속도는 시간이 흐르면서 점점 더 빨라졌다. 그 결과 식료품 가격이 계속 올라 프랑스 인구의 대다수를 구성하는 농민들, 즉 소유지가 거의 없는 가난한 계층에 커다란 부담이 되었다. 설상가상으로 정부의 세금 징수까지 무거워졌다. 정부는 재정 위기를 타개하기 위해 외채를 발행하거나 직접세·간접세를 인상하는 대책을 자주 썼는데 대부분 가난한 사람들이 무거운 부담을 졌다. 뿐만 아니라 지주들은 인플레이션에 대응하여 임금을 내리고 지대 및 각종 요금을 인상하는 등 횡포를 부렸다. 프랑스 평민들의 삶은 18세기 내내 점점 피폐해지기만 했다.

1780년대 후반에는 흉작, 가축 전염병, 불황으로 인한 직물 산업 침체 등의 악조건까지 겹쳤다. 프랑스 경제는 크게 흔들릴 수밖에 없었다. 삼부회가 열린 1789년은 이처럼 민심이 흉흉하고 사회적 긴장이 극에 달해 있던 때였다. 수백만 프랑스인들은 이 어려움을 떨쳐 버릴 수 있다면 그 무엇이든 할 준비가 되어 있었다. 그들은 사태를 책임질 희생양을 찾느라 혈안이 되어 있었다. 또 당시까지도 국왕을 믿으며 그가 선의를 베풀어 주리라는 헛된 기대를 버리지 않았다.

결국 프랑스대혁명은 힘없는 정부, 사회의 불평등, 경제 위기, 개혁에의 열망 등이 한데 복잡하게 얽혀 일어난 사건이었다. 어쨌든 단 한 가지 분명한 사실은 혁명이 일어나기 전에 혁명을 미리 예견한 사람도, 혁명을 기대했던 사람도 없었다는 점이다. 프랑스 사회의 불평등과 권리 침해는 이루 말할 수 없을 정도였지만, 당시 유럽의 다른 나라보다 특별히 더 심하지도 않았다. 검열 제도를 철폐하라는 주장이 있는가 하면 부도덕하고 불경스러운 서적을 금지하라는 요구도 있었다. 개혁을 외치는 목소리는 다양했고 그중에는 서로 상반된 것들도 많았다.

그러나 사람들은 일단 국왕이 민중의 목소리를 듣기만 한다면 별 어려움 없이 개혁을 추진할 것이라고 믿었다. 그것은 모든 사람들의 공통된 생각이었다. 개혁을 바라는 사람들이 보기에 이제 프랑스에 필요한 것은 단 하나, 보수적인 정당에 대해 정면으로 대항할 혁명 정당이었다.

혁명의 막이 오르다

삼부회가 소집된 1789년 5월 5일은 세계 역사에서 가장 중요한 날이 되었다. 미국에서 조지 워싱턴이 대통령에 취임한 지 딱 일주일이 지난 바로 이날, 정당이 무대에 등장했으며, 유럽 대부분의 나라에서 혁명을 지지하느냐 마느냐가 핵심적인 정치 쟁점으로 떠올랐다. 정치 체제가 매우 다른 영국과 미국까지도 프랑스대혁명의 영향권에 있었다.

프랑스에서 일어나는 사건이 다른 나라 사람들에게 초미의 관심사가 된 데에는 몇 가지 이유가 있다. 일단 프랑스는 유럽의 최강대국이었다. 삼부회의 결과에 따라 국외 활동이 멈출 수도 있었고 또는 어려움을 극복하고 이전의 강세를 회복할 수도 있었다. 프랑스는 유럽 문화의 중심지이기도 했다. 프랑스의 작가, 정치가들의 말과 글은 프랑스어 그대로 타국 국민들에게 전파되었다. 사람들은 지식과 학문의 중심지인 파리의 문화를 감탄하며 즐겼다.

국민 의회의 결성

1789년 여름, 삼부회는 독자적인 통치권을 요구하면서 국민 의회로 전환했다. 국민 의회가 사회의 봉건 계급을 대표하는 조직이 되리라는 세간의 예측은 깨졌다. 의원 대다수가 모든 프랑스 국민을 차별 없이 대표하겠다고 선언한 것이다. 국민 의회가 이처럼 혁명적인 방향으로 나아갈 수 있었던 것은 당시 일촉즉발의 상황까지 치달아 있던 프랑스 전역의 소요 사태에 보수파 의원들과 정

1789년 6월 20일, 막 태동한 국민 의회의 의원들은 원래 모임 장소에서 쫓겨나는 바람에 베르사유의 테니스 코트에 모였다. 이곳에서 그들은 "왕국의 헌법이 굳건하게 자리를 잡을 때까지 결코 흩어지지 않으리라"고 맹세했다. 후에 '테니스 코트의 맹세'로 알려진 이 사건을 당시의 위대한 화가 자크 루이 다비드(1748~1825)가 1791년에 그림으로 묘사했다.

1789년 한여름 밤, 사람들 사이에 왕권에 대한 적의가 들끓었다. 왕의 군대가 파리로 진군하기 위해 정렬했다는 소문이 돌고 있었다. 7월 12일과 13일 밤, 파리 거리는 소요에 휩싸였다. 그림은 소요 사태가 정점에 이른 7월 14일, 열기가 가장 뜨거웠던 바스티유 지역의 풍경.

부가 두려움을 느꼈기 때문이었다. 대신들은 지방 봉기와 파리 시민의 폭동을 보고 군대의 힘만으로는 국가를 다스릴 수 없을지도 모른다는 불안을 느꼈다.

이 때문에 먼저 국왕이 더 이상 특권층을 옹호하지 못했다. 이어 국왕은 마지못해 국민 의회의 요구를 대폭 수용해야 했다. 이 과정에서 혁명을 지지하는 쪽과 반대하는 쪽이 확연히 갈라졌는데, 당시 국민 의회에서 개혁파는 왼쪽에 보수파는 오른쪽에 앉아 있다고 하여 이들을 각각 '좌파', '우파'라고 불렀다. 오늘날 전 세계적으로 통용되는 좌파, 우파라는 용어가 여기에서 시작된 것이다.

국민 의회가 추진한 핵심 과제는 헌법 제정이었다. 이것은 단순한 헌법을 만드는 문제가 아니었다. 프랑스 정치 체제를 완전히 뒤바꾸려는 것이었다. 국민 의회는 1791년 해산 때까지 교회의 토지를 몰수하고, '봉건 체제'라고 이름 붙인 구체제를 무너뜨렸다. 이들은 검열 제도를 없앴고, 중앙 집권적 대의 정치 체제를 마련했으며, 행정 구역을 재정비하여 오늘날의 '현department'을 설치했다. 또한 누구나 법 앞에서 평등할 것을 보장했고, 행정과 입법을 분리했다. 이러한 대표적인 항목 외에도 수많은 개혁이 추진되었다. 국민 의회는 역사에 나타난 그 어떤 의회보다도 놀라운 과업을 수행했다.

비록 그 과정에 빚어진 몇 가지 실수를 두고 이들의 업적을 낮게 평가하는 경우도 있지만, 전반적으로 말해 국민 의회는 프랑스의 근대화를 가로막고 있던 법과 제도의 장벽을 허무는 데 결정적인 역할을 했다. 국민 주권의 원칙, 중앙 집권적 행정 체제 그리고 개인의 법적 평등은 이때부터 프랑스 제도의 기본 바탕이 되었다.

그러나 이러한 변화를 못마땅하게 여기는 사람들도 많았고, 개혁 자체를 거부하는 이들도 있었다. 1791년에 접어들자 국왕도 개혁이 너무 앞서나가는 것 같다는 우려를 드러냈다. 혁명 초기에는 왕에게 호의적이던 여론이 달라지기 시작했다. 귀족 중 일부는 개혁을 피해 이민까지 감행했는데, 이중에는

* **인간 및 시민의 권리 선언**
프랑스 국민의 대표자들이 국민의회를 구성하여 인간의 자연적이고 양도할 수 없는 신성한 권리를 결의한 선언. 영국의 권리장전, 미국의 독립 선언과 더불어 근대 시민정치의 3대 선언으로 알려져 있다. '권리선언'이라고도 한다.

1789년 8월 4일 밤, 국민 의회는 봉건적 특권을 폐지하기로 결의했다. 이어 8월 26일에는 「인간 및 시민의 권리 선언」*이 선포되었다.

1789년 7월 14일 파리 시민들이 바스티유 감옥을 습격하는 장면. 바스티유가 함락된 후 급진파 군인 마르케 드 라파예트가 파리 국민군 사령관에 취임했다. 지방에서는 농민 반란이 끊이질 않았고 혁명을 지지하는 소규모 평의회가 잇따라 결성되었다.

1791년 파리 사람들은 카페에 모여 쟁의를 조직했다. 그중 하나인 탕플 거리의 카페 모습.

국왕의 형제 두 명도 있었다. 이런 일들이 왕실에 대한 평판을 나빠지게 만들었다.

그렇지만 사람들이 혁명에서 등을 돌린 가장 큰 이유는 교황청의 정책과 국민 의회의 교회 개혁이 충돌했다는 데 있었다. 국민 의회의 교회 개혁안은 많은 프랑스인, 특히 성직자들 사이에서 깊은 공감을 일으켰지만 교황이 이에 반대 의사를 표명하자 국민 의회의 권위가 크게 흔들렸다. 프랑스의 가톨릭 신자들은 교황의 권위와 프랑스 헌법의 권위 중 어느 한쪽에 손을 들어 주어야 했다. 이 때문에 이후 혁명 과정에서 좌파와 우파의 대립이 더욱 심해졌다.

막을 내린 프랑스 왕정

1792년은 대위기였다. 연초부터 프랑스는 오스트리아와 전쟁에 돌입하더니 곧이어 프로이센과도 싸움을 벌였다. 전쟁의 원인은 복잡했다. 하지만 프랑스인들은 외국 세력이 프랑스의 혁명을 끝내고 정치를 1788년 이전으로 되돌리기 위해 쳐들어왔다고 여겼다. 전쟁이 여름까지 이어지자 물자가 바닥나고 보수주의자들에 대한 불신이 쌓였다. 국왕을 향한 믿음도 땅에 떨어졌다. 결국 파리에서 반란이 일어났다. 왕정이 폐지되었고, 공화주의 헌법을 만들기 위해서 새로운 의회가 소집되었다.

「인간 및 시민의 권리 선언」

제1조. 인간은 자유롭고 평등한 권리를 가지고 태어난다. 사회적 차별은 공공의 이익을 바탕으로 해서만 일어날 수 있다.

제2조. 모든 정치적 결사는 인간의 자연적이고 절대적인 권리를 유지하기 위해 존재한다. 그 권리란 자유, 재산, 안전 그리고 압제에 대한 저항이다.

제3조. 모든 주권은 본질적으로 국민에게서 나온 것이다. 어떠한 집단, 어떠한 개인도 국민에게서 나오지 않은 권한을 행사할 수 없다.

제9조. 모든 사람은 유죄 판결을 받기 전까지는 무죄로 추정되어야 한다. 따라서 체포가 불가피하다고 판단되더라도 죄수의 신병을 확보하는 데 반드시 필요하지 않은 모든 강제 조치는 법으로 준엄하게 규제된다.

제10조. 누구든지 법률이 정한 공공질서를 방해하지 않는 한 자신의 의견을 표명하는 데에 제한을 받아서는 안 된다. 종교적인 의견을 표명하는 데에 있어서도 마찬가지다.

제11조. 사상과 의견의 자유로운 교류는 인간의 가장 귀중한 권리 중 하나다. 따라서 모든 시민은 자유롭게 말하고, 쓰고, 출판할 수 있다. 단, 법이 정한 경우에 있어서는 자유의 남용에 대해 책임을 져야 한다.

제16조. 권리가 확보되지 않고 권력이 분립되지 않은 사회는 헌법에 의해 통치되는 사회라고 말할 수 없다.

-1789년 8월 26일 국민 의회가 선포한 「인간 및 시민의 권리 선언」 중에서

막시밀리앙 드 로베스피에르 (1758~1794)의 초상화. 그는 삼부회에 평민 대의원으로 참가했다. 민주주의에 대한 확고한 민주주의적 신념으로 극좌파의 대표 인물이 되었고 급진파 자코뱅 당을 이끌었다. 1793년 공안 위원회의 위원으로 선출되었으나 공포 정치를 주도하여 지지를 잃고 이듬해 다른 위원들에 의해 단두대에서 처형당했다.

국민 공회라 불린 이 의회는 1796년까지 프랑스 정치의 중심이었다. 국민 공회는 내란과 대외 전쟁, 경제 위기, 이념 대립 등 숱한 어려움 속에서도 혁명을 끝까지 지켜냈다. 국민 공회의 의원 대부분이 국민 의회 의원들에 비해 특별히 진보적인 것은 아니었다. 이들은 개인의 자유와 재산권을 신봉했다. 얼마나 신봉했던지 토지를 공산화하는 법률을 제정하자고 주장하는 사람은 사형에 처한다는 조항까지 만들었다.

국민 공회는 비록 성인 남성 전체에 보통 선거권을 부여하자는 의견을 지지함으로써 빈곤층에도 작게나마 정치적 발언권을 주기는 했다. 그러나 그들은 가난이란 영원히 해결 불가능한 문제라고 여겨 적극적으로 노력하지 않았다.

국민 공회가 국민 의회와 차이가 있다면 그들은 혁명 세력이 패배할 위기 상황에 대처하기 위해 더욱 강경한 노선을 걷고자 했다는 것이었다. 파리는 한동안 몹시 과격한 정치가들이 장악했다. 이들은 스스로가 바라는 것 이상으로 급진적인 정책을 추진했고, 민주주의 이념이 담뿍 담긴 언어를 사용했다. 이제 유럽의 국왕들은 국민 의회 때보다 더 두려움을 느낄 수밖에 없었다.

공포 정치의 찬바람

1793년 1월 국민 공회는 국왕의 처형을 결의했다. 이 시대가 과거와 단절함을 상징하는 사건이었다. 국왕을 합법적으로 살해하는 행위는 오직 과거 영국인들만이 저질렀던 '탈선행위'였으나 이제는 그 영국까지도 프랑스를 보고 당혹스러워했다.

로베스피에르는 1792년 10월 파리에 일어난 대중 시위를 목격하고 민중이야말로 합법적 권위를 만들어 내는 유일한 원천이라고 확신했다. 혁명기에 제작된 이 그림들은 파리의 '상퀼로트'를 묘사하고 있다. 당시 급진적인 시민, 노동자 등 혁명적인 세력은 옛 귀족들이 입던 반바지인 '퀼로트' 대신 긴 바지를 입고 다녔기 때문에 '퀼로트를 입지 않은 사람들'이라는 뜻의 상퀼로트라고 불렸다.

당시 프랑스는 오스트리아, 네덜란드와 전쟁을 벌이고 있었다. 영국은 프랑스가 전쟁에 승리할 경우 자신들에게도 전략적으로나 경제적으로 상당한 타격을 입힐 것이라고 판단했다. 영국은 프랑스의 적국들을 지원하기 위해 전쟁에 뛰어들었다. 그러나 전쟁은 가면 갈수록 정치 철학이 관련된 싸움처럼 보였다. 프랑스 정부도 전쟁에서 승리하는 데 혈안이 되었다.

단두대는 원래 인도적인 처형을 위해 발명되었다. 즉 혁명 이전인 계몽주의시대의 정신이 고스란히 드러난 발명품으로, 처형 과정이 간단하고 죄수가 고통을 느끼는 시간이 짧으면서도 목숨을 확실히 끊을 수 있는 도구였다. 이것이 후에 '공포 정치'라고 부르는 이 시대의 상징물이 되었다.

국민 공회는 혁명을 지켜 내기 위해 공포라는 수단을 썼다. 그러나 이때의 공포정치를 두고 곧바로 단두대만 연상해서는 안 될 것이다. 사실 공포란 정치가들이 자신의 용기를 증명하고 상대방을 위협하기 위한 언어적인 위협 정도에 불과한 경우가 많았다.

이 기간에 약 3만 5천 명이나 되는 사람들이 처형되었고, 이 피바람을 피해 프랑스를 떠난 사람도 많았다. 그러나 이 가운데 단두대에 목이 잘린 사람은 소수였고 그나마 그들 대부분이 내란에 빠진 시골 지역에서 처형당했다. 어떤 이들은 무기를 손에 쥔 채 처형당하기도 했다. 공포 정치는 공포가 필요해서 일어난 일이기도 했지만 애국심이 원인이기도 했다. 또한 혼란에 빠진 혁명의 이상, 이기적인 욕망, 사적인 복수심(이 시기에는 개인적인 원한을 공화국의 이름을 빌려 해결하는 일이 비일비재했다) 같은 것들도 뒤엉켜 있었다.

동시대의 프랑스인들이 '괴물'이라고 비난한 공포 정치가들이 18개월 동안 죽인 사람 수는 1871년 파리 시가전에서 불과 열흘 동안에 살해된 사람 수와 엇비슷하다. 이 숫자

루이 16세의 통치는 1792년 국민 공회가 통치하는 공화정이 수립되면서 끝이 났다. 국민 공회의 자코뱅 파는 공화정의 전복을 꾀했다는 죄목으로 루이 16세를 재판에 회부했고, 왕은 유죄 판결을 받을 수밖에 없었다. 1793년 1월 21일에 집행된 루이 16세의 처형 장면.

는 1916년 제1차 세계대전의 대전투인 솜므 전투 첫날에 죽은 영국군 사망자 수의 두 배 밖에 되지 않는다. 공포 정치 시기의 처형으로 인해 프랑스 사회 내에 감정의 골이 깊어진 것은 사실이다. 그러나 공포가 얼마나 심했는가를 과장하는 것 역시 곤란하다.

귀족 중에 혁명으로 피해를 보지 않은 사람은 없었겠지만, 프랑스를 떠나야겠다고 느낀 귀족은 많지 않았다. 오히려 피해가 더 큰 쪽은 성직자 계층이었다. 박해를 피해 해외로 탈출한 숫자도 성직자 쪽이 많았다. 그렇다고 해도 프랑스를 탈출한 사람 수는 1783년 독립 직후 미국을 떠난 영국 지지파 수보다도 적었다. 혁명의 공포 때문에 망명해야 했던 사람의 비율은 공포 정치 시기의 프랑스보다 독립 후의 미국에서 훨씬 더 높았던 것이다.

혁명기 정치의 변화

국민 공회는 국내의 적과 국외의 적을 모두 제압했다. 1797년 프랑스와 전쟁을 계속한 나라는 영국뿐이었다. 그리고 드디어 공포 정치가 막을 내렸다.

1796년 공화국의 통치권은 보다 헌법에 충실한 '총재 정부'*로 넘어갔다. 혁명은 이제 가장 안정된 시기로 접어들었다. 그러나 눈에 보이는 위협이 사라진 것은 아니었다. 권력 복귀를 노리는 왕당파는 나라 바깥에서 동맹자를 모으고 국내의 불평분자들과 내통하는 데 힘쓰고 있었다. 물론 구체제로 복귀하려는 프랑스인은 그다지 많지 않았다.

한편, 국내에서는 민주주의를 더욱 강화해야 한다고 주장하는 사람들이 등장해 빈부격차를 해소하라고 강력히 주장했다. 혁명을 통해 부를 축적한 사람들이나 공포정치의 악몽을 두 번 다시 보고 싶어 하지 않는 우파 모두가 이들을 경계했다. 그 결과 총재 정부는 좌파와 우파 양쪽으로부터 압력을 받았다. 어떻게 보면 이 상황은 정치적 균형을 바로 잡을 수 있는 기회였으므로 꼭 나쁜 것만은 아니었다. 그러나 총재 정부의 원칙 없는 중도주의에 불만을 품는 사람들이 하나 둘씩 생겨났다. 1799년 한 무리의 정치가들이 군인의 힘을 빌려 쿠데타를 일으켰다. 이로써 총재 정치도 막을 내렸다.

* 총재 정부
1795년 '테르미도르의 반동' 때부터 1799년 나폴레옹의 쿠데타까지 존재한 프랑스 혁명기의 정부. 의회와 별도로 행정부가 다섯 명의 총재로 구성되었다.

혁명 이후의 프랑스

삼부회가 소집된 지 10년이 지난 1799년, 그 사이 프랑스가 중세의 낡은 질서를 완전히 무너뜨렸다는 사실은 누구나 알 수 있었다. 빠른 속도로 법률 개혁이 진행되었다. 혁명의 기초가 된 주요 원칙 대부분이 이미 1789년 헌법에 나와 있다. 이른바 '89년 원칙'이었다. 봉건주의, 법적 특권, 절대주의를 공식적으로 폐지하고, 종교적 속박을 타파하며, 개인주의를 바탕으로 한 사회 체제를 구축한다는 것이 그 핵심이었다.

1789년의 「인간 및 시민의 권리 선언」에는 이 내용들이 조금 더 명확하게 정리되어 있다. 법 앞에서 평등, 개인의 기본권을 법적으로 보장할 것, 정치와 교회의 분리 그리고 종교의 자유 등이 그 골자였다. 혁명기에 법을 만드는 사람들은 국민 주권의 원칙이 권위를 부여한 의회를 통해 어떤 지역 차별, 계층 차별도 끼어들 수 없는 공정한 법을 만드는 것을 기본 목표로 삼았다.

프랑스의 새로운 체제는 과거에 왕정 체제라면 파산하고도 남았을 심각한 재정 문제를 효과적으로 해결할 수 있었다. 또한 계몽 군주들은 감히 상상도 하지 못했던 행정 개혁들을 능수능란하게 추진했다.

강력한 입법 기관이 들어서 프랑스인의 삶 전반에 관련된 모든 제도와 기구를 뜯어고치는 모습을 유럽 다른 나라들은 입을 다물지 못하고 쳐다보았다. 계몽 군주들이 이미 알고 있었듯 적극적인 개혁에는 입법부의 권력 독립이 필수 조건이었다.

고문은 법 바깥으로 밀려났다. 이름만 남은 귀족 제도, 법적인 차별, 중세적인 길드 등도 마찬가지였다. 이제 막 나타난 노동조합은 싹부터 잘려 버렸다. 당시 법률이 노동자나 고용주들이 집단 이익을 위해 단체를 구성하는 것을 금지했기 때문이다.

시장주의로 변화하는 것을 의미하는 현상도 꽤 흔하게 나타났다. 카롤링거 왕조 시대 이래 내려온 오래된 화폐 단위인 리브르, 수, 드니에르는 환율이 1:20:12였는데 이것이 십진법 기준으로 바뀌었다. 새로운 화폐 제도에 따른 프랑과 상팀의 환율은 1:100이었다. 규칙성이 부족했던 구식 도량형 체계도 새로운 체계인 미터법으로 통일되었다.

혁명과 교회

거대한 변화는 보통 사회적 불화를 불러일으킨다. 사람들의 의식은 법률보다 천천히 바뀌기 때문이다. 농민들은 봉건적 의무의 속박에서 벗어난 것은 좋아했지만 봉건제의 일부인 자신들의 공동체가 사라지는 것은 반기지 않았다. 그중에서도 종교와 관련된 보수성은 쉽게 설명하기 힘들지만 중요한 문제였다.

혁명 정부는 프랑스 사회에서 종교의 권위

상퀼로트 중의 상퀼로트인 피에르 쇼메테(1763~1794)가 1793년 11월 노트르담 대성당에 세워진 '이성의 제단'을 공개하고 있다.

프랑스대혁명 당시 교회는 신성한 권위를 박탈당했다. 파리에 있는 수많은 기독교 성상이 파괴되거나 혁명을 상징하는 작품으로 개조되었다. 예컨대 성자가 들고 있는 성경을 인권 선언문으로 바꾸는 식이었다.

를 뿌리 뽑는 데 매우 열심이었다. 공포정치 기간 중 중세 프랑스 국왕의 세례식에 사용되었던 '랭스의 성스러운 기름잔'이 사람들 앞에서 공개적으로 파괴되었다. 노트르담 대성당의 제단은 '이성의 제단'이 되었다. 때로는 성직자 개인이 공격의 표적이 되곤 했다. 프랑스는 분명 더 이상 전통적인 기독교 국가가 아니었다. 왕권신수설 위에 세워진 절대 왕정을 그리워하는 사람도 거의 없었다.

그러나 교회가 이런 대우를 받자 대중은 혁명에 반발하기 시작했다. 일부 혁명가들이 새로운 신앙의 대상으로 선전했던 '이성'과 '초월자'는 사람들에게 외면당했다. 프랑스인들은 남녀를 불문하고 가톨릭 교회가 공식적으로 옛 지위를 되찾기를 바랐다. 세월이 흘러 교회가 실제로 옛 권력을 되찾았을 무렵 교회는 이미 주민들의 자발적인 노력으로 옛 모습을 되찾은 상태였다.

새로운 논쟁

'89년 원칙'이 유럽 사회에 퍼져 나갔듯 혁명이 낳은 새로운 대립 구도 역시 프랑스 국내에만 머물러 있을 리 없었다. 애초 프랑스의 개혁은 비판보다는 찬탄의 대상이었다. 그러나 프랑스가 정치 선동과 전쟁을 수단으로 자국의 이념을 퍼뜨리려고 하자 평가가 갑자기 달라졌다.

프랑스에서 개혁이 일어나자 다른 나라에서는 어떤 일이 일어나야 하는가를 두고 논쟁이 벌어졌다. 이러한 논쟁에는 해당 국가가 처한 상황과 문제점들이 보다 분명하게 드러나게 마련이었다. 바로 이런 과정을 통해 프랑스의 혁명은 유럽 전체에 전파되었다. 프랑스대혁명이 세계사에 가지는 의의가 여기에 있다.

오늘날의 유럽 정치는 프랑스대혁명이 전 유럽으로 퍼져 나가는 순간 태어났다. 우리가 쓰는 좌파와 우파라는 단어도, 자유주의자와 보수주의자의 개념도(비록 이 이름이 실제로 쓰이기 시작한 것은 십 수년 후였지만) 프랑스대혁명이 각국 정치의 기준이 된 이 시기에 생겨났다. 대립의 한쪽에는 공화주의, 참정

혁명 당시에 그려진 '자유의 나무를 심다'. 혁명에 열광하는 사람들이 혁명에 대해 어떻게 생각했는지를 상징적으로 보여 주고 있다.

권 확대, 개인의 권리, 언론과 출판의 자유가 있었고 다른 쪽에는 명령, 규율, 권리에 앞서는 의무, 계급 제도, 도덕으로 시장을 통제해야 한다는 요청이 있었다.

프랑스대혁명의 국제적 영향

프랑스에는 프랑스대혁명의 보편적 가치를 신봉하는 사람들이 있었다. 이들은 자신들이 나라의 당면 과제들을 해결하는 데 썼던 방법이 다른 나라에서도 그대로 효험이 있을 것이라고 선전하고 다녔다. 그러나 이것이 순전히 거들먹거리기만은 아니었다. 산업화되지 않은 전통 유럽 세계는 아직도 여러 면에서 공통점이 있었으니 어떤 나라든지 프랑스의 사례에서 배울 만한 점을 찾을 수 있었다. 프랑스의 영향력은 이처럼 마음먹고 혁명을 선전하고 전파하는 사람들 덕에 더욱 강력해졌다. 이것은 프랑스대혁명이 전 세계로 전파되는 방식 중 하나였다.

프랑스대혁명에는 일찍이 볼 수 없던 보편적인 가치가 들어 있다는 평가를 꼭 혁명 지지자들만 내리는 것도 아니었다. 유럽에서 보수주의자들이 스스로 하나의 세력을 이루는 데에도 프랑스대혁명이 큰 역할을 했다. 1789년 훨씬 이전부터 유럽에는 근대적인

영국의 만화가 제임스 길레이(1757~1815)의 '자유의 나무와 존 불을 유혹하는 악마'. 존 불은 영국의 애칭으로, 영국 정치가들이 프랑스대혁명의 기운을 자국에 퍼뜨리려다 실패한 것을 풍자하는 작품이다.

보수주의가 싹트고 있었다. 계몽 군주의 개혁 정책에 심기가 불편한 사람들, 진보적이라는 학설이 판을 치는 것에 분개하는 성직자들, 유행에 민감하고 자의식 강한 낭만주의자가 마음에 들지 않는 사람들이 그들이었다. 특히 독일에 이러한 보수주의자들이 많았다.

혁명에 반대하는 보수주의 논설 중 최초의 것이자 여러 면에서 가장 뛰어난 글은 영국에서 나왔다. 1790년 출간된 에드먼드 버크의 『프랑스대혁명에 대한 고찰』이었다. 그는 이전에 미국 식민지 주민의 권리를 옹호했던 사람답게, 특권층을 맹목적으로 옹호하거나 기존 체제를 자동적으로 정당화하는 식이 아니라 훨씬 신중한 접근 방식으로 주장을 전개했다. 사회는 단순히 의지와 이성의 산물이거나 윤리의 결정체가 아니었다. 프랑스대혁명은 지식인의 오만과 빈약한 합리주의가 결합하여 죄악 중에서도 가장 큰 죄악인 교만을 범한 사건이었다는 것이 버크의 비판이었다.

프랑스대혁명이 유럽 정치에 심은 새로운 대립 구도는 혁명에 대한 새로운 관념을 낳았고, 이 새로운 관념은 이후 역사를 움직이는 힘이 되었다. 기존의 정치 혁명이란 단순히 지배자만 바뀔 뿐 다른 것은 그대로 유지되는 현상 정도였다. 그러나 프랑스대혁명을 통해 알게 된 새로운 혁명은 제도 하나하나를 뜯어고치고, 사고방식에 대전환을 일으키며, 가장 기초적인 사회 단위인 가족이나 사유재산에까지 영향을 끼치는 급진적이며 광범위한 대변동이었다. 이런 혁명을 좋아하느냐 싫어하느냐에 따라, 사람들은 다른 나라에서 일어나는 혁명에 관심을 갖고 그 혁명을 지지하거나 반대했다. 혁명은 국경을 넘는 보편적인 가치를 둘러싼 사건이기 때문이었다.

19세기에는 프랑스대혁명이 어디에나, 어느 시대에나 적용할 수 있는 보편적 가치를 의미한다는 주장까지 나왔다. 이념 정치의

1799년 11월 9일 쿠데타 이후 나폴레옹을 제1통령으로 하는 통령 정부가 구성되었다. 12월 25일 거행된 취임식은 이후 전 유럽에 엄청난 회오리바람을 몰고 왔다. 후대의 화가들은 취임식을 비롯하여 나폴레옹이 등장하는 장엄한 장면들을 그림으로 그렸고, 나폴레옹의 생애를 미화하는 이른바 '나폴레옹 전설'이 유행하기도 했다.

혁명의 시대에 일어난 정치적 변화

1796년 11월 오스트리아군을 격퇴한 직후의 젊은 나폴레옹 보나파르트를 그린 유화. 작자 미상.

극단적인 사례였다. 오늘날에도 모든 종류의 반란이나 폭동에 대해 그 상황이 어쨌든 간에 무조건 찬성해야 한다고 생각하는 사람들, 또는 무조건 반대해야 한다고 생각하는 사람들이 있다. 이러한 태도 때문에 인류는 겪지 말았어야 할 고통을 자주 겪어 왔다. 옛 사람들이 종교의 독단을 감수하며 살아야 했듯, 혁명으로 출발한 오늘날의 세계를 사는 사람들은 혁명에 감정적으로 반응하는 사람들과 함께 살아야 하는 것이다. 정치적 극단주의는 프랑스대혁명이 우리에게 남긴 불행한 유산이다.

나폴레옹 보나파르트

프랑스대혁명의 시작 날짜가 언제인지에 대해서도 견해가 분분한데, 그 마지막 날짜를 짚어 내는 것이 무슨 의미가 있을까? 그러나 1799년이 혁명을 마무리하는 중요한 해였음은 분명하다. 마침내 총재 정부를 몰락시킨 쿠데타가 일어났고, 이로써 권력의 정점에 올라선 사람이 있었다. 순식간에 독재 체제를 구축하고 1814년까지 권력을 독점하며 유럽의 지도를 완전히 뒤바꿔 놓은 인물, 바로 나폴레옹 보나파르트(1769~1821)였다.

그는 본래 공화국의 장군이었다가 제1통령을 거쳐 나중에는 프랑스의 첫 황제 자리에까지 올랐다. 그 시대 지도자들이 대개 그러했듯 권좌에 앉은 보나파르트는 아직 젊은 청년이었다. 그는 군인 시절에 이미 비범한 천재성과 냉혹함을 드러냈다. 그는 기민한 정치

1802년 루앙에 있는 세방 형제의 빵 공장을 방문하는 나폴레옹과 부인 조세핀.

노트르담 대성당에서 거행된 나폴레옹 보나파르트의 대관식. 자크 루이 다비드 작.

감각과 상급자의 말에 아랑곳하지도 않는 반항적인 행동력으로 전장에서 승리를 거머쥐면서 화려한 명성을 얻었다. 여러 면에서 그는 18세기의 모험가라 불리기에 마땅하다.

1799년 그의 인기와 명성은 하늘을 찔렀다. 쿠데타로 축출된 정치가 말고는 그가 권력을 장악하는 것에 거부감을 느끼는 사람이 하나도 없었다. 보나파르트는 권력을 잡자마자 당시 프랑스와 대결하던 오스트리아군을 물리치고 영광스러운 평화의 시대를 엶으로써 자신의 권력을 정당화했다. 이것으로 혁명에 대한 위협 세력이 사라졌다. 누가 보든 그것은 혁명에 기여한 것이었다. 혁명의 기반을 더욱 굳게 다진 것이야말로 그의 가장 훌륭한 업적이었다.

나폴레옹의 프랑스 지배

나폴레옹(이때의 '나폴레옹'은 보나파르트의 이름이 아니라 황제의 칭호다. 그는 1804년 황제가 되고 나서 '나폴레옹'이라는 명칭을 썼다)은 프랑스에 군주제를 다시 불러 왔다. 그러나 이것이 과거로 회귀한다는 뜻은 전혀 아니었다. 먼저 그는 추방된 부르봉 왕가를 강하게 비판하여 그들과 결탁할 가능성을 완전히 없앴고, 자신의 황제 즉위 문제를 먼저 국민 투표에 부쳐 승인을 얻어 냈다. 다시 말해 나폴레옹의 군주제는 프랑스 국민이 선택한 군주제였고, 혁명의 원칙인 국민 주권에 바탕을 둔 것이었다. 그는 통령 정부 시대(1799~1804)에 이미 혁명을 단단히 다지기 시작했고 황제 즉위 역시 그 연장선에 있었다.

1790년대에 이룬 위대한 개혁 성과들은 그대로 유지되었다. 교회 재산을 몰수한 이후 토지를 재분배하는 과정도 안정적으로 진행되었다. 옛 직공 조합이 부활하는 일도 없었고 법 앞에서의 평등 원칙도 굳건했다. 어떤 법안들은 오히려 이전보다도 강화되었다. 대표적인 예가 지방 각 현의 행정을 이끄는 지사였는데 이들에게는 공포정치의 비상 특사 같은 권한이 있었다. 많은 전직 혁명가들이 지사로 임명되기도 했다.

물론 계몽 군주가 있었다 해도 이와 같이 강력한 중앙 집권제를 시도했을 것이다. 또한 정부를 운영하는 과정에서 혁명 원칙들이

완벽한 영웅으로 그려진 나폴레옹. 1797년, 거의 2,000년 전 알프스를 통과했던 한니발의 발자취를 따라 알프스를 넘고 있는 나폴레옹의 모습을 1801년에 자크 루이 다비드가 그림으로 그렸다. 대중에게 보이는 이미지의 중요성을 아주 잘 알고 있던 나폴레옹은 이 위대한 화가에게 자신을 난폭한 말 위에 앉아 있는, 온화하지만 강인한 인물로 묘사해 달라고 요구했다.

많이 훼손된 것도 사실이었다. 1793년 국민 공회 시절 이래 모든 통치자들과 마찬가지로 나폴레옹은 엄격한 검열을 통해 언론을 통제했고, 재판 절차 없이 사람들을 옥에 가두었으며 인권 선언문이 말하는 시민적 자유를 무시하는 경향도 있었다. 통령 정부와 제정 시대에도 국민의 대의 기구는 존속했으나 그 정치적 영향력은 보잘 것 없었다. 그럼에도 불구하고 프랑스인들은 이런 모습을 바랐던 것 같다. 그들은 나폴레옹의 예리한 현실 감각을 원했으며, 교황과 협정을 체결하여 예전처럼 프랑스 교회를 인정하고 정부와 교회가 화해하기를 원했다.

크게 보아 나폴레옹은 혁명의 기반을 아주 단단하게 다졌다. 국내적으로는 견고한 정부를 만들었고 국제적으로는 군사적·외교적 우위를 확보했다. 그러나 이 모두가 나폴레옹이 대규모 전쟁을 일으키기 전까지의 이야기다. 나폴레옹은 동으로는 모스크바까지, 서로는 포르투갈까지 진군하고 대서양 연안과 북해 해안에도 군대를 둠으로써 한동안 프랑스를 유럽의 패권자로 만들었다.

그러나 여기에는 돈이 너무 많이 들었다. 게다가 나폴레옹은 오만한 태도로 점령국에 종주권을 인정하라고 요구하여 프랑스의 적을 늘리기만 했다. 프랑스는 점령국을 가혹하게 수탈했지만 그것으로는 유럽 국가들을 계속해서 제압할 비용을 마련하지는 못했다. 설상가상으로 1812년, 나폴레옹은 사상 최대 규모의 군대를 이끌고 러시아를 침공하다가 눈보라 속에서 산산이 무너졌다. 적들 사이에 분열이 생기지 않는 이상 나폴레옹의 파멸은 당연했다. 적들은 이번만큼은 분열하지 않았다.

나폴레옹은 실패의 원인을 영국으로 돌렸다. 영국은 1792년 이래 한 차례의 짧은 휴전 기간을 빼면 쉼 없이 프랑스와 전쟁을 벌이는 중이었다. 나폴레옹의 말도 완전히 틀린 것은 아니었다. 영국과 프랑스의 전쟁은 100년을 이어 온 라이벌 경쟁을 마무리하는 가장 중요한 전쟁이었고, 또한 군사 독재국 프랑스에 대항하는 입헌 군주국 영국의 싸움이라는 의미도 있었다. 나폴레옹을 유럽 안에 묶어 둔 것은 1798년 이집트의 아부키르만 해전과 1805년 스페인의 트라팔가르 해전에서 승리를 거둔 영국 해군이었다. 결정적인 순간에 반 프랑스 연합에 자금을 조달한 것도 영국이었다. 1809년부터 이베리아 반도를 점령한 프랑스군을 괴롭히며 프랑스의 국고를 탕진하게 하고 다른 유럽 국가들에 희망을 안겨 준 것도 다름 아닌 영국이었다.

나폴레옹시대의 유산

1814년 초 나폴레옹에게는 프랑스 본토만 남고 말았다. 그는 군사적으로 뛰어난 인물이었

1813년 8월 26일, 슐레지엔의 카츠바흐에서 나폴레옹 군대를 격파하는 프로이센 군대.

지만 동쪽의 러시아, 프로이센, 오스트리아 군대와 남서쪽의 영국군을 막기에는 자원이 턱없이 부족했다. 결국 그의 지휘관과 대신들은 나폴레옹을 제쳐 두고 평화 조약을 체결해 버렸다. 이 조약을 체결하면 부르봉 왕가가 복귀하게 되었는데도 대중은 항의하지 않았다. 전쟁에 지쳤던 것이다. 그러나 그 누가 복귀한다고 해도 프랑스가 1789년 이전으로 돌아가기란 영영 불가능했다. 교황과 정부의 조약이 깨지지도 않았고 새로운 행정 조직도 잘 굴러 가고 있었으며 법 앞에서의 평등 원칙, 대의 제도 역시 온전히 유지되었다.

혁명의 성과들은 이제 프랑스 사회의 기본 틀이 되어 있었다. 나폴레옹은 이런 성과들이 사회에 제대로 뿌리 내릴 수 있도록 시간과 여건을 마련해 준 셈이다. 프랑스대혁명의 성과 중 혁명 이후까지 이어진 것은 하나같이 나폴레옹이 승인한 사항들뿐이었다. 이런 점에서 나폴레옹은 전통적인 군주뿐만 아니라 가장 근대적인 계몽 군주와도 뚜렷이 구별된다. 사실 나폴레옹은 정책을 세울 때 상당히 보수적인 결정을 내렸으며 혁신을 좋아하는 성향도 아니었다. 그러나 다른 한편으로 보면 그는 민중의 권력에 의해 탄생한 군주였다.

'민주적인' 독재자였던 것이다. 국민 투표를 거쳐 황제에 즉위했고, 전쟁을 계속할 것인가를 두고 계속해서 민중의 뜻을 묻고 지지를 얻었다는 점 등에서 그는 민중이 세운 권력자였다.

그러므로 그는 루이 14세보다는 20세기의 지도자에 더 가까웠다고 할 수 있다. 나폴레옹과 루이 14세는 프랑스의 국제적 위신을 그 어느 때보다도 높이 올려놓았다는 공통점이 있었다. 이 업적 때문에 국민들은 그들을 존경했다. 그러나 둘 사이에는 보다 중요한 차이점이 있었다. 나폴레옹은 루이 14세와 비교할 수 없는 정도로 강력하게 유럽을 제패했다. 뿐만 아니라 프랑스대혁명 이후 나폴레옹의 유럽 지배는 단지 일개 국가의 세력 확장이 아니었다. 전 유럽에 프랑스의 새로운 사회상을 전파한 계기가 되었기 때문이다.

그러나 이 문제를 감상적인 시각으로 바라보아서는 안 된다. 우리가 알고 있는 '해방자 나폴레옹' 또는 '위대한 유럽인 나폴레옹' 같은 이미지는 후대에 만들어진 신화에 불과하다. 1800년부터 1814년까지 그가 유럽에 남긴 가장 뚜렷한 흔적은 유럽 대륙 구석구석까지 스민 핏자국이고, 나폴레옹의 원정은 그의 과대망상과 허영에서 비롯된 적이 많았다. 그러나 어쨌든 그의 통치가 가져온 효과는 분명하다. 프랑스대혁명의 대의가 확산되었고, 그것이 보다 굳건하게 뿌리를 내린 것이다.

독일의 재편

나폴레옹의 효과 중 가장 뚜렷한 사례는 지도를 놓고 보면 쉽게 알 수 있다. 나폴레옹이 등장하기 이전인 1789년부터 이탈리아, 스위스, 네덜란드에 주둔하고 있던 프랑스군은 위성 국가를 몇 개 세웠다. 그러나 이 나라들은 프랑스의 지원이 끊기자마자 곧바로 무너졌다. 나폴레옹이 집권하여 프랑스의 지배력

나폴레옹의 권력을 표현한 19세기의 그림. 이탈리아 투린 국립박물관 소장.

프랑스 제국의 붕괴와 나폴레옹 시대의 유럽

1812년, 나폴레옹 제국은 최대 영토를 장악했다. 그러나 나폴레옹에 대한 국민들의 감정은 점차 나빠지고 있었다. 구체제를 그리워하는 보수파나 자유와 평등을 신봉하는 공화파를 막론하고 말이다. 나폴레옹은 옛 귀족에게도, 보다 자유로운 시절을 기억하는 공화주의자에게도 외면당하기 시작했다.

나폴레옹의 관료들은 영국에 대한 대륙 봉쇄령 이후 급증한 밀수와 부패를 제대로 통제하지 못했다. 물가 상승을 막지도 못했고 은행가들이 가해 오는 압력에 대해서도 속수무책이었다. 이러한 분열 요소들은 1813년 나폴레옹의 러시아 침공을 계기로 러시아, 영국, 프로이센이 제6차 반 프랑스 연합을 결성하면서 한층 두드러지기 시작했다. 이듬해 3월 프랑스를 공격한 영국, 러시아, 프로이센, 오스트리아, 스웨덴 연합군은 파리를 점령해 버렸다. 나폴레옹은 자리에서 내려와 엘바 섬으로 유배되었다.

> *라인 동맹
> 1806년 나폴레옹의 후원으로 조직된 남서 독일 열여섯 개 연방의 동맹. 가맹 연방의 군주는 나폴레옹의 원정에 많은 지원군을 보내야 했다. 끝까지 가맹하지 않은 곳은 오스트리아, 프로이센, 브라운슈바이크, 헤센뿐이었으며 1813년 해방 전쟁에서 나폴레옹의 몰락 후 해체되었다.

이 되살아나면서 비로소 유럽 곳곳에 중요한 국가 조직이 탄생하기 시작했다. 이 중 가장 중요한 지역은 독일 서부 지역이었다.

라인 강 서쪽 지역은 1801년부터 1814년까지 프랑스가 직접 지배했다. 이 기간에 독일은 중세적 정치 체제를 버리고 새로운 정치 체제를 수립했다. 라인 강 동쪽 지역 또한 프랑스의 뜻에 따라 대대적으로 재편되었다. 정치와 종교를 분리하는 원칙을 도입하고 지방의 독립 자유시를 거의 해체했다. 프로이센, 하노버, 바이에른, 바덴에 각각 영토를 구분해 주고 이들 지역에 국가 조직 개혁안을 제시했다. 이 개혁의 골자는 신성 로마 제국의 독자적이고 오래된 귀족 제도를 해체하는 것이었다.

그 결과 독일에서 가톨릭 교회와 합스부르크 가문의 영향력은 줄어들고 대신 다른 하위 왕국들, 특히 프로이센의 영향력이 커졌다. 신성 로마 제국의 헌법 역시 개정되었는데, 이 새로운 체제는 겨우 1806년까지만 이어졌다. 프랑스가 오스트리아와의 전쟁에서 다시 한 번 승리하면서 독일 정책이 바뀌었고 결국 신성 로마 제국을 해체하기로 결정했기 때문이다. 이로써 오토 왕조 시대 이래 불완전하게나마 독일을 정치적으로 통합하고 있던 제도 구조가 무너졌다. 대신 라인 동맹*이 탄생해 프로이센과 오스트리아 사이에서 균형을 잡아 주는 제3의 세력이 되었다.

프랑스의 국익은 이 위대한 파괴 활동으로 최고조에 달했다. 프랑스의 재상이었던 리슐리외나 루이 14세가 살아 있다면 프랑스의 국경이 라인 강에 이르고 그 너머에서 분열된 독일이 서로의 발목을 붙잡고 있는 모습을 보고 손뼉을 쳤을 것이다. 그러나 여기에는 그들이 미처 이해하지 못할 측면이 하나 있었다. 독일이 강국으로 발돋움하지 못하는 가장 큰 원인은 바로 구체제였다. 그런데 프랑스가 이 걸림돌을 제거해 준 것이다.

이후 독일은 어떤 상황에서도 구체제로 돌아가지 않았다. 마침내 나폴레옹을 몰아낸 연합군은 유럽을 재편하기 위해 한 자리에 모여 독일 지역에 연방을 설립했다. 나폴레옹의 라인 동맹과는 달리 프로이센과 오스트리아가 포함된 것이었다. 그러나 이제 무슨 일이 있어도 독일의 성장을 막지는 못했다. 1789년 독일에는 정치 체제를 달리하는 소국이 무려 300개 이상 난립했으나 1815년 이 숫자는 서른여덟 개로 줄어들었다.

이탈리아와 여러 국가들의 재편

이탈리아의 개편 과정은 독일에 비해서는 눈에 덜 띄었고 혁명적인 변화도 적은 편이었다. 나폴레옹은 반도의 북쪽과 남쪽에 각각 하나씩 큰 나라를 세우고 이들에게 형식적으로는 주권을 인정했다. 교황령을 포함한 반도의 나머지 지역 대부분은 프랑스에 공식적으로 통합되어 현으로 편성되었다. 이러한 체제 중 1815년 이후까지 유지된 것은 아무것도 없었다. 그러나 그렇다고 해서 이 지역이 다시 완전히 구체제로 복귀한 것도 아니

1813~1815년 오스트리아에서 프랑스 점령에 항거하여 반란이 일어났다. 당시 나폴레옹 군대와 싸우러 나가며 가족에게 작별을 고하는 오스트리아 병사를 그린 회화 작품.

프랑스의 점령 기간 중 유럽 각지에서 민족주의적 감정이 크게 고조됐다. 스페인의 위대한 화가 프란시스코 드 고야(1746~1828)의 대표작인 이 그림은 1808년 프랑스 점령군에 대항하여 일어난 마드리드 봉기를 묘사하고 있다.

었다. 특히 유서 깊은 두 공화국, 제노바와 베네치아는 프랑스 총재 정부 시대에 프랑스에 병합된 이후 다시는 독립 국가로 부활하지 못했다. 이들은 보다 큰 나라인 이탈리아의 사르데냐와 오스트리아에 각각 흡수되었다.

나폴레옹의 세력이 정점에 달했을 때 프랑스가 직접 지배하는 영토는 서쪽의 피레네 산맥에서 북쪽의 덴마크에 이르렀고 남쪽으로는 카탈로니아부터 로마와 나폴리의 경계선까지 이르렀다. 여기에는 오늘날의 유고슬라비아 지역도 포함된다. 그밖에도 이탈리아의 나머지 지역, 스위스, 엘베 강 서쪽의 독일, 그리고 폴란드의 바르샤바 지역(바르샤바 대공국)에 이런저런 위성국과 속국들이 들어섰는데 이들 중 일부는 나폴레옹의 가족이 통치하기도 했다.

프랑스 제국

프랑스가 점령한 지역 대부분에서는 행정 업무가 동일하게 이루어지고 같은 제도가 시행되었다. 이를 통해 각 지역이 같은 경험을 하게 되었다. 다시 말해 혁명이 만들어 낸 새로운 정치 제도들이 점령을 통해 각 지역에 공유된 것이다. 프랑스는 잠시 폴란드에 진출했던 적을 빼면 엘베 강을 넘은 적이 없었다. 그 결과, 동유럽과 서유럽은 또다시 차이가 벌어졌다.

프랑스 제국 내에서는 독일인이든 이탈리아인이든 일리리아인이든 벨기에인이든 네덜란드인이든 모두 나폴레옹 법전*에 따라 통치했다. 법전은 나폴레옹의 열정과 노력으로 최종 완성되기는 했지만 사실 이것은 1790년대에 혼란으로 인해 법전을 만들래야 만들 수 없었던 프랑스의 혁명적인 입법자들의 작품이었다. 나폴레옹 법전이 유럽에 확산되자 법전에 담겨 있는 가족, 재산, 개인, 공권력 등에 대한 새로운 관념들도 덩달아 확산되었다. 나폴레옹 법전은 지역성, 관습, 로마법 그리고

* **나폴레옹 법전**
1804년 나폴레옹 1세 때 제정, 공포한 프랑스 민법전. 3편 2,281조로 이루어진 이 법전에서 인정한 소유권의 절대성, 계약자유의 원칙, 과실책임주의 등은 근대시민법의 기본 원리로서 이후 제정된 각국 민법전의 모범이 되었다.

혁명의 시대에 일어난 정치적 변화 109

1815년 2월 엘바 섬에서 탈출한 후 프랑스 해안에 상륙하는 나폴레옹을 그린 작품.

종교적 규율이 뒤죽박죽 혼재된 각지의 법률을 대체하기도 했고 보완하기도 했다.

제국의 현 제도 역시 각 지역에 비슷하게 적용되었다. 프랑스 군대에 복무함으로써 공통적인 군대 규율과 규정을 경험할 수 있었고, 각 지역 고유의 도량형도 십진법에 기초한 프랑스의 도량형으로 대체되었다.

이러한 혁신들 덕분에 프랑스는 실제 지배 영토 너머에까지 영향력을 발휘했다. 프랑스는 근대화를 추진하고자 하는 나라들의 모델이자 자극이 되었다. 나폴레옹이 지배하는 프랑스의 많은 사람들이 위성국에 가서 관료, 기술자로 활약했고 프랑스인이 아닌 많은 외국인들이 제국 군대에 입대했다. 이런 방식으로 프랑스는 별 어려움 없이 다른 나라에 자국의 새로운 체제를 전파할 수 있었다.

혁명 사상의 분화

프랑스 제국이 유럽을 지배함으로써 나타난 변화는 그 변화가 무르익는 데 시간이 걸리기는 했지만 어쨌든 근본적이고도 혁명적인 것이었다. 그런데 이 변화가 꼭 자유를 의미하지는 않았다. 프랑스 군대의 삼색기가 가는 곳마다 인간 및 시민의 권리 선언, 즉 인권 선언문도 따라다녔지만, 나폴레옹의 비밀경찰, 병참 장교, 세관 직원도 그와 함께했다. 그러나 무엇보다 나폴레옹이 유럽에 몰고 온 큰 바람 뒤에 숨어 있던 보다 미묘한 변화는 나폴레옹에 대한 반대와 저항에 있었다.

프랑스대혁명의 이념을 전파하는 것은 어찌 보면 프랑스인 자신에게 돌아올 부메랑을 던지는 것과도 같았다. 혁명의 핵심을 이루는 국민 주권의 원칙은 민족주의와도 밀접한 관련이 있었다. 인민은 스스로를 다스려야 하며 그 적합한 단위는 민족이라는 게 혁명의 가르침이었다. 이 때문에 혁명가들은 자기 공화국을 '나눌 수 없는 하나'라고 외치기도 했다. 프랑스대혁명을 추종하는 외국인들

나폴레옹 군대는 결국 워털루 전투에서 패배하고 말았다. 이 전투에서 프랑스군 약 2만 5,000명이 희생되었고 연합군의 희생자 수도 비슷했다.

은 이 원칙을 자기 나라에도 똑같이 적용했다. 민족 국가를 구성하지 못하고 있던 이탈리아와 독일에서도 민족 국가를 만들어야 한다는 목소리에 힘이 실렸다.

그러나 오로지 이런 식으로만 민족주의가 확산된 것은 아니었다. 그 반대의 이유도 있었다. 프랑스 제국은 오로지 프랑스의 국익만을 위해 운영되었고 다른 국가, 다른 민족의 이익이란 존재하지 않았던 것이다. 프랑스는 자국의 경제 정책에 따라 각 지역의 농업과 상업을 쥐고 흔들었다. 청년들은 프랑스군에 복무해야 했고, 주민들은 프랑스인의 지배를 받아야 했다. 혁명의 대의를 따르는 사람들까지도 불만을 품는 마당에 처음부터 혁명에 거부감을 느꼈던 사람들이 민족적 저항 운동으로 기우는 것은 당연했다.

유럽의 민족주의는 나폴레옹 시대에 거대한 자극을 받았다. 각국 정부가 민족주의를 우려했음에도 어쩔 수 없는 일이었다. 서로가 다 같이 프랑스인에 대해 반감이 있다는 사실을 알게 된 독일 지역 주민들은 스스로를 베스트팔렌이나 바이에른 지역 사람들보다 더 높은 차원의 존재라고 여기기 시작했다. 이탈리아 지역 주민들 역시 자신들이 로마인이나 밀라노인 이상이라고 생각하게 되었다. 스페인과 러시아 사람에게도 애국적 저항과 혁명에 대한 저항은 똑같은 것이었다.

워털루 전투

나폴레옹이 세우고자 했던 왕조와 그가 지배한 제국은 모두 얼마 못 가 무너지고 말았지만 그는 이 짧다면 짧은 시간 동안 역사에 거대한 자취를 남겼다. 마치 프랑스대혁명이 프랑스의 잠재력을 분출시켰고 그 에너지가 사라지지 않았던 것과 같이, 나폴레옹은 유럽의 모든 국가들 속에 잠재되어 있던 거대한 에너지를 분출시켰으며 한번 분출된 에너지는 쉽게 사라질 리 없었다. 나폴레옹 자신

1815년 엘바 섬에서 탈출한 나폴레옹이 군의 환영을 받는 장면을 상상으로 그린 19세기 그림.

이 원했든 원하지 않았든 간에 그는 혁명의 열매가 가장 풍성하게 열릴 수 있는 여건을 만들었다. 이것이 그의 최대 업적이었다.

1814년 그는 조건 없이 퇴위당했으나 이것으로 끝은 아니었다. 불과 1년 후 나폴레옹은 유배지였던 엘바 섬을 탈출했다. 부르봉 왕가는 그가 귀환함과 동시에 무너져 버렸다. 과거 나폴레옹에게 너무나 큰 두려움을 맛보았던 연합국들은 즉각 그를 타도하기로 결의했다.

나폴레옹은 자신을 향해 몰려드는 엄청난 규모의 적군을 막으려 했으나 결국 1815년 6월 18일 워털루에서 쓰러졌다. 영국, 벨기에, 프로이센의 연합군은 프랑스 제국의 부활을 막았다. 승리자들은 이번에는 나폴레옹을 수천 km 떨어진 남대서양의 작은 섬 세인트헬레나로 보냈다. 나폴레옹은 1821년 숨을 거둘 때까지 이곳에서 살아야 했다.

유럽인들은 나폴레옹의 마지막 위협을 보고, 혁명이 시작된 이래 거의 25년 동안 끊임없이 계속된 전쟁에 확실한 종지부를 찍고자 하는 의지를 굳혔다.

어쨌든 나폴레옹은 변화에 앞장서 유럽의 지도를 새롭게 짰을 뿐만 아니라 사람들의 머릿속에 '프랑스 제국'이라는 두려운 경험을 남겨 줌으로써 새 유럽의 앞날을 정한 놀라운 업적을 남겼다.

4 새로운 유럽, 새로운 정치

보수 정치가들의 바람과는 달리 1815년의 혼란은 시작에 불과했다. 이후 60년간 유럽의 지도가 어떻게 달라졌는지를 보면 이 사실을 쉽게 알 수 있다. 1871년 새로 통일된 독일이 강대국으로 부상한 즈음, 아드리아 해와 발트 해를 잇는 보이지 않는 경계를 기준으로 그 서쪽 지역 대부분은 민족을 단위로 국가가 구성되어 있었다. 물론 몇몇 소수 민족은 예외이긴 했다. 동유럽에서도 국민국가 색채를 띠는 몇몇 나라가 등장했다. 1914년에도 국민국가주의는 물러설 기미를 보이지 않았다. 발칸 반도 지역 역시 대부분 국민국가로 재편되어 가고 있었다.

이 시기에 새로 나타난 정치 운동의 하나인 국민주의는 이미 오래전, 대영제국 및 유럽 중소 국가에 나타난 바 있었다. 그러나 국민주의는 1815년에 새로운 정치 이론이 된 이후에야 거대한 승리를 일구었다. 지배자들의 이익이나 특권층의 특혜보다 대중의 이익이 더 중요하다는 새로운 사고가 퍼졌기에 국민주의는 승리할 수 있었다. 대중의 이익을 명시하고 보호하기 위한 사회적 움직임은 정당하다는 의식 또한 이 승리를 뒷받침했다.

낡은 사법 제도와 궁정은 더 이상 정치 현안을 해결할 수 없었다. 새로운 제도, 새로운 기관이 필요했다. 새로운 공무를 담당할 제

나폴레옹 제국의 패배 후 열린 빈 회의 풍경. 프랑스도 회의에 참석할 수는 있었지만 중요한 결정은 승리한 연합국의 권리였다. 프로이센은 라인 지방에 생긴 새로운 주들을 가져갔다. 이후 프로이센은 이 지역의 광물 자원을 토대로 역사상 가장 강력한 게르만족 국가로 성장하게 된다.

114 혁명의 시대

도의 기틀이 마련되는 데는 시간이 걸렸다. 가장 선진적인 나라라고 해도 제도 하나를 만들어 냈다고 해서 그러한 기틀을 닦았다고 볼 수는 없었다. 그보다는 원칙을 세우고 장려하는 과정을 통해 새로운 정치를 다져 나갔다. 국민주의는 왕정제 같은 낡은 원칙에 가장 강력히 반대하는 목소리 중 하나였다. 이른바 '역사가 깊은' 나라의 국민은 정부가 보호하고 대변해야 한다는 생각이 19세기 유럽 정치 담론의 상식이 되어 갔다. 물론 여기에는 길고도 신랄한 논쟁이 함께했다. 어떤 국민이 역사적으로 중요한지, 이 국민의 이해관계는 어떤 것인지, 정치가는 이들의 이익을 어느 정도나 중요시 여기면 되는지, 또 얼마만큼 중요하게 다루어야 마땅한지를 두고 의견이 벌어졌던 것이다.

국가의 성장

국민주의 외에도 여러 원칙들이 있었다. 국민주의, 자유주의 같은 용어도 사실 그보다 나은 마땅한 용어가 없어서 그렇게 불리는 것일 뿐이지 이 시기의 원칙들을 제대로 표현해 주는 말이라고 할 수는 없다. 여러 나라에서 보다 많은 사람들이 정치에 참여할 수 있도록 대표기관을 두었다. 물론 허울뿐인 경우가 많긴 했지만 말이다. 자유주의자, 민주주의자들은 하나같이 더 많은 사람에게 투표권을 줄 것을 요구했고 선거를 통한 대표자 선출을 주장했다. 경제가 발달한 나라에서는 점차 개인이 정치 조직, 사회 제도의 기반이 되어 갔다.

한 사람이 공동체, 교회, 직장, 가족 안에서 맺는 관계보다 그 자신이 한 개인으로서 가지는 권리가 더 중요해졌다. 그 결과 한 사람의 자유는 더 커진 동시에 더 줄어들기도 했다. 19세기 국가는 그 어느 때보다도 막강하

영국 시인 로드 바이런. 나폴레옹이 패배한 이후 정치적 자유를 위해 싸운 대표 인물로, 이 초상화에는 그의 낭만적인 풍모가 잘 드러나 있다. 그는 오스만 투르크 제국에 대항하는 그리스 독립전쟁에 참전했다가 말라리아에 걸려 36세의 나이로 세상을 떠났다.

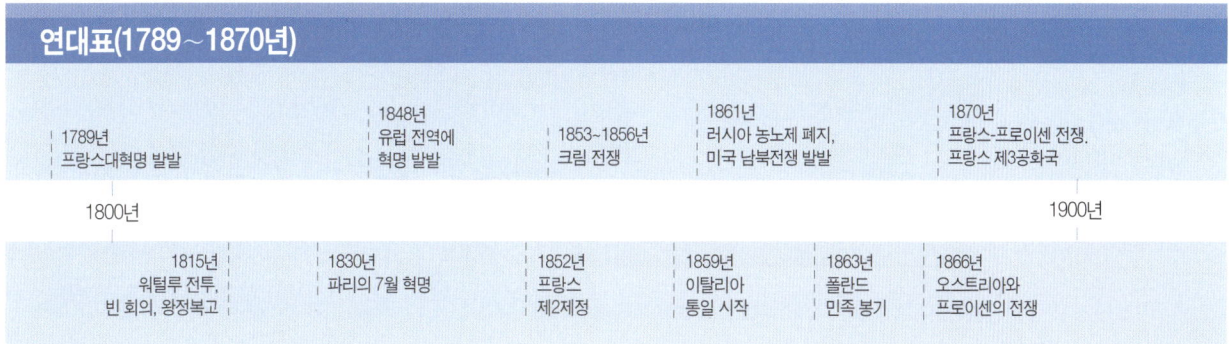

연대표(1789~1870년)

- 1789년 프랑스대혁명 발발
- 1815년 워털루 전투, 빈 회의, 왕정복고
- 1830년 파리의 7월 혁명
- 1848년 유럽 전역에 혁명 발발
- 1852년 프랑스 제2제정
- 1853~1856년 크림 전쟁
- 1859년 이탈리아 통일 시작
- 1861년 러시아 농노제 폐지, 미국 남북전쟁 발발
- 1863년 폴란드 민족 봉기
- 1866년 오스트리아와 프로이센의 전쟁
- 1870년 프랑스-프로이센 전쟁, 프랑스 제3공화국

게 국민에게 사법권을 행사했다. 또한 정치 조직이 서서히 전문성과 효율성을 갖추어 가면서 국가는 국민을 더욱 효과적으로 복종시킬 수 있었다.

프랑스대혁명의 파장

프랑스대혁명의 중요성은 물론 혁명이 낳은 변화에 있다. 그러나 이 혁명이 하나의 역사적 신화로 사람들에게 끊임없이 영향을 미치고 사람들 사이에 끝없는 이야깃거리를 만들어 냈다는 점 또한 혁명의 중요한 측면이었다. 1815년, 두려움과 희망 속에서 프랑스대혁명은 끝났다. 그러나 프랑스대혁명이 유럽 전체에 미칠 변화의 전모는 아직 드러나지도 않았다.

프랑스에서 먼저 사라진 제도들이 다른 여러 나라에서도 타격을 받고 해체되기 시작했다. 이 나라들은 프랑스대혁명 이전에 이미 사회적으로나 경제적으로 변화기에 접어들었기에 프랑스에서 몰려 온 혁명의 물결에 무방비일 수밖에 없었다. 그 덕분에 혁명적인 사상이 전파되고 혁명의 관습이 대물림될 수 있었다. 어쨌든 전 유럽에 혁명이 임박했다는 분위기가 가득했다. 이러한 상황에서 기존 질서를 고수하고자 하는 사람이나 혁파하려는 사람 모두가 정치 논쟁에 더욱 깊숙이 참여하며 1789년 프랑스 인권 선언의 대원칙인 국민주의와 자유주의에 적응해 갔다.

국민주의와 자유주의는 1870년 무렵까지 유럽 역사를 지배했으며 정치 운동에 활력소가 되었다. 이 원칙만으로 사람들이 바라는 모든 것을 이룰 수는 없었다. 원칙적 이상을 현실로 구현하는 데는 제약이 많았고 서로 부딪힌 적도 많았다. 물론 반대자도 수두룩했

1815년의 유럽

빈 회의를 통해 유럽의 국경이 다시 정해졌다. 프랑스는 1792년에서 1814년 사이에 점령한 영토의 상당 부분을 잃었다. 반면 프로이센, 오스트리아, 러시아의 영토는 넓어졌다. 벨기에와 네덜란드가 네덜란드 연방으로 하나가 되었고 노르웨이와 스웨덴도 통일되었다. 바르샤바 공국은 사라지고 38개의 자치주와 세 왕국으로 구성된 독일 연방이 탄생했다. 몰타와 이오니아 제도는 다시 영국령이 되었다.

다. 그러나 19세기 유럽의 역사는 실험과 시행착오, 새로운 발견을 통해 전 세계 역사를 변화시키고 있었고 그 가운데 국민주의, 자유주의는 풍요로우면서도 혼란스러웠던 이 시대 유럽을 가로지르는 중요한 축이었다.

빈 회의

프랑스 전쟁의 시대를 비로소 마무리한 뒤 유럽 각국은 19세기 국제 질서를 뿌리부터 뒤바꾼 빈 회의를 개최했다. 국민주의와 자유주의의 영향이 분명하게 드러난 빈 회의의 근본 목표는 다시는 혁명전쟁이 일어나지 않도록 예방하는 것이었다. 참여국들은 프랑스를 봉쇄하고 혁명을 예방하기 위해, 보수 진영의 사상적 핵심이었던 정통성의 원칙을 내세우고 영토를 확실하게 재조정했다. 협의 결과 프로이센은 라인 강 유역에 상당한 영토를 얻었고, 북쪽의 벨기에와 네덜란드는 네덜란드 왕이 통치하게 되었다. 제노바는 이탈리아 지역의 사르데냐 왕국에 귀속되었다. 오스트리아는 한때 자신의 영토였던 이탈리아 지역뿐만 아니라 베네치아의 지배권까지 인정받아 사실상 이탈리아 여러 주의 내정에 적극적으로 간섭할 수 있는 위치를 확보했다.

이 모든 결과에서 정통성보다도 더욱 강력한 기준은 각국의 '이익'이었다. 나폴레옹과 혁명군에 약탈당한 국가들은 보상을 받지 못했다. 그러나 강대국들은 하나같이 정통성을 주장했고 영토 재편 결과 정통성을 논한 효과가 어느 정도 있었다. 빈 회의로 여러 쟁점들이 평화롭게 해결되었다. 1815년 이 회의 이후 생겨난 정권들은 그 뒤 40년간 별 변화 없이 세력을 유지했다.

평화적인 조율이 가능했던 가장 큰 이유는 모두가 혁명에 몸을 사렸던 데에 있었다. 전후 '재건기'에 유럽의 주요 국가 어디에서나 가장 바쁜 사람들은 음모꾼과 경찰이었다.

빈 회의의 주역들을 그린 프랑스의 풍자 만화. 왼쪽에서 두 번째 인물인 영국의 외무장관 로버트 캐슬레이는 영국, 오스트리아, 프로이센, 러시아가 4자 동맹을 맺는 데 주역을 맡았다. 이후 이 네 나라는 유럽의 평화 유지를 위한 대표자 정기 모임을 가졌다.

무기력한 공권력을 비웃기라도 하듯 비밀 결사가 판을 쳤다. 이들은 넘어져도 넘어져도 다시 일어났다. 그런데 이것은 어떻게 보면 진짜 위협이 될 만한 파괴분자들은 없었다는 것을 뜻하기도 했다.

오스트리아 군대는 이탈리아의 피에몬테와 나폴리에서 일어난 무력 반란을 진압했다. 프랑스 군대는 자유주의 헌법으로 구석에 몰린 스페인 왕을 다시 세웠다. 러시아 제국은 군대의 모반 음모를 분쇄하고 폴란드 지역의 반란을 제압했다. 독일 지역에서 오스트리아의 지배력은 더욱 굳건해졌다. 사실 1848년 2월 혁명이 일어나기 전까지 독일에서는 합스부르크 전제 왕권에 반대하는 어떤 위험 요소도 찾아볼 수 없다. 빈 회의가 제대로 돌아갈 수 있었던 기반은 바로 러시아의 예비군 그리고 1815년부터 1848년까지 유럽 중부와 이탈리아를 지배했던 오스트리아 정규군이었다.

당시 자유주의와 국민주의는 서로 떼려야 뗄 수 없는 관계라는 인식이 널리 퍼져 있었는데 이것이 얼마나 터무니없는 오해였는지는 이후의 역사가 증명한다. 어쨌든 1848년 이전에도 이미 혁명을 통해 유럽을 바꾸려는 사람들이 있었는데 이들은 프랑스대혁명의 원칙들, 즉 대표 정부, 국민 주권, 개인과 언론의 자유 등과 민족주의 정신을 함께 추구함으로써 유럽을 변화시키려고 했다.

이 두 개념을 혼동하는 많은 사람들 중에 가장 유명하고 세간에 이름을 날린 사람은 이탈리아의 주세페 마치니*였다. 그는 이탈리아 사람 대다수가 바라지도 않는 이탈리아의 통일을 주장했고 이를 행동으로 옮기려다가 실패하기도 했다. 이후 100년이 넘도록 그는 전 세계의 민족주의자, 민주주의 정치가들에게 영감을 주는 선구자였으며 과격한 행동주의자들이 숭배하는 첫 번째 영웅이 되었다. 하지만 마치니가 살았던 당시에는 아직 그의 사상이 빛을 보지 못하고 있었다.

프랑스의 왕정복고

러시아, 오스트리아, 프로이센이라는 보수 강대국 세 나라가 맺은 신성동맹*의 세력이 미치지 못한 라인 강 서쪽 지역은 상황이 달랐다. 그곳에서는 빈 회의의 정통주의가 오래가지 못했다. 1814년 부르봉 왕조의 부활은 바로 정통주의가 절충된 결과였다. 루이 17세가 1795년 파리 감옥의 독방에서 죽은 뒤 왕위에 오른 루이 18세는 새로운 국면에서 프랑스 영토를 통치해야 했다. 그러나 왕당파들은 숨기고 싶었겠지만 그가 나폴레옹을 물리친 연합군의 짐마차를 타고 왕궁으로 돌아왔다는 사실은 모두가 알고 있었다. 이는 나폴레옹을 지지하는 프랑스 정계 및 군 고위층들이 받아들일 만한 조건, 그리고 아마 프랑스 국민 대다수가 인정할 만한 조건을 걸었기에 가능한 일이었다.

다시 세워진 왕정 체제는 비록 누구나 정치에 참여할 수 있었던 것은 아니지만 왕이 나라를 다스리도록 규정한 헌장을 두었다. 개인의 권리가 보장되었고 혁명 시기에 토지를 몰수, 판매하여 생겨난 새로운 토지 소유권도 그대로 유지되었다. 1789년으로 시간을

* **주세페 마치니(1805~1872)**
이탈리아의 정치지도자. 공화주의자로 이탈리아의 통일 공화국을 추구했다. 청년이탈리아당 및 청년유럽당을 결성하고 밀라노 독립 운동에도 참가했다. 빈곤한 망명 생활을 하며 여러 차례 군사행동을 일으켰으나 모두 실패했다.

* **신성동맹**
1815년 러시아의 알렉산드르 1세, 오스트리아의 프란츠 요제프 1세, 프로이센의 프리드리히 빌헬름 3세의 주도로 결성된 유럽 주권국 사이의 동맹. 그리스도교의 원리에 따라 각국의 일을 처리하는 것을 목적으로 내세웠으며 이후 유럽의 보수주의와 억압을 상징하는 주요세력이 되었다.

1830년 프랑스의 7월 혁명을 영웅적으로 묘사한 외젠 들라크루아(1798~1863)의 작품 '민중을 이끄는 자유의 여신'.

1814년, 루이 18세가 23년 간의 유배 생활을 끝마치고 프랑스로 돌아오는 모습을 그린 영국 회화. 그는 10년에 걸쳐 중용 정치를 펼치며 혁명이 낳은 제도와 나폴레옹 헌법을 존중했다.

거슬러 올라가기란 불가능했다.

그렇다고 미래가 확실하기만 한 것은 아니었다. 좌파와 우파는 헌장 자체를 두고 논쟁을 벌였다. 헌장이 왕과 국민 사이의 계약에서 나온 것인지 아니면 단지 국왕이 베푼 자비, 그래서 애초 쉽게 생겨난 것처럼 또다시 쉽게 철회될 수 있는 것인지에 대한 것이 논쟁의 주요 내용이었다. 뒤이어 좌파와 우파는 혁명기에 생겨난 자유의 본질이라든가 혁명이 낳은 지배 계급과 관련하여 의문스러운 점, 의문의 여지가 있을 법한 모든 논점을 두고 대립했다.

샤를 10세가 물러나다

한마디로 말해 프랑스대혁명이 실제로 어떤 성과를 낳았는가가 문제였다. 첫 번째 대답은 구체제 프랑스에서 발언권을 얻고자 투쟁했던 사람들이 결국 승리했다는 것이다. 상류층 부르주아였던 이른바 '유명 의원'들이 정치적 영향력을 강화했고, 혁명의 소용돌이에서 살아남은 나폴레옹의 추종자들이라든가 땅이나 돈이 많은 사람들이 프랑스의 진짜 지배 계층이 되었던 것이다. 두 번째 대답은 사회 내에 국가의 통제력이 강화되었다는 것을 들 수 있다. 이제 더 이상 그 누구도 그 어떤 집단도 국가 정부의 지배를 벗어나 독립적으로 존재할 수 없었다.

마지막으로 가장 중요한 변화는 프랑스인의 정치적 사고가 달라졌다는 것이다. 그중에서도 특히 프랑스의 정치 문제에 쓰이는 용어가 달라졌다. 우파와 좌파, 보수주의 세력과 자유주의 세력을 나누는 마땅한 기준이 무엇이든 간에, 정치 논쟁은 바로 그 두 세력 사이에서 이루어졌다. 이전처럼 절대적인 군주에게 조언할 권리를 어느 쪽이 가져갈 것인가 따위는 중요할 리 없었다.

정치 세력은 더 이상 군주의 힘을 목표로 하지 않는다는 것, 바로 이 점이 부르봉 왕가의 마지막 직계 국왕 샤를 10세가 깨닫지 못한 부분이었다. 그는 어리석게도 '7월 칙령'을 내려 출판의 자유를 폐지했으며 하원을 해산시키고 선거 자격을 제한했다. 그는 쿠데타나 다름없는 이 사건으로 자신을 옭아매고 있던 헌법의 굴레에서 벗어나 보려고 했다. 그러자 파

새로운 유럽, 새로운 정치 119

리 시민들은 여기에 저항해 '1830년 7월 혁명'으로 반기를 들었고 자유주의 정치가들은 앞 다퉈 군중의 선봉에 섰다. 공화주의자들이야 원통했겠지만 자유주의자들은 샤를 10세를 대신하여 다시 새 국왕을 세웠다. 바로 루이필리프였다.

루이필리프의 7월 왕정

루이필리프는 엄연히 프랑스 왕가의 한 줄기인 오를레앙 가문의 우두머리였지만 보수주의자들 눈에는 프랑스대혁명에 적극 동조한 혁명의 화신이었다. 루이필리프의 아버지는 나폴레옹이 공화파 군대의 장교로 전장을 누빌 무렵 루이 16세의 처형에 찬성표를 던진 인물이었다. 또한 그는 뿌리 깊은 음모단으로 악명이 높은 데다 실제로 프랑스대혁명의 유수한 지도자들을 배출한 자코뱅 당의 일원이기도 했다. 바로 그런 이유에서 자유주의자들은 루이필리프를 마음에 들어 했다.

비록 좌파 세력은 실망했지만 그가 왕정을 통해 혁명 이후 정국에 안정을 가져온 것은 사실이다. 루이필리프는 18년이라는 통치 기간 동안 탄핵 받을 짓을 하지 않았다. 그는 헌법 정신에 충실하여 정치적 자유라는 가장 중요한 자유를 수호했다. 그러나 그는 가

1830년 프랑스 7월 혁명의 '영광의 날들'의 한 장면. 경기가 침체되고 실업률이 높아지면서 25% 이상의 도시 시민이 생활 보호가 필요한 상태였다. 그러니 샤를 10세에 대한 대중들의 반발이 거셀 수밖에 없었다.

왕정복고

"나폴레옹이 죽자 신과 인간의 힘이 되살아났지만 그 힘에 대한 믿음은 없었다."

"당시까지 귀족을 미워하고 성직자에 강경하게 반대하며 왕에 대한 모반을 꾸미는 사람들이 있었다. 권력 남용과 편견에 저항하는 목소리가 높았던 것이다. 그러나 놀라운 것은 사람들이 미소를 지었다는 사실이다. 만약 귀족이나 성직자, 또는 왕이 곁을 지나간다면 전쟁에서 돌아온 소작농들은 머리를 흔들며 '아니, 왜 또 저 사람들이냐? 그래도 표정은 전혀 다르군!' 이라고 말할 것이다. 왕의 권좌와 교회의 제단에 대해서라면 '그것들은 길이가 몇 자 되는 나무일 뿐이지만 우리가 못을 박았고 또 우리가 못을 뺐지'라고 할 것이다. 또 '여러분, 여러분이 스스로 운명을 개척했고 스스로 당신네 국왕과 사제들을 다시 불러 들였소'라는 말을 들으면 '아니오. 저 허풍쟁이들은 우리가 안 불렀소'라고 대답하겠지. 누군가 '지난 일은 잊으시오, 일하고 복종하시오!'라고 하면 그들은 앉았던 자리를 떠날 것이고 그곳에는 분노가 내는 낮은 울림만 남을 것이다. 그런 말은 마치 오두막 한구석에서 이 빠진 무딘 칼날을 휘둘러대는 것과 같다. 그런데 그때 누군가가 서둘러 덧붙인다. '아니 그냥 그 자리에 앉아만이라도 있으시오. 아무도 당신을 괴롭히지 않는다오. 괴로움을 애써 찾아다니지 말란 말이오.' 불행히도 농부들은 이 말에 고개를 끄덕이고 만다."

"금세기의 모든 고통은 두 군데에서 시작된다. 1793년과 1814년이다. 이 시간을 겪은 사람들의 마음에는 두 개의 상처가 나 있다. 이 상처들은 이제 더 이상 존재할 수 없고 앞으로 존재할 수 없을 것이며 이미 존재하지 않는다. 더 이상 우리의 고통스러운 비밀을 찾으려 들지 말지어다."

알프레드 드 뮈세(1810~1857)의 『세기아의 고백』(1835) 중에서

진 자들의 이익을 보호했고, 루이필리프 정부는 가난이 들끓는 1830년대의 무질서한 도시를 강력하게 통제했다. 이 때문에 루이필리프는 좌파 진영의 지지를 잃었다.

어떤 저명한 정치가가 자기 지역 주민들에게 자급자족할 것을 주장한 적이 있었다. 그

오를레앙 공 루이 필리프(1773~1850)와 그의 다섯 아들이 군대 사열식을 끝내고 베르사유 궁전을 나오는 모습. 프랑스 화가 오라스 베르네(1789~1863)의 작품

는 투표권을 얻으려면 소득을 늘려야 한다는 뜻으로 이 말을 했으나 그 의도와 달리 심한 비난과 오해를 샀다. 실제로 1830년 당시 프랑스의 인구는 영국의 두 배가량에 달했음에도 국가의 대표자를 뽑는 투표권을 가진 프랑스 인구는 영국의 3분의 1밖에 안 되었다. 어쨌든 루이필리프의 7월 왕정은 이론상으로는 1789년 프랑스대혁명의 원칙이었던 국민주권에 바탕을 두고 있었다.

1830년대의 유럽

7월 혁명에 바탕을 둔 7월 왕정은 이념으로 분열되어 있던 당시 유럽 지형에서 특별한 입지를 다졌다. 1830년대의 유럽에는 영국, 프랑스, 스페인, 포르투갈 같은 법치 국가와 동쪽의 이탈리아, 독일 등 왕이 통치하는 왕정 국가 간에 분명한 차이가 나타나고 있었다. 보수국가들은 7월 혁명이 달갑지 않았다. 그들은 1830년, 벨기에 사람들이 네덜란드 왕에 반기를 들자 깜짝 놀랐지만 영국과 프랑스가 벨기에 편에 서고 러시아는 폴란드 민중 봉기 때문에 정신이 없었던 터라 네덜란드 왕을 나서서 도울 수 없었다.

벨기에는 1839년에 비로소 독립 국가로서의 지위를 확보했다. 스페인과 포르투갈의 내정 혼란이 유럽 외교 관계에 파장을 일으키기는 했으나 빈 회의가 성립된 1815년부터 유럽 전역에 혁명의 불길이 번진 1848년 사이에 유럽 지도에 나타난 변화는 벨기에 한 곳뿐이었다.

민족주의와 동방문제

유럽 남동부 지역에서도 점차 변화가 빨라지고 있었다. 서유럽 지역이 혁명의 정점으로 치닫고 있을 무렵 남동부 유럽에서는 이제 막 혁명의 시대가 열리고 있었다. 유럽 남동부의 세르비아에서는 1804년 부유한 상인 출신인 카라조르제가 지역 주민을 이끌고 베오그라드에 주둔해 있던 오합지졸의 투르크 군대에 대항하여 반란을 일으켰다. 당시 오스만 제국은 자국 내 반란군을 제압하기 위해 그의 반란을 묵인해 주려 했다. 그 결과 1817년 세르비아는 공국으로 독립했다.

오스만 제국의 투르크인들은 유럽 동부의 베사라비아를 러시아에 넘겨야 했고 그리스와 알바니아 지역에서도 지배력이 상당히 약화되어 있었다. 이들 지역에서 실질적인 권력은 이미 그 지역 고위 관리들의 손으로 넘어가 있었다.

이 순간, 아직 전모가 드러나지는 않았지만 사실상 19세기 동방문제가 시작되었다. 누가, 어느 나라가 무너져 가는 오스만 제국의 영토를 차지할 것인가? 유럽이 이 문제를 해결하는 데는 100년이 넘는 기간이 걸렸다. 그동안 유럽은 여러 분쟁을 겪고 한 차례 세계대전까지 치러야 했다. 오스만 제국의 아시아 영토에서는 오늘날까지 영토 분쟁이 계속되고 있고 이 분쟁은 그 시작부터 인종, 종교, 이념, 외교 문제 등이 어지럽게 엉켜 있었다.

빈 회의 당시 유럽 열강들의 협의로 진행된 영토 조정에 오스만 제국의 영토는 포함되지 않았다. 1821년 투르크인에 대항하는 그리스인의 혁명이 발발하자 러시아는 혁명군을 지지했다. 그리스인은 이슬람의 지도자인 술탄의 지배를 받는 그리스 정교회 신도였는데 이 가운데 다수가 산적이거나 해적이었다. 어쨌든 이 조치는 러시아의 보수주의 원칙과 어긋나는 것이긴 했지만 러시아는 남쪽 영토에 대한 오래된 집착이 있었고 종교 문제도 걸려 있었다. 신성동맹이 아무리 보수주의 노선을 따른다고 해도 술탄만은 지지할 수 없었던 것이다.

결국 러시아는 오스만 제국과 전쟁에 돌입했고 마침내 승리했다. 1832년 독립한 그리스는 발칸 반도의 여러 민족들에 민족주의라

▶1826년 오스만 제국의 투르크 군대가 아테네 북서쪽의 메솔롱기온을 격파한 사건을 회화로 표현한 외젠 들라크루아의 작품. 그리스가 도시의 폐허 위에 서 있는 여인의 모습으로 형상화되었다. 1827년 영국, 프랑스, 러시아는 그리스 독립을 지원하기 위해 해군을 파병했다.

투르크인들은 그리스의 독립 선언에 대해 1822년 키오스 섬 학살 사건으로 대응했다. 낭만주의의 대가 들라크루아는 이 작품을 비롯하여 당시 학살 사건을 애끓는 장면으로 재현한 그림을 여럿 남겼다.

는 새로운 사고방식을 전했다. 19세기 유럽의 동방문제는 민족주의를 두고 한층 더 복잡해질 게 분명했다.

1848년의 혁명들

1848년에는 새로운 혁명이 폭발했다. 간단히 말해 1815년 빈 회의로 결정된 국경선 거의 대부분이 흔들릴 참이었다. 1840년대에는 유럽 곳곳에 경제난, 식량 부족, 재난이 들끓었다. 특히 1846년에 아일랜드는 끔찍한 대기근을 맞았다. 1847년 중부 유럽과 프랑스는 극심한 불경기로 물자 부족에 시달렸다. 어디에서나 실업 문제가 심각했다.

결국 유럽 전역에서 폭력적이고 급진적인 움직임이 일기 시작했다. 하나의 소요 사태가 또 다른 소요 사태를 불러일으켰다. 한 번 일어난 사태들은 전염병처럼 번져 나갔고, 연이은 폭력 사태를 끊을 수 있는 국제적인 안전장치는 점점 헐거워졌다. 가장 큰 혁명은 1848년 2월 파리에서 일어났다. 루이필리프가 참정권 확대 반대 정책을 고집하다가 중산층의 지지를 잃고 왕위에서 물러난 사건이 일어난 것이다.

1848년 중반에는 영국 런던과 러시아 상트페테르부르크를 제외한 유럽 주요 정부 대부분이 각국 수도에서 완전히 밀려났거나 아니면 수세에 몰려 있었다. 1848년 2월 혁명으로 프랑스에 공화정이 등장할 즈음, 그간 무대에서 밀려난 혁명론자, 정치가들은 이미 힘을 되찾은 상태였다. 30년간 은밀히 꿈꿔 온 이상이 손에 잡힐 듯했다. 혁명의 '위대한 조국'인 프랑스는 다시 한 번 힘차게 전진할 것 같았고 대혁명의 구호가 곳곳에 울려 퍼질 것만 같았다.

그런데 현실은 예상을 크게 빗나갔다. 프랑스는 전통적으로 혁명 운동의 지원군 역할을 했던 폴란드인에게 손을 벌렸지만 폴란드 역시 어수선한 상황이었다. 폴란드는 누구도 손

1848년에 체코, 크로아티아, 슬로바키아, 폴란드, 헝가리, 이탈리아 인들이 반란을 일으키고 오스트리아로부터의 독립과 그들 민족을 인정해 줄 것을 주장했다. 1848년에 제작된 이 작품은 빈 시가에서 치안 유지 활동 중인 국가 경비대의 모습을 그린 것이다.

1849년 이탈리아의 통일이 선포되었다. 주세페 마치니가 이끄는 로마 공화당은 교황 피우스 9세를 쫓아냈지만 1850년에 프랑스 군대에 진압당했다. 훗날 이탈리아 애국자의 귀감이 되는 마치니는 이때부터 세력을 잃고 말았다.

델 수 없는 보수적 가치인 교황을 보호하기 위해 군대를 파견하는 데 그쳤다. 이 사건은 다가올 앞날을 암시하는 조짐과도 같았다.

1848년의 혁명들은 매우 다양한 상황과 목적에서 시작되었고 진행 과정도 제각각이었다. 이탈리아 및 중부 유럽 대부분 지역에서는 자유주의를 탄압하는 압제 정권에 맞서 항쟁이 일어났다. 이 저항 세력들은 하나같이 근본적인 자유를 보장하는 헌법을 요구했다. 1815년 보수주의 질서를 다시 세운 도시인 빈에서마저 혁명이 일어나자 회의의 의장이었던 외무부 장관 클레멘스 폰 메테르니히는 영국으로 망명했다.

빈 지역에서 혁명이 성공했다는 것은 중부 유럽 전체가 마비되고 전복되었다는 의미였다. 그 결과, 작은 나라들을 구체제로 묶어 두려 했던 오스트리아의 간섭에서 벗어난 독일은 마음껏 혁명을 추진할 수 있었다. 오스트리아의 지배 아래 있던 다른 여러 나라도 마찬가지였다. 이탈리아는, 야심가지만 분별력 또한 갖춘 보수주의자인 사르데냐의 왕 카를로 알베르토의 지휘 아래 롬바르디아와 베네치아에서 오스트리아군에 반항했다. 헝가리는 부다페스트에서, 체코는 프라하에서 반란을 일으켰다.

사태는 굉장히 복합하게 진행되었다. 입헌주의는 독재 왕정을 비판하는 원칙이었기에 때로 국가 독립으로 가는 하나의 수단으로 여겨지기도 했다. 그러나 이 시대 혁명의 궁극적 목표는 입헌주의라기보다 국가의 독립이었다.

1848년 혁명의 실패

만약 각 지역 자유주의자들이 이탈리아 및 중부 유럽의 각국 수도마다 입헌주의 국가를 수립했다면 그 나라들은 꽤 오랫동안, 어쩌면 오늘날까지도 독립국다운 국가 구조를 갖추지 못했을 것이다. 만일 슬라브족이 자기 민족끼리 독립을 이루었다면 독일 연방의 방대한 영토, 그러니까 폴란드와 보헤미아 등을 떼어 갔을 것이다.

사람들은 곧바로 이런 결과를 예상했다. 1848년, 독일의 자유주의자들은 문득 이 문제를 깨닫고 곧장 국민주의로 방향을 바꿨다. 이에 비해 이탈리아는 100년이 더 지나서야 티롤 지방의 민족 분쟁을 해결했다. 1848년 혁명을 일으킨 독일 내 자유주의자들은 국가를 위해서는 슬라브족에게 동쪽 영토를 내줄 수 없다고 결정했다. 그러므로 혁명은 사실상 실패했다. 그들은 강국 프로이센이 필요했고 독일의 미래를 위해 타협해야 했다.

1848년이 다 가기도 전에 혁명이 스러지고 있다는 증거는 독일 말고도 또 있었다. 오스트리아 군대는 이탈리아를 장악했고, 파리에서는 혁명을 민주주의 운동으로 발전시키려던 시도가 6월에 발생한 대규모 유혈 사태로 인해 꺾이고 말았다. 결국 보수주의가 공화정을 장악했고 1849년, 혁명은 종결되었다. 오스트리아는 이탈리아 혁명을 보호한 유일한 방패였던 사르데냐의 군대를 제압했다. 이탈리아 전역의 군주들은 오스트리아의 간섭 밖에서 세운 입헌주의적인 조치들을 철회했다. 프로이센이 이끄는 독일의 통치자들도 마찬가지였다. 크로아티아와 헝가리는 합스부르크 왕가를 강하게 압박했지만 그때 왕가를 지원하는 러시아 군대가 진군하여 혁명을 무산시켰다.

국민의 봄

자유주의자들은 1848년을 '국민의 봄'으로 생각했다. 그러나 말 그대로라면 '국민의 봄'에 돋아난 새싹은 얼마 자라기도 전에 시들어 버린 셈이다. 비록 몇 나라에는 중요한 변화가 일어났다 해도 1849년 말 유럽의 판도는 1847년과 별로 다르지 않았다. 국민국가주의는 분명 1848년 민중을 이끄는 원칙이었지만 혁명 정부를 지탱할 만큼 강력하지도 않았다. 또한 국민국가주의가 꼭 진보적인 에너지는 아니라는 것이 밝혀졌다.

국민국가주의는 실패했다. 그러므로 빈 회의를 만든 정치인들이 유럽 땅의 국민국가주의에 주의를 소홀히 했다는 비난은 옳지 않다. 1848년 혁명으로는 단 하나의 나라도 태어나지 않았다. 왜냐하면 어떤 나라도 태어날 준비가 되어 있지 않았기 때문이다. 국민이라는 것이 실제로 존재하고 있었는지는 몰라도, 유럽 대부분 지역 사람들은 국민국가주의를 추상적인 개념으로만 느끼고 있었던 것이 근본적 원인이었다. 국민국가주의를 추구하는 사람은 일부 배운 사람들, 소수의 깨친 사람들에 불과했다.

자기가 쓰는 언어, 전통, 종교를 통해 자신의 정체성을 느끼는 사람들은 민족 차이가 드러나는 사회 문제에 두각을 나타내기도 했지만 스스로 새로운 나라를 세우는 데까지는 힘을 쓰지 못했다. 예컨대 1847년, 동유럽 북부 갈리치아 지방의 소수 민족인 루테니아족의 소작농들은 합스부르크 왕가의 묵인 하에 거리낌 없이 폴란드인 지주를 살해했다. 이 일로 그들은 1848년 당시 합스부르크 왕가의 충실한 하수인의 역할을 맡았다.

이탈리아 민족주의 운동의 지도자인 주세페 마치니(1805~1872). 이탈리아가 군주국으로 통일된 후에도 공화정을 수립하기 위해 싸움을 계속했다.

1848년 독일 프랑크푸르트에서 열린 독일 국민 의회에 대표 600명이 참석했다. 당시 독일 국회는 국민주의 성향이 강했는데 의원 중 일부는 티롤, 보헤미아, 알사스, 스위스, 네덜란드를 아우르는 '보다 광대한 독일'을 만들자고 제의했다.

1845년부터 1847년까지 폴란드는 높은 실업률과 가파른 물가 상승으로 기아 상태에 빠졌고 도시에 폭동이 일어났다. 폴란드 브로츠와프 시장의 빵집을 습격하는 성난 군중을 그린 당시의 회화 작품.

민중 봉기

1848년에는 순전히 민중에 의한 봉기가 수차례 일어났다. 이탈리아의 경우, 소작농들보다는 도시인들이 봉기를 일으켰다. 롬바르드족 소작농들로 보자면 자기네 귀족 지주가 이끄는 혁명에서 아무 재미도 보지 못했기 때문에 오히려 오스트리아 군대가 돌아오는 것을 환영했을 정도였다. 독일 일부 지역, 그러니까 토지가 기반인 전통적인 농경사회가 고스란히 남아 있는 곳의 농민들은 1789년 프랑스 농민들처럼 지주의 저택을 불태웠다. 단지 사적인 감정을 풀기 위해서가 아니라 토지 임대와 지대, 강제 노동을 기록한 문서를 없애 버리기 위해서였다.

도시의 자유주의자들은 두려움에 떨었다. 1849년 6월, 일자리를 잃고 절망에 빠진 파리 노동자들의 봉기에 프랑스 중산층이 두려움을 느꼈던 것과 마찬가지였다. 프랑스 정부는 잠깐이나마 급진적 세력으로 부상했던 도시 빈곤층을 다스리는 데에 지방 세력을 단단히 의지하고 있었다. 1789년 이후 농민들은 대체적으로 보수 성향을 띠었기 때문이다. 그러나 보수 성향은 혁명 운동 내에도 이미 존재했다.

독일에서는 노동 계급이 일으킨 소동에 부유층이 깜짝 놀랐는데 그 이유는 노동 계급 지도자들이 운운하는 '사회주의'라는 용어 때문이었다. 사실 이들 노동자들이 꿈꾼 것은 중세적인 공동체였다. 그들은 수공업 상인 연합인 길드와 도제 제도*가 있는 편안한 세상을 그리워했고 반면 뱃사공의 일자리를 빼앗아 간 라인 강의 증기선이나 공장의 기계는 두려워하고 있었다. 일자리를 얻기 위한 무한 경쟁 시대를 연 이들 발명품은 간단히 말해 시장경제의 출발을 알리는 아주 또렷한 신호탄이었다. 1848년의 민중 봉기는 대중들이 시장경제의 자유주의를 달가워하지 않았다는 사실을 보여 주고 있었다.

민중 봉기의 영향

전체적으로 보아 1848년에 일어난 봉기들은

* **도제徒弟 제도**
수공업자 양성 제도. 길드 내부에서 후계자 양성을 위한 기술 훈련을 실시하고 동업자 간의 경제적 독점을 목적으로 만들어졌다. 상점 주인이나 독립된 장인으로 성장하기까지 도제에서 직인職人, 장인匠人으로 승격되는 3단계를 밟도록 구성되어 있다.

1848년 3월 23일, 베네치아 공화국은 산마르코 광장에서 오스트리아로부터의 독립을 선포했다.

정치적인 의미에서나 사회적 중요성에서나 하나같이 복잡하고 다양하다. 혁명 이후 사회 변화가 가장 심했던 곳은 동부와 중부 유럽의 시골이었을 것이다. 이들 지역의 지주들은 자유 시장경제를 도입하기 위해서, 그리고 민중 봉기에 대한 두려움 때문에 태도를 바꾸었다. 1848년 민중 봉기의 여파로 토지에 묶인 농노제는 러시아를 제외한 전 유럽에서 사라졌다.

60년 전 프랑스대혁명으로 시작된 농촌의 사회 혁명은 1848년, 동부 유럽 대부분 지역과 중부 유럽 전체에서 완성되었다. 이제 독일과 다뉴브 계곡 일대의 농촌은 개인주의적으로, 시장경제 노선으로 재건될 채비를 했다. 물론 아직 사회적 관습과 개인적 습관에는 봉건 제도의 흔적이 남아 있었지만 구시대의 봉건 제도는 사실상 유럽 전체에서 막을 내리고 있었다. 그러나 프랑스대혁명이 수립한 정치 원칙이 유럽 전체에 구현되기란 아직 요원한 일이었다.

크림 전쟁

서아시아 지역에서 투르크인의 영향력이 현저히 약해지자 그 사이 러시아는 세력을 강화하기 시작했다. 1815년 이후 지속된 평화가 이 순간 깨지고 말았다. 크림 전쟁은 여러 면에서 중요한 전쟁이었다. 이 전쟁은 영국과 프랑스가 투르크인과 동맹을 맺고 러시아와 벌인 싸움이었다. 전쟁은 발트 해, 러시아 남부 그리고 가장 치열했던 마지막 전장 크림 반도에서 벌어졌다.

동맹군은 크림 반도에 상륙하여 흑해에 주둔한 러시아군의 전략적 요충지인 우크라이나의 세바스토폴 해군 기지를 점령하려고 했다. 결과는 충격적이었다. 영국군은 러시아군이나 다른 동맹군과 마찬가지로 용감하게 싸웠다. 그러나 부실한 군 행정 체계가 확연히 드러났다. 이를 두고 영국 국내에 논란이 일어 급격한 개혁 바람이 불었다.

크림 전쟁이 낳은 우연의 산물이 또 하나 있다. 이 전쟁으로 간호사라는 영예로운 직

몽타주 기법으로 제작한 이 작품은 1855년 9월, 동맹군이 러시아와의 오랜 전투 끝에 빼앗은 크림 반도의 항구 도시 세바스토폴의 전투 장면을 그린 것이다. 크림 전쟁은 1815년에서 1914년 사이에 유럽에서 일어난 전쟁 중 가장 많은 사상자를 냈다. 크림 전쟁에서 사망한 67만 5,000명 중 80% 이상이 부상이 아닌 질병과 감염으로 목숨을 잃었다.

종이 세상에 알려진 것이다. 영국군의 의료 설비가 형편없다는 보도가 관심을 불러일으키다가 간호사까지 주목을 받은 결과였다. 플로렌스 나이팅게일이 설립한 간호사 양성소는 비록 상류층에 한정되기는 했어도, 중세의 수녀회 이래 처음으로 여성을 위한 직업 교육을 실시했다.

근대화라는 관점에서도 크림 전쟁은 눈에 띄었다. 처음으로 증기선과 철도가 전쟁 도구로 사용되었던 것이다.

이러한 결과는 역사를 길게 볼 때 매우 중요한 측면이긴 하지만, 단기적으로 보아 전쟁이 낳은 가장 큰 결과는 국제 관계의 변화였다. 전쟁에 패배한 러시아는 그간 투르크를 위협하며 누려온 이익을 한동안 누릴 수 없게 되었다. 그리고 이 전쟁으로 또 하나의 기독교 국가가 탄생했다. 1862년에 생긴 루마니아였다. 투르크족 땅에서 다시 한 번 민족주의가 승리를 거둔 결과였다.

그러나 전쟁 결과, 신성동맹이 사라져 버렸다. 투르크인들이 두고 갈 발칸 지역을 두고 18세기부터 으르렁거리던 오스트리아와 러시아 사이에 다시 한 번 싸움이 붙었다. 오스트리아가 러시아를 향해 전쟁 기간에는 점령하지 말라고 경고했던 미래의 루마니아, 즉 다뉴브 공국을 오스트리아 자신이 차지해 버렸던 것이다. 러시아가 헝가리 혁명을 진압하여 오스트리아 합스부르크 왕가의 부활을 도운 지 5년 만의 일이었다. 이로써 두 나라의 우호 관계는 끝났다. 이제 더 이상 오스트리아는 유럽 보수주의 세력의 수호자인 러시아의 힘을 빌릴 수 없었다.

크림 전쟁의 경과

크림 전쟁은 1853년에 시작했다. 갈수록 전세가 치열해졌고 1856년에야 끝이 났다. 러시아는 오스만 제국 투르크인들의 영토였던 해협들을 중동 진출의 발판으로 삼을 심산이었다. 이로 인해 이 해협들을 국제 교통로로 개방해야 한다고 주장한 영국과 직접적인 마찰을 빚게 되었다. 국력의 핵심이 강력한 해상 장악권과 해군력이었던 영국 같은 나라에게는 더없는 요충지였기 때문이다.

1855년까지 러시아군은 영국, 프랑스, 투르크 연합군과의 싸움에서 고전을 면치 못했다. 니콜라이 1세가 세상을 떠난 후 러시아 황제가 된 알렉산드르 2세는 화평을 요청할 수밖에 없음을 깨달았다.

1856년 파리 조약의 서명자로 참석한 전쟁 참여국들은 오스만 제국을 원래 모습대로 유지하는 것에 동의했다. 러시아는 몰다비아에 다뉴브 강 하구와 베사라비아 일부를 넘겨주었고, 1858년에 루마니아로 통일되는 몰다비아와 왈라키아, 세르비아는 유럽 열강들의 보호 하에 자치 지역으로 인정받았다. 러시아가 흑해에 전함을 주둔할 권리를 포기함으로써 흑해는 중립이 선언되었고, 이로써 각국의 교역선이 다뉴브 강을 드나들 수 있게 되었다.

크림 전쟁을 소재로 한 판화 작품. 크림 반도의 세바스토폴 동쪽에 주둔한 영국 군대

나폴레옹 3세

파리 조약이 맺어진 1856년, 오스트리아가 당장 위협을 맞을 것 같지는 않았다. 그러나 그로부터 10년 만에 오스트리아는 이탈리아, 독일과 벌인 두 차례의 짧고 격렬한 전쟁에서 패했고 이탈리아와 독일은 각각 통일 국가를 세웠다. 1848년의 혁명가들이 예언했던 대로 국민주의는 승리했다. 그들의 예언대로 합스부르크 왕가를 몰락시키고 국민주의가 우뚝 섰다.

그러나 이 승리는 혁명가들의 예언과 달리 혁명으로 얻어 낸 것이 아니었다. 그것은 그 누구도 예상하지 못했던 방식으로 이루어졌다. 당시 국제적으로 완전히 고립되어 있던 오스트리아를 제물로 삼아 세력을 강화하려고 했던 두 군주국, 언제나 영토 확장에 열을 올렸던 사르데냐와 프로이센의 야심이 작용한 결과였다.

오스트리아는 러시아의 동맹을 저버렸는가 하면, 프랑스는 또다시 나폴레옹이라는 이름의 황제가 통치하고 있었다. 그는 '원조' 나폴레옹의 조카로, 원래 프랑스 제2공화정의 대통령으로 선출되었다가 쿠데타로 공화정을 뒤엎어 버렸다. 나폴레옹은 그 이름만으로도 사람들을 놀라게 하는 경향이 있었다. 이 이름 자체의 국제 사회를 재편하려는 계획, 즉 혁명을 의미했기 때문이었다.

나폴레옹 3세(나폴레옹 1세의 아들이었던 나폴레옹 2세는 통치자의 자리에 오르지 못했다)는 프랑스를 옭아맨 1815년 빈 회의의 지도를 뭉개고자 했다. 자연히 이탈리아와 독일 뒤에 버티고 선 오스트리아의 지배를 무너뜨리는 게 나폴레옹의 목표였다. 그는 다른 통치자들에 비해 훨씬 직접적으로 국민주의를 이야기했다. 그는 실로 국민주의를 믿는 듯했다. 그는 군대와 외교를 동원해 위대한 외교 전문가인 사르데냐의 재상 콩트 디 카보우르와 프로이센의 재상 오토 폰 비스마르크를 지원했다.

독일과 이탈리아, 통일 국가가 되다

1859년, 프랑스는 먼저 사르데냐와 손을 잡고 오스트리아와 싸움을 벌였다. 이 짧은 전쟁으로 오스트리아는 베네치아를 제외한 이탈리아 전 영토를 잃었다. 사르데냐의 카보우르는 이 전쟁의 대가로 사르데냐의 영토였던 사부아를 프랑스에 넘겨야 했지만 그 대신 이탈리아 각 지역을 사르데냐에 합병하기 시작했다. 카보우르는 1861년에 세상을 떠났다. 그가 추구한 진정한 목적이 무엇이었느냐에 대한 의견은 지금도 분분하다. 어쨌든 이탈리아는 그 후 1871년까지 사르데냐 왕 아래에서 통일을 이룩했다.

1871년, 독일도 통일을 완수했다. 프로이센의 비스마르크는 1864년 덴마크를 상대로 성가신 전쟁을 벌이면서 독일 내 자유주의적 분위기를 다시 한 번 프로이센에 유리한 방향으로 모으면서 통일 사업을 시작했다. 그 2년 후 프로이센은 보헤미아에서 오스트리아 군대를 삽시간에 격파했다. 그 결과 마침내 1740년, 프리드리히 2세부터 시작된 독일 지역의 호엔촐레른, 합스부르크 양 왕가의 지배가 막을 내렸다.

나폴레옹 3세(1808~1973). 원래 이름이 루이 나폴레옹 보나파르트였던 그는 프랑스 공화정의 대통령이었다가 1852년 스스로 프랑스 제2제정의 황제가 되었다.

7주 정도 지속된 이 짧은 전쟁이 통일을 낳았다기보다는 이미 현실로 나타난 것을 전쟁으로써 마무리했다고 보는 쪽이 옳다. 이미 1848년부터 오스트리아는 독일 지역에서 지배력을 잃고 있었기 때문이다. 1848년, 독일 자유주의자들은 황제가 아니라 프로이센 국왕의 머리 위에 독일의 왕관을 씌우려고 한 적도 있었다. 그렇지만 일부 지역에서는 여전히 오스트리아에서 내려오는 지령과 보호 정책을 기다리고 있었다. 이제 그런 지역들에는 프로이센의 괴롭힘을 견뎌 내는 일만 남았다.

오스트리아의 합스부르크 제국에는 다뉴브 지역만 남았다. 외교 면에서도 남동부 유럽과 발칸 반도 지역 문제로 바빴다. 결국 오스트리아는 1815년에는 네덜란드에서 물러나고, 1866년에는 프로이센에 밀려 이탈리아에서도 손을 뗐다. 곧이어 독일에서도 물러나면서 독일은 자치 국가가 되었다.

전쟁이 끝나고 평화가 찾아오자 헝가리는 곧 합스부르크 왕가의 영토 가운데 절반을 이루는 영토에서 사실상 자치권을 획득하면서 이미 떨어진 왕가의 권위를 다시 한 번 바닥으로 끌어내렸다. 이로써 합스부르크 제국은 이중 제국, 즉 '오스트리아-헝가리 제국'이라는 어정쩡한 모양새로 바뀌었다. 이 두 나라는 왕조와 외교 정책 말고는 공유하는 것이 없었다.

프로이센, '두 번째 독일 제국' 건설

독일에는 진정한 통일을 위해서 한 가지 더 필요한 것이 있었다. 바로 프랑스의 세력을 물리치는 것이었다. 당시 프랑스는 라인 강을 넘어오는 프로이센 세력이 자국에 이익이 될 리 없음을 차츰 깨닫고 있었다. 그러나 조용할 날 없이 분열되어 있던 독일 대신 이제 하나의 중심적인 군사력이 지배하는 하나의 독일이 프랑스와 맞서고 있었다. 반면에 프랑스의 절대 권력자 리슐리외 재상의 시대는 소리 소문 없이 끝나 가고 있었다.

프로이센의 재상 비스마르크는 프랑스가

1859년 6월 8일 사르데냐, 피에몬테, 사부아의 황제 비토리오 에마누엘레 2세 황제가 밀라노로 개선 행진하는 모습을 그린 당대의 회화 작품. 1860년 실시된 국민 투표에서 이탈리아의 통일을 추진한 정치가 카보우르 백작이 세력을 얻은 결과 파르마, 모데나, 로마냐 그리고 토스카나 지역이 에마누엘레 2세의 이탈리아 연방에 편입되었다.

시칠리아와 나폴리 해방 운동을 이끈 주세페 가리발디(1807~1882)는 이탈리아 통일 운동 시대의 영웅이었다. 그가 카보우르의 지원을 받아 1860년 전쟁에서 승리하고 나폴리에 입성하는 장면.

프로이센에 전쟁을 선포하도록 유도했다. 새로운 독일에 대한 프랑스의 견제, 나폴레옹 3세의 취약한 국내 지지 기반, 프랑스의 국제적인 고립을 이용한 치밀한 계획이었다. 프로이센은 이 전쟁에서 승리를 거두고 독일 민족국가 건설의 피날레를 장식했다. 그동안 프랑스로부터 독일을 보호하는 데 프로이센이 주도적 역할을 했었다는 점에서도 그럴듯한 마무리였고, 아직도 나폴레옹 1세의 프랑스 군대가 독일에서 자행한 만행을 기억하는 사람들을 위해서도 흡족한 결과였다.

프로이센 군대는 프랑스의 두 번째이자 마지막 황제 나폴레옹 3세를 물리치고 독일 제국을 건설했다. 이 새로운 제국은 중세 동프랑크 왕국 이후 세워진 게르만족의 독일 제국과 구별하여 '두 번째 독일 제국'이라고 불렸다. 이 독일 제국은 사실 프로이센의 지배를 연방제로 바꾼 것뿐이었지만 독일 내 많은 자유주의자들이 이 새로운 독일 민족국가를 흡족하게 여겼다. 1871년 프로이센의 빌헬름 1세가 베르사유 궁전에서 제국 군주들로부터 황제의 관을 받아 쓴 순간 통일 독일이 출범했다. 놀라우면서도 수긍이 가는 사건이었다.

기울어 가는 혁명의 기운

지난 50년간 유럽의 국제 질서는 일대 혁명을 겪었다. 유럽뿐 아니라 전 세계의 앞날이 이 역사적인 변화에 영향을 받을 운명에 놓여 있었다. 17세기에 프랑스가 스페인을 밀어내고 유럽의 군사적 맹주가 되었듯이 독일은 프랑스를 대신하여 유럽 최고의 군사 강국 자리에 올랐다. 후에 유럽이 국제 관계의 현안을 결정하는 지배력을 잃는 순간까지 유럽 국제 사회는 독일을 정점으로 질서를 잡아 나갔다.

엄밀히 말해서 이러한 상황에 혁명 이론은 기여한 바가 그다지 크지 않았다. 카보우르, 비스마르크의 업적에 비하면 19세기의 혁명가들은 이룬 것이 거의 없었다. 심지어 나폴레옹 3세와 비교해도 볼품이 없었다. 이 시대에 혁명이 심어 준 희망과 공포가 어떠했는가를 생각하면 이러한 평가가 터무니없이 느껴지기도 한다. 그러나 사실이 그랬다. 유럽의 변두리 지역에 나타난 혁명적인 변화를 제외하면 이루어진 것이라고는 거의 없었다. 게다가 혁명의 기운은 이미 쇠퇴의 조짐을 보이고 있었다.

1848년까지는 음모, 모반, 군사 반란 등을 제외하더라도 수많은 혁명이 일어났다. 그러나 1848년 이후에는 혁명이 거의 일어나지 않았다. 1863년에 폴란드인들이 또 한 번 혁명을 일으킨 것이 1871년 이전까지 강대국의 영토에서 단 하나 눈에 띄는 사건이었다.

당시 혁명적인 움직임이 쇠퇴한 데는 그럴 만한 이유가 있었다. 프랑스 외에 혁명을 통

프로이센 국왕 빌헬름 1세 (1797~1888)가 1871년 1월 18일, 베르사유 궁전에서 독일 황제 자리에 오르는 모습.

해 무언가를 이룬 곳이 거의 없었고, 프랑스에서도 혁명이 지나간 후에는 혁명에 대한 환멸과 독재 정치가 뒤따랐기 때문이다.

혁명의 목표 중 일부는 혁명이 아닌 다른 방식으로 성취되었다. 이탈리아를 통일한 것은 카보우르 세력이었다. 그러니 혁명으로 통일을 이루고자 했던 마치니는 분개했을 것이다. 비스마르크는 독일을 누구도 부정할 수 없는 강대국으로 만듦으로써 1848년 독일 내 자유주의자들이 바라던 바를 이루었다. 경제 발전이 혁명의 목표를 대신 이룬 경우도 있었다. 사람들은 여전히 가난을 두려워했지만 19세기의 유럽은 점점 풍요로워졌고 점점 더 많은 유럽인들이 부를 나누어 가졌다.

격동의 1848년으로부터 얼마 후, 캘리포니아에서 광대한 금맥이 발견되었다. 이 금덩어리 덕분에 1850~1860년대 세계 경제는 활기를 띠었다. 이 시기에는 경제 발전에 대한 확신이 강해졌고 실업률은 낮아졌다. 사회에 평화가 깃드는 시절이었다.

강력한 중앙 정부의 등장

그러나 혁명의 물결이 잦아든 데는 보다 실제적인 이유가 있었다. 혁명을 끝까지 이루어 내기가 점점 더 어려웠던 것이다. 특히 사회 제도가 변했다. 정부는 점점 더 쉽게 혁명을 통제할 수 있었다. 예컨대 19세기에는 근대적인 경찰 제도가 마련되었을 뿐만 아니라 철도와 전보가 나타나 통신이 발달하면서 먼 거리에서 일어난 반란까지도 중앙 정부는 전보다 더 효과적으로 통제할 수 있었다. 그리고 무엇보다도, 이제 혁명군에 비해 정규군의 기술이 훨씬 더 우수했다.

프랑스 정부는 이미 1795년에 정부가 정규군을 갖추고 병력을 제대로 지휘할 수 있다면 수도를 제대로 통치할 수 있음을 보여 주었다. 1815년에서 1848년에 이르는 긴 평화 시기에 유럽 여러 나라의 군대는 국제전에 나서서 적군과 싸우기보다는, 자국 국민과 맞서기도 하면서 사회의 치안을 유지하는 활동에 힘썼다. 1830년과 1848년, 파리에서 혁명이 성

새로운 유럽, 새로운 정치 **133**

19세기 독일의 통일 과정(주요 사건들)

1806년 프랑스가 지배하는 지역의 영주 열여섯 명이 라인 연방 창설(1월 12일). 프란수아 2세, '신성 로마 제국의 황제'라는 칭호를 버림(8월 6일).
1815년 빈 회의 결과 38개 주권국으로 구성된 독일 연방 탄생.
1819년 프로이센, 영토 내에 균등 관세제 시행, 슈바르츠부르크-존더스하우젠과 관세 협약 체결(10월). 관세 동맹의 시작.
1844년 오스트리아를 제외한 독일 연방 대부분 지역이 관세 동맹 가입.
1848년 프로이센 국왕, 3월 시민혁명이 시작되자 프로이센이 독일과 하나가 될 것이라고 약속함. 5월 18일, 민주주의 선거로 구성된 최초의 전 독일 의회인 프랑크푸르트 국민 의회 개최.
1849년 프랑크푸르트 국민 의회, 헌법을 채택하고 프로이센 왕을 독일의 황제로 추대(3월 28일), 프로이센 왕이 이를 거절.
1850년 옛 독일 연방 부활.
1851년 하노버, 브런즈윅, 메클렌부르크, 관세 동맹 가입(이로써 오스트리아를 제외한 모든 독일 연방 국가가 동맹에 가입).
1863~1865년 덴마크, 슐레스비히-홀슈타인이 프로이센의 일부가 될 수 없다고 주장. 이에 따라 독일 국민주의자들이 바라던 대로 위기가 고조됨.
1866년 프로이센, 오스트리아와 전쟁을 벌이며 독일 연방 해체를 선언(7월 3일, 쾨니히그레츠), 자도바 전투에서 승리한 후 평화 조약 체결(8월 23일, 프라하 협약).
1867년 프로이센과 마인 강 북쪽의 독일 연방국 간에 조약이 체결되면서 프로이센이 주도하는 북부 독일 연방 탄생. 7월 8일, 관세 문제를 논의하고자 남부 독일 국가들과 북부 독일 의회를 포함하는 관세 의회 출범.
1870년 프랑스, 남부 독일 국가들의 지원을 받는 프로이센에 전쟁 선포(7월 19일), 프랑스 북동부의 스당 전투에서 참패(9월 1일).
1871년 프로이센의 빌헬름 1세, 전 독일 국가들의 협의 끝에 베르사유에서 독일 제국의 황제로 추대됨. 새로운 독일 연방 제국은 25개의 주로 구성되었으며 공동 의회인 제국 의회를 구성함.

공할 수 있었던 결정적인 이유는 정부군의 핵심 단위에 결함이 있었기 때문이었다.

정부가 군사력을 확보한 뒤에는 혁명군의 패배가 당연한 결과로 나타났다. 예컨대 1848년에 파리 노동자들이 벌인 6월 봉기 같은 전투가 그렇다. 이 전투를 직접 겪은 어느 목격자는 이 전투야말로 역사상 가장 위대한 노예 전쟁이라고 증언하기도 했다. 1848년부터 유럽의 주요 국가에서 정부에 맞서 일어난 민중 봉기는 단 한 번도 성공하지 못했다. 전투에서 패배하거나 체제가 전복될 상황에서도 정부는 전혀 흔들림 없이 군대를 장악했고 필요한 경우에는 단호히 군대를 투입했기 때문이었다.

민중 정권 파리 코뮌

정예 부대의 힘은 1871년 파리에서 생생한 모습으로, 그리고 참혹한 광경으로 드러났다. 체제에 반대하는 시위를 벌이던 시민들이 무참하게 희생된 것이다. 시민들을 무력 진압하는 일주일 동안 1793~1794년 공포정치 시기에 살해된 사람 수에 버금갈 만큼 희생자가 발생했다. '피의 일주일'로 불리는 이 대살육전으로 인해 파리 시민들이 수립했던 코뮌은 3만여 명의 희생자를 낳으며 붕괴되고 말았다.

'파리 코뮌'은 재산을 공유하는 주민 공동체로 다양한 급진주의자, 개혁론자들이 모여들어 수립한 민중의 정권이었다. 코뮌이라는 말은 중세 도시의 공동체 전통을 연상시키기도 했지만, 그보다는 1793년 혁명 열기의 중심이었던 파리 시의회와 더 관계가 깊었다. 이 의회의 이름이 '파리 코뮌'이었다.

1871년 파리 코뮌이 권력을 차지할 수 있

파리 코뮌이 붕괴된 다음날인 1871년 5월 28일 처형당하는 파리 코뮌 지지자들을 그린 '코뮌 전사들의 벽'.

었던 데는 몇 가지 이유가 있다. 먼저 프랑스 정부가 프로이센과의 전쟁에서 패한 뒤에도 파리 시민들이 적군의 포위를 방어하는 데 쓴 무기를 거두어 가지 못했던 것이 하나의 원인이 되었다. 또한 프로이센에 당한 패배로 마음에 상처를 입은 파리 시민들의 분노가 정부를 향해 맹렬하게 타올랐기 때문이기도 했다.

정부가 진압 작전을 준비하는 몇 주 동안 코뮌은 평화롭게 유지되었다. 그 기간을 포함하여 코뮌이 지속된 72일이라는 짧은 기간 동안 정작 코뮌을 통해 이뤄진 것은 거의 없었다. 다만 파리 코뮌은 노동자 계급과 혁명에 대한 다양한 표현을 만들어 냈다. 파리 코뮌은 순식간에 사회 혁명의 상징으로 자리 잡았다. 파리 코뮌이 대중 안에 이러한 지위를 차지했던 까닭에 프랑스 정부는 코뮌을 제압하기가 더욱 어려웠다.

정부는 파리를 재정복하기 위해 조국에 귀환한 전쟁 포로들을 모아 전열을 가다듬었다. 뒤이어 피비린내 나는 시가전이 벌어졌다. 얼기설기 만든 바리케이드는 순식간에 해체되었고, 정규군은 순식간에 노동자, 상인들로 구성된 시민군을 제압했다. 어쩌면 파리 코뮌이 참혹하게 실패했으니 혁명에 관한 신화나 혁명이 불어넣는 상상력은 이제 힘을 잃고 사라지지 않았을까 생각하기 쉽다. 그러나 그렇지 않았다. 지금까지도 파리 코뮌이라는 역사적 사건은 혁명을 믿는 사람들에게 하나의 거룩한 신화로 남아 있다.

| 사회주의 |

보수주의자들은 파리 코뮌 사건을 그들의 주장을 뒷받침하는 좋은 근거로 삼았다. 파리 코뮌은, 사회의 보이지 않는 곳에 숨어 있는 위협이 언제든 솟아오를 채비를 하고 있다는 사실을 환기시키는 중요한 사례였다. 혁명가는 혁명가들대로, 1789년에서 1849년에 일어난 혁명의 영웅들, 혁명의 순교자들 대열에 파리 코뮌의 영웅들을 추가했다. 무엇보

새로운 유럽, 새로운 정치

프랑스 화가 오노레 도미에(1808~1878)가 그린 '열차 삼등석'의 풍경.

다도 파리 코뮌으로 혁명 신화가 부활했다. 파리 코뮌을 통해 나타난 새로운 사상은 좌파, 우파 모두를 놀라게 했다. 그것은 바로 '사회주의'였다.

오늘날 사회주의, 사회주의자라는 용어는 대단히 폭넓은 의미로 쓰이고 있다. 이 용어들이 처음 나왔을 무렵에도 상황은 비슷했다. 1830년경 파리에서부터 널리 사용되기 시작한 사회주의, 사회주의자라는 말은, 시장 원리로 돌아가는 사회에 반대하고 가진 자들이 이익을 보는 자유방임주의적 경제 체제에 반대하는 사상, 또는 사상가를 뜻했다.

그때부터 지금까지 대부분의 사회주의자들은 사회주의 사상의 근간이 경제적·사회적 평등주의라는 데 동의해 왔다. 이들이 바라는 이상 사회에서는 어떤 한 계층이 사유재산으로 다른 계층을 지배하지 않는다. 이들에게 사유재산은 신성불가침의 영역이 아니며 불평등의 근원일 뿐이다. 일부에서는 사유재산을 완전히 폐지하자는 주장도 나왔다. "사유재산은 도둑질이다"라는 표어로 유명한 이들은 '공산주의자'라고 불렸다.

사회주의의 기원

사회주의 사상이 사람들에게 두려움을 주기는 했지만 딱히 새로운 것도 아니었다. 평등주의 사상은 인류 역사의 언제, 어디서나 사람들을 매혹시켰다. 그러나 중세 유럽의 종교 지도자들은 '굶주리는 자는 좋은 것으로 채우시고 부자는 빈손으로 보내시는 하느님'을 찬양하는 식으로 부와 신앙을 대조함으로써 손쉽게 불평등한 사회 체제를 고수했다. 19세기 초에 등장한 평등주의인 사회주의가 다른 점이 있다면 그것은 사회주의가 이전 평등주의와 달리 사회 체제를 흔들 위험이 있고, 또 사람들 사이에 널리 퍼져 나갔다는 점이었다.

사회 여러 분야가 발전하여 새로운 단계에 진입한 터라 이제 이 새로운 사회 양상에 대처하는 새로운 사상이 필요한 시점이기도 했다. 자유주의 정치 개혁이 성공한 결과 평등은 법에 명시되었지만 그것만으로는 문제를

19세기 영국의 회화 작품 '일등석 열차 여행'. 부유한 승객들이 최신식 열차 칸에서 호사를 누리고 있다.

해결할 수 없음이 드러났다. 다른 사람의 경제력에 종속된 가난한 이들은 실생활에서 평등을 보장받지 못하거나, 가난과 무지 때문에 평등한 대우를 받을 수 없는 경우가 많았다. 또한 18세기의 몇몇 사상가들이 이야기했듯이 사회가 최대 다수가 누릴 수 있는 최고의 행복을 생산하는 데 있어 빈부 격차는 불합리한 걸림돌이었다.

프랑스대혁명 당시에 이미 몇몇 사상가와 운동가들이 사회주의적인 사고라고 부를 만한 주장을 내놓았다. 그렇지만 평등주의가 근대적 의미의 사회주의로 넘어가기 위해서는 반드시 거쳐야 할 과정이 있었다. 산업화가 낳은 유례없는 경제적·사회적 변화에 대한 통찰이었다. 여기에는 굉장한 탐구가 필요했다. 유럽 내에는 벨기에를 제외하면 영국만큼 사회 변화가 또렷이 나타난 지역이 별로 없었기 때문이었다. 그러나 전통 사회에 나타난 변화는 이미 눈을 돌리기 힘들 만큼 어마어마했다. 그 덕분에 자본주의 경제의 집중화 과정이 시작되고 제조업이 발달하기 시작하는 모습은 아주 희미하다고 해도 잘 알아볼 수 있었다.

사회의 자본주의적 변화가 그 사회 체제에 미칠 거대한 영향력을 가장 먼저 이해한 사람 중 하나가 프랑스의 귀족, 클로드 생시몽이었다. 그가 사회주의 역사의 첫 장에 등장하는 이유는 기술·과학의 발전이 사회에 미치는 영향을 지적한 그의 독보적인 업적 때문이다. 생시몽은 기술과 과학이 발전함에 따라 계획경제 체제가 가장 중요해졌다고 생각했다. 뿐만 아니라 전통적인 지배층, 즉 농촌을 지배하는 귀족 계층 대신 새로운 상류층이 사회를 다스려야 한다고 생각했다. 새로운 경제 세력, 새로운 지식인들이 생시몽이 말하는 새로운 상류층이었다.

생시몽의 주장은 그보다 한층 폭넓은 평등주의를 주장한 1830년대의 수많은 사상가들에게 교본이 되었다. 이들은 윤리적인 기준에서나, 이성적인 관점에서나 생시몽의 주장이 옳다고 판단했다.

이 중요하고도 충격적인 사상은 많은 사람

▶사회주의 사상가 클로드 생시몽 백작(1760~1825). 프랑스 사회주의의 창시자로 불린다.

들의 마음을 사로잡았다. 프랑스 지배 계층이 1848년 6월의 시민혁명을 '사회주의 혁명'이라 여기며 두려움에 떨었을 정도였다. 사회주의자 대부분이 스스로가 프랑스대혁명 정신의 계승자라고 종종 생각했다. 또 사회주의 이상을 실현하는 것이 프랑스대혁명의 제2막이라고 생각하기도 했다. 지배자들이 사회주의를 두려워한 데에는 그럴 만한 이유가 있었던 셈이다.

공산당 선언

혁명의 전환기였던 1848년, 사회주의 역사에서 가장 중요한 소책자가 출간되었다. 널리 알려진 『공산당 선언』이 바로 그것이다. 저자는 젊은 유대계 독일인 칼 마르크스였고, 그의 조력자는 프리드리히 엥겔스였다. 이 책은 그 해 2월 런던에서 독일어로 발간되자마자 순식간에 영어, 프랑스어, 러시아어로 번역되었다. 이 책이 나온 순간, 사회주의에 진정한 역사가 새롭게 시작되었다. 마르크스는

서재에 앉아 있는 칼 마르크스(1818~1883). 19세기 작.

그의 선배들이 주창한 '공상적 사회주의'를 전면적으로 배격했다. 공상적 사회주의자는 산업화에 기반을 둔 자본주의는 '옳지 않다'는 이유에서 자본주의를 공격했으나 마르크스는 그것이 문제가 아니라고 주장했다.

마르크스는 사회 변화에 대해 도덕적인 '옳고 그름'을 따져 무엇이 옳다고 주장하는 식으로는 아무것도 얻을 수 없다고 말했다. 문제는 단 한 가지, 산업사회가 새로운 노동자 계급을 사회에서 가장 거대한 계급으로 만들어 낼 수밖에 없도록 진행된다는 데 있다고 했다. 그는 산업도시에 불안정하게 뿌리를 내리고 사는 임금 노동자를 '산업 프롤레타리아'라고 이름 붙였다. 그리고 이들에게는 혁명을 수행할 능력과 정신이 있으며, 이들은 혁명을 일으킬 수밖에 없다고 보았다. 마르크스는 그것을 역사의 '정방향'이라고 했다. 그리고 노동자가 현실에 대처하는 유일한 방법은 혁명이며 혁명은 성공할 수밖에 없다고 주장했다.

마르크스의 요지는 이렇다. 문제는 자본주의가 도덕적으로 그르다는 게 아니다. 자본주의 자체가 이미 구세대의 유물이며 이제 곧 없어질 운명이다. 모든 사회에는 그 사회만의 사유재산 제도 및 계급 체제가 있고 이에 따라 그 사회의 독특한 정치 질서가 나타난다. 정치 제도는 경제력을 드러내는 수단이며, 경제가 발전하면 사회의 특정 조직이 변화하고 따라서 정치 제도도 변화한다. 자본주의 사회가 봉건 사회를 무너뜨렸듯이 사회주의 혁명은 자본주의 사회를 무너뜨릴 것이다. 이상이 마르크스의 주장이며 예언이었다. 그리고 그는 이러한 혁명이 이제 곧 일어날 것이라고 믿었다.

종교화된 '마르크스주의'

사람들은 마르크스가 말하는 역사 진행의 필연성보다도 마르크스라는 사람을 향해 열렬한 반응을 보였다. 하지만 향후 20년간 활발히 벌어진 국제 사회주의 운동에서 그를 독보적인 존재로 만든 것은 다름 아닌 그의 이론이었다. 마르크스주의는 충격적이면서도 고무적인 사상이었다. 역사가 자신의 편이라는 믿음은 혁명가들에게 단단한 기반이 되었다. 그들은 불평등에 대한 저항과 분노, 질투, 충동 등 다양한 동기에서 시작된 운동이 어쨌든 결국 성공할 수밖에 없다는 사실을 기쁜 마음으로 이해했다. 이는 말 그대로 종교적인 믿음에 가까운 것이었다.

마르크스주의는 하나의 분석 이론으로서 훌륭한 지적 체계가 될 수 있었음에도 결국 대중을 위한 신화가 되고 말았다. "인류 사회는 생산 도구의 발전에 따라 진보한다", "이제 이 시대의 '선택된 민족'은 바로 노동자 계급이다. 노동자 계급은 '악'이 지배하는 세계를 끝장내고 역사의 필연적인 법칙에 따라 최고로 완성된 사회, 평등 사회를 이룩할 것이다"라는 것이 사회주의자들의 주장이었다. 사회주의 혁명가들은 마르크스의 이론으로 사회주의 '천년 왕국'을 향한 돌이킬 수 없는 전진을 완벽하게 설명할 수 있다고 자부했다. 그리고 그 이론에 따르면 굳이 애쓰지 않아도 자연스럽게 일어날 혁명 운동에 열심이었다.

마르크스 자신은 보다 신중하게 이론을 전개했다. 그는 자신의 이론을 역사의 세세한 전개가 아니라 역사의 거대한 변혁, 개인 차원에서 저항할 수 없는 변화에 적용시켰다. 대가라면 으레 그러하듯이 마르크스도 자신을 숭앙하는 사람들 따위는 상관하지 않았다. 그는 자신이 "마르크스주의자가 아니다"라고 선언한 적도 있을 정도였다.

마르크스주의 운동

이 새로운 종교는 노동자 계급 조직에 영감이 되었다. 벌써 몇몇 나라에 직종별 노동조합, 협동조합이 나타나 있었다. 1863년, 최초의 국제 노동자 조직인 소위 제1인터내셔널*이 조직되었다. 무정부주의자들을 비롯하여 마르크스 이론에 동의하지 않는 사람들도 다수 참여한 이 조직에서 마르크스주의는 권력의 정점에 섰다. 그는 이 협회의 서기를 맡기도 했다.

'국제노동자협회'라는 이 조직의 정식 명칭에 보수주의자들은 두려움을 느꼈다. 이들 중 일부는 이 조직이 이후 일어난 파리 코뮌에 원인을 제공했다고 비난하기도 했는데, 그 비난의 근거가 무엇이었든 간에 이는 정

* **제1인터내셔널**
정식 명칭은 국제노동자협회. 런던에서 최초로 창립된 노동자들의 국제 조직으로, 당시에는 아직 어느 나라에도 노동자 정당이 없었기 때문에 유럽과 미국의 노동조합, 협동조합, 노동자 교육단체, 사회주의자 등이 모여 조직했다. 이 협회를 통해 마르크스주의가 각국에 보급되었으며, 그 결과 이후 유럽과 미국에서 사회주의 정당이 출현했다.

마르크스주의 운동

"마르크스는 권위적이며 독재적인 사회주의자다. 그도, 우리도 원하는 것은 경제적·사회적 평등이다. 그러나 그는 국가를 통해, 국가 권력을 통해 평등을 실현하고자 한다. 마르크스는 강력한, 어쩌면 전제적인 임시정부의 통치로 평등을 실현해야 한다고 했다. 다시 말해 자유를 부정함으로써 평등을 실현하고자 한 것이다. 그가 생각하는 이상적인 경제 사회란 모든 땅과 자본을 오롯이 소유한 국가 사회이다. 그 사회의 땅은 농업 조합이 경작하여 넉넉한 보수를 받고, 조합 경영은 토목 기사들이 맡는다. 그 사회의 자본은 산업·상업 조합이 공동으로 운영한다. 그러나 우리는 국가를 폐지함으로써, 인간의 권리를 끝없이 부정하는 그 모든 '기본권'을 폐지함으로써 바로 그 경제적·사회적 평등을 이루고자 한다. 우리는 사회를 다시 세우고 인류의 통합을 이루고자 한다. 위에서부터 아래로 흐르는 권위를 통해서가 아니다. 국가라는 속박을 벗어 던지고, 모든 종류의 노동자가 자유롭게 연합하는 방식으로, 아래에서 위로 올라가는 길을 따르고자 한다."

러시아의 무정부주의자 미하일 바쿠닌(1814~1876)이 1872년에 쓴 서한 중에서

새로운 유럽, 새로운 정치

확한 지적이었다. 1848년 이후 사회주의자들은 자유주의자들이 시작한 혁명적 전통을 자기 것으로 만들었다. 또한 이들은 영국 이외 지역에서는 아직까지 딱히 모습을 드러내지도 않은 산업 노동자 계급이 혁명의 열쇠를 쥐어야 한다고 믿었다. 이것은 실패할 수 없는 혁명이었다.

이에 따라 프랑스 혁명기에 출현한 정치사상들이 노동자 사회에 유입되었다. 프랑스 대혁명과 사회주의가 얼마나 쉽게 만났는지는 마르크스가 그의 저서 『프랑스 내전』에서 파리 코뮌을 사회주의 식으로 재구성하고 신화화한 것을 보면 알 수 있다. 그러나 그 둘이 서로 잘 들어맞지는 않는다는 사실이 점차 드러났다.

사실 파리 코뮌을 만든 것은 복잡하고 다양한 여러 세력이었다. 그들은 마르크스의 '과학적 사회주의'는 물론, 평등주의와도 직접적으로 연관되지 않았다. 그러나 마르크스는 자신의 단단한 이론 구조 안에 파리 코뮌과 사회주의를 접목시켰다. 더군다나 파리 코뮌이 형성되었던 파리라는 도시는 대도시이긴 했지만 노동자 혁명이 무르익을 수 있는 거대한 산업 중심지는 아니었다. 그러나 그의 글에서 이러한 사실은 부각되지 않았다.

결국 파리 코뮌이란 혁명적이고 전통적인 파리 시민의 급진주의를 상징하는 최후의, 그리고 가장 훌륭한 사건이었다. 파리 코뮌은 무참히 실패했다. 그리고 사회주의 역시 파리 코뮌 이후 시행된 억압적인 조치들 때문에 함께 피해를 보았다. 그러나 마르크스

바이런의 『청동시대』

도움도 거절당하고 추위만 남아 있네.
그들이 머무는 건 오직 먹이가 필요할 때뿐
어처구니없는 이야기야.
거짓 친구는 성난 적들보다 해롭다는 걸
그리스가 말해 주네. 하지만 좋아,
그리스의 해방은 그리스의 몫이지,
양의 탈을 쓴 야만인의 몫이겠나?
백성을 억압하는 독재자가
노예들의 왕이 되어 민족을 해방하겠나?
차라리 오만한 이슬람교도를 섬기는 편이
카자흐스탄을 떠돌아다니는 대상들의 비위를
맞추기보다야 낫거든.
차라리 주인을 위해 싸우는 것이
기다림보다 낫거든.
러시아 관문 앞에서 노예 중의 노예가 되어
약탈자들은 사람을 돈 세듯 세고,
노예가 되기 위해서만 존재하는
숨 쉬는 영지 취급하고,
수천 명씩 짐짝처럼 부려져
러시아 황제에게 제일 아부를 잘하는 사람에게
상으로 주어지겠지.
금세 나타난 주인은 다시는 달콤한 꿈을
못 꿀 거야.
꾸는 꿈마다 시베리아의 오물들이 나올 거야.
차라리 자기만의 절망 앞에 무릎 꿇는 게 낫겠지.
곰을 먹이느니 낙타를 모는 편이 더 낫겠지.

바이런 경의 『청동시대』 제6권 중에서

바이런이 말하는 러시아의 차르. 오스만 제국으로부터 독립하려는 그리스를 방해했던 러시아 차르 (황제)에 대해 바이런은 이렇게 썼다.

니콜라이 1세(1796~1855)의 초상화. 그는 그의 선조들을 따라 군사력을 바탕으로 전제 정치를 펼쳤다. 그는 제국에 사는 모든 사람을 러시아인으로 삼고자 했다. 이러한 범 슬라브 민족주의 정책의 영향으로 로마 가톨릭과 신교도들은 러시아 정교 쪽으로 기울었다.

알렉산드르 1세(1777~1825)가 통치하던 시기 모스크바의 풍경. 1811년 표도르 알렉세예프가 그렸다.

는 파리 코뮌을 사회주의를 상징하는 핵심적인 신화로 되살렸다.

러시아의 니콜라이 1세

러시아는 유럽 내 다른 열강들을 괴롭혔던 혼란과는 상관없는 세월을 보냈다. 폴란드 지역만 가끔 문제가 되었을 뿐이다. 봉건제, 르네상스 또는 종교개혁 같은 역사적 경험과 마찬가지로 프랑스대혁명도 서유럽에서는 대사건이었지만 러시아는 또다시 이를 비켜 갔다. 1812년 나폴레옹이 러시아를 침략했을 당시, 황제 알렉산드르 1세는 자유주의 사상에 탐닉해 있었고 헌법을 제정할 생각도 한 적 있지만 그 뒤 실질적인 변화는 뒤따르지 않은 듯했다.

러시아 사회에는 1860년대에 이르러서야 공식적으로 자유주의의 물결이 일었다. 러시아에 자유주의 및 혁명 사상이 전혀 미치지 않은 것은 아니었지만 엄밀히 말해 이 변화가 혁명 사상의 영향을 받은 것은 아니었다. 알렉산드르 1세 재위 기간 동안 판도라의 상자는 열렸고 그 속에서 서유럽을 모델로 삼아 정권을 비판한 비평가 무리가 나타났다. 나폴레옹의 뒤를 좇아 파리로 간 군대의 장교 중 일부는 그곳에서 보고 들은 것들과 고국의 열악한 현실을 비교하게 되었다. 이들이 러시아의 정치를 비판한 최초의 세력이었다.

독재 정권 하에서 비판 세력이라 함은 곧 반역을 의미했다. 이들 중 일부는 비밀 결사를 조직하고는 1825년 알렉산드르의 죽음으로 인한 혼란기를 틈타 쿠데타를 시도했다. 이를 12월에 일어났다는 의미에서 러시아어로 12월을 뜻하는 '데카브리'에서 유래한 '데카브리스트의 난'이라고 불렀다. 쿠데타는 실패했지만 러시아의 황제 니콜라이 1세를 두렵게 하기에는 충분했다. 그는 정치적 자유주의를 무자비하게 자극하고 또 진압하려고 했다. 그리하여 이 중요한 시기에 러시아의 운명을 나쁜 방향으로 돌려 놓고 말았다. 또한 그는 러시아를 제자리에 꼼짝 못하게 가두어 둠으로써 표트르 대제 이후 가장

19세기 러시아의 귀족들은 점점 더 유럽인의 모습을 띠었다. 지식인들은 독일의 이상주의, 프랑스의 공상적 사회주의와 낭만주의에 빠져들었다. 1830년 상트페테르부르크 어느 저택의 응접실에서 차를 마시는 러시아 지식인들의 모습.

큰 영향을 미친 황제로 기록되었다.

니콜라이 1세는 전제 정치의 힘을 믿어 의심하지 않았다. 다른 보수주의 국가의 군주들이 마지못해 자유주의로 선회할 때도 러시아만은 전제적 관료주의 전통, 문화생활 통제 그리고 비밀경찰 통치를 더욱 견고히 했다. 물론 이 시기 러시아에서는 문학, 미술, 음악 등에서 서유럽과 구별되는 위대한 역사적 유산이 태어나기도 했다. 그러나 해결해야 할 문제들도 어마어마했다. 니콜라이 1세는 전제 정치라는 오래된 정치 양식을 선택했고, 자신의 선택으로 러시아의 문제를 해결하려고 했다.

러시아의 관제국민주의

러시아 제국의 인종적·언어적·지리적 다양성은 제국의 오랜 수도였던 모스크바의 전통이 수용할 수 있는 선을 넘기 시작했다. 1770년 이후 40년간 러시아의 인구는 두 배 이상 증가했다. 전에 없이 다양성이 활개 쳤지만 그러나 러시아의 발전은 매우 더뎠다. 도시라고는 찾아보기 힘들었고 도시라고 해도 방대한 농촌의 문화 중심지였다기보다는 거대한 임시 야영장처럼 일시적이고 변변찮은 기능을 하는 데 그쳤다.

당시 러시아는 남쪽과 남동쪽으로 가장 활발히 뻗어 나가고 있었다. 이곳에서는 새로운 상류층이 왕정 체제 하에서 서로 힘을 모아야 했다. 이들을 묶어 주는 가장 손쉬운 공통분모는 러시아 정교였다. 나폴레옹 전쟁으로 러시아 지식인들 사이에서 프랑스의 명성이나 프랑스 계몽주의 회의론의 권위가 어느 정도 사라져 버린 후, 니콜라이 시대 러시아의 사상은 다시금 종교를 강조하는 것에서 시작했다.

흔히 말하는 러시아의 '관제국민주의'는 슬라브인 중심주의 및 종교를 기치로 내건 관료주의였다. 러시아는 범 슬라브 민족주의를 바탕으로 13세기 모스크바 공국 시대 이래 처음으로 사상적 통일을 이룩했다. 국가가 공인하는 국민주의가 나타난 이 시기부터 러시아와 서유럽은 완전히 다른 모습을 보이기 시작했다. 러시아 사회주의가 마감된 20세기 말까지도 러시아 정부는 국가 통합의 원천이 국가적 사상이라는 믿음을 포기하지 않았다.

그렇다고 19세기 중반 러시아의 중산층과 대다수의 하층민의 현실이 동유럽이나 중부 유럽인의 모습과 아주 다르지는 않았다. 그러나 지식인들은 러시아가 유럽에 속하는지 아닌지를 두고 논쟁을 벌였다. 러시아의 역사적 기원이 저 멀리 서쪽에 있는 나라들과는 달랐으므로 이러한 논쟁이 엉뚱한 것은 아니었다.

게다가 니콜라이 황제의 집권 초기부터는 서유럽과 러시아가 완전히 달라졌다. 그가 지배하는 러시아에는 이미 19세기 전반 서유럽 절대 왕정 국가에 나타났던 변화들이 나타날 수 없었다. 러시아는 검열과 경찰의 나라였다. 장기적으로 보면 이 제도들은 근대화의 가능성을 완전히 막아 버렸지만 단기적으로는 큰 성공을 거두었다. 물론 러시아 사회에는 이런 제도들 말고도 근대화를 가로막는 여러 가지 장벽이 있었다. 러시아에서는 19세기가 끝나도록 단 한 차례의 혁명도 일어나지 않았다. 1830~1831년과 1863~1864년, 당시 러시아의 지배를 받던 폴란드인들의 반란은 무참히 진압되었다. 러시아인은 폴란드인과 뿌리 깊은 반감이 있었고, 그 때문에 폭동은 무력으로 쉽사리 진압되었다.

러시아의 영토 확장

러시아의 팽창에는 또 다른 면도 자리하고 있었다. 바로 야만적이고 미개한 농촌 사회에 끊임없이 자행되는 폭력과 무질서였다. 또한 점점 폭력성이 짙어지는 반란 모의들

푸슈킨이 말하는 상트페테르부르크

너를 사랑한다.
페테르의 창조물이여.
나는 사랑한다.
너의 엄숙하고 정연한 모습을,
네바 강의 힘찬 흐름을,
강변의 화강암 둑을, 고운 문양 새겨진 철책을,
생각에 잠긴 밤들의 투명한 어둠을, 백야의 섬광을.
내가 등잔불도 안 켜고 방 안에 앉아 독서와 글쓰기에 열중할 때
텅 빈 거리의 조는 건물들 뚜렷이 보이고
해군성의 첨탑 반짝반짝 빛나
한밤의 어둠이 황금 빛 하늘을 뒤덮을 새도 없이
반 시간이 채 못 되어 저녁노을은
아침노을로 바뀌어 버린다.
나는 사랑한다.
네 엄동설한의 얼어붙은 대기를, 눈서리를,
광활한 네바 강을 달려가는 썰매를,
장미보다 더 빨간 처녀들의 볼을,
무도회의 광휘와 소음의 담소를,
독신자가 베푸는 조촐한 주연의 쉬익 거품이 이는 술잔과
펀치 술의 새파란 불꽃을.
나는 사랑한다.
연병장에서 훈련을 받는 병사들의 기개를,
늘어선 보병과 기병의 일사 분란한 아름다움을,
정연하게 물결치는 대열 속에 나부끼는 승리의 깃발을,
전장에서 뚫린 저 청동 투구의 번쩍임을.
나는 사랑한다, 승전의 수도여.
북국의 황후가 옥동자를 낳으셨을 때,
러시아가 또다시 적을 물리쳐 승리를 축하할 때,
혹은 약동하는 봄이 찾아와 네바 강의 푸른 얼음 깨어져 바다로 흘러갈 때,
네 요새에서 피어나는 연기와 포성을.
빛나라, 페테르의 도시여.
러시아처럼 굳세게 서 있어라.
그러면 무서운 자연의 위력도
네 앞에 굴복하리라.
핀란드의 파도로 하여금
지난날의 원한과 굴욕을 잊게 하라.
부익한 석의로써
페테르의 영원한 잠을 깨우지 않도록!

1833년 알렉산드르 푸슈킨의 「청동 기마상」 중에서

새로운 유럽, 새로운 정치

이 이어져 정상적인 정치 체제나 정치 이론을 구현하기 힘들었던 것으로 보인다. 니콜라이를 싫어했던 비평가들은 그의 통치를 두고 빙하기라느니, 흑사병 창궐 구역이라느니, 감옥이라느니 하며 비난했다.

그러나 이전에도 그랬듯이 러시아는 국내에서는 혹독하고 무자비한 전제 정치를 고수하는 동시에 국제 사회에서 중요한 역할을 담당했다. 러시아의 막강한 군사력이 있었기에 가능한 일이었다. 당시 무기 수준은 총구에서 화약과 탄환을 밀어 넣는 방식인 전장식 총포가 대부분이었고 각국 군대 사이에 이렇다 할 만한 기술 차이가 없었다. 그러니 러시아가 보유한 엄청난 수의 병력은 그 자체로 위력적이었다.

1849년의 시민혁명 때 나타났듯 반 혁명주의 국제 질서는 상당 부분 러시아의 군사력 위에 세워진 것이었다. 러시아가 외교에서 거둔 성과는 여기에 그치지 않았다. 같은 시기 러시아는 중앙아시아의 아프가니스탄과 중국의 경계까지 압박하고 있었다. 러시아는 아무르 강 서쪽 유역을 손에 넣었고 1860년에는 블라디보스토크를 획득했다. 또한 페르시아를 공략하여 중요한 이권을 가져왔고 아르메니아의 일부와 그루지야를 복속시켰다. 러시아는 한동안 북아메리카 영토 확장에도 힘을 썼다. 알래스카의 항구들과 1840년대 이미 사회가 형성되어 있던 캘리포니아 북부를 노린 것이었다.

그러나 러시아 외교 정책의 초점은 남서쪽의 오스만 제국이었다. 1806~1812년, 1828년에 걸친 전쟁 결과, 러시아의 영토는 동부 유럽 부근의 베사라비아에서 프루스 그리고 다뉴브 강 하구까지 넓어졌다. 이제 누가 보더라도 19세기 유럽 국제 사회에서 오스만 제국의 영토 문제는 18세기 폴란드 영토 문제와 마찬가지로 가장 뜨거운 외교 문제임을 알 수 있었다. 하지만 두 문제는 근본적으로 달랐다. 오스만 제국의 영토는 18세기 때보다 많은 열강들이 이권을 두고 각축을 벌이는 장소였고, 투

발라클라바 항의 철길. 영국이 크림 전쟁 중 러시아로부터 발라클라바를 빼앗은 후에 그린 작품.

러시아 정교회는 19세기 러시아에 사는 대다수 농민의 생활에 중추 역할을 했다. 1878년 한 러시아 마을에 성화가 들어오는 장면을 묘사한 그림이다.

르크인의 민족 감정이라는 미묘한 요소 때문에 합의를 도출하기가 더욱 힘들었던 것이다. 결국 오스만 제국은 예상보다 훨씬 오래 버텼고 동방문제는 지금까지도 정치가들을 괴롭히는 이슈로 남아 있다.

제정 러시아의 변화

동방문제의 복잡한 정황 끝에 크림 전쟁이 발발했다. 전쟁의 발단은 러시아가 다뉴브 강 아래쪽에 있는 오스만 제국 영토를 점령한 사건에서 비롯되었다. 크림 전쟁은 그 어떤 나라보다도 러시아 내부에 가장 커다란 변화를 가져왔다. 전쟁 결과 1815년 빈 회의 당시만 해도 막강했던 러시아의 군사력이 이제는 전과 같지 않다는 사실이 드러났다. 러시아는 자국 영토인 크림 반도에서까지 패배했고, 러시아에게는 약속의 땅과 같은 흑해 연안을 포기한다는 강화 조약에 서명하는 처지가 된 것이다.

다행이라면 다행이랄 수 있는 것이 전쟁 중에 니콜라이 1세가 세상을 떠났다. 전쟁에 패배하면 사회는 변화가 강요되는데, 통치자가 바뀌는 덕에 러시아는 이 변화를 보다 순조롭게 받아들일 수 있었다. 전통적인 틀 안에서는 발휘될 수 없는 러시아의 어마어마한 잠재력을 다시 한 번 발휘하고 싶다면 러시아 스스로가 사회 제도를 근대적으로 탈바꿈해야 했다. 크림 전쟁 당시 모스크바 남부에는 아직도 철도가 없었다. 한때는 유럽 산업에서 중요한 부분을 담당했던 러시아의 산업은 1800년 이후 발전은커녕 도리어 유럽 다른 나라들에 추월당했다. 러시아의 농업은 세계에서 가장 비효율적이었는데도 인구는 꾸준히 늘어나고 있었다. 즉 자원 부족 문제가 심각했다.

새로운 유럽, 새로운 정치 145

봄에 밭을 갈고 있는 러시아 농민의 모습. 1820~1830년대 작품이다.

이런 상황에서 러시아는 마침내 급진적인 개혁의 물결에 휩싸였다. 러시아의 변화는 유럽 다른 국가들이 겪은 격동기에 비해 극적인 맛은 없었지만, 다른 곳에서 '혁명'이라는 이름으로 일어났던 많은 변화들보다 오히려 훨씬 혁명다웠다. 러시아 세계의 근간이었던 농노제가 드디어 뿌리 뽑혔던 것이다.

농노 해방

17세기 이래 러시아 사회사를 특징짓는 가장 중요한 특징이 바로 농노제였다. 니콜라이 황제마저 농노제가 러시아 사회의 악의 근원이라고 생각했다. 그의 통치 기간 내내 농노들은 폭동을 멈출 줄 몰랐다. 지주를 공격하고 곡식을 불태우고 가축의 다리를 잘라 버렸다. 소작료를 바치지 않겠다고 거부하는 방식은 농노제에 대한 가장 온건한 반항이었다.

그러나 역사적으로 형성된 거대한 제도를 개혁하기란 역시나 어려운 일이었다. 러시아 국민은 대다수가 농노였다. 법률이 바뀐다고 해서 이들이 하룻밤 사이에 임금 노동자나 소규모 자작농이 될 리 없었다. 농노가 해방되어 장원제 노동에 공백이 생길 경우 그것을 대체할 마땅한 수단도 없었고 국가가 그 모든 부담을 고스란히 떠안을 수도 없는 상황이었다. 니콜라이는 그런 부담을 감수하면서까지 농노제를 폐지하려고 하지는 않았다.

하지만 알렉산드르 2세는 달랐다. 그는 농노제 폐지에 대한 다양한 방안들과 그로부터 생길 수 있는 장점 및 폐단들을 수년간 연구한 끝에 1861년 농노제 폐지를 단행했다. 이는 러시아 역사의 신기원이었으며, 알렉산드르에게 '해방 황제'라는 칭호를 부여한 대사

* **바지barge선**
운하, 하천, 항구 등에서 사용하는 밑바닥이 평평한 화물 운반선. 용도에 따라 화물을 운반하는 배와, 대형 선박이 항구에 배를 댈 수 없을 때 화물을 싣고 내리기 위해 사용하는 배로 나뉜다.

러시아의 위대한 자연주의 화가 일리야 레핀(1844~1930)의 그림. 1870년대 볼가 강의 노동자들이 바지선*을 끌어올리는 장면이다.

일리야 레핀의 1880년경 작품. 러시아 쿠르스크 시에서 있었던 종교 행렬 광경이다.

건이었다. 러시아 정부가 사용하는 유일한 전술은 다른 의견을 용납하지 않는 전제 군주의 권위였다. 알렉산드르는 이 힘을 좋은 방향으로 발휘한 셈이었다.

농노제가 폐지됨으로써 농노들은 속박의 사슬을 끊고 자유를 누리게 되었다. 또한 그들은 토지도 할당 받았다. 하지만 해방된 농노들은 원래 지주의 땅이었던 이 땅에 배상금을 지불해야 했다. 그것은 지주들이 이 새로운 변화를 받아들이도록 하기 위한 조처였다. 상당수 소작농들은 배상금을 돌려받았고 갑자기 들어선 자유노동 시장의 위협에서 스스로를 보호하기 위해, 가족 단위로 토지를 분배 받는 마을 공동체에 남았다. 이런 식의 정착에는 곧 엄청난 결점이 생긴다. 그러나 거기에는 긍정적인 결과가 더 컸기에 농노제 폐지는 위업이라고 평가할 수 있다.

그로부터 몇 년 후 이번에는 미국이 흑인 노예를 해방했다. 노예 해방 전 흑인 노예 숫자는 러시아 농노의 숫자에 훨씬 못 미쳤고 또 미국이라는 나라는 러시아에 비해 경제적으로 훨씬 가능성이 많은 나라였다. 하지만 흑인 노예들을 자유방임주의가 지배하는 노동 시장에 밀어 넣은 순간, 현대 미국이 씨름하고 있는 여러 문제들이 시작되었다. 러시아 역사상 가장 규모가 큰 사회 개혁이었던 농노제 폐지는 미국의 남북전쟁 같은 혼란 없이 이루어졌다. 이로써 지구상의 최강대국이 될 수 있는 잠재력을 갖고 있던 러시아는 근대화를 앞당겼다. 그리고 이제야 비로소 소작농들은 그들이 매여 있던 토지를 넘어, 산업 현장에서 일자리를 구할 수 있게 되었다.

개혁의 시대

농노 해방은 곧 개혁의 시대로 이어졌다. 1870년까지 러시아는 지방 자치적 대의제를

1861년 프랑스 서적에 삽입된 삽화. 러시아 귀족과 그의 농노들을 다소 낭만적인 모습으로 묘사했다.

구성하고 사법 제도를 개혁하는 등 후속 조치를 단행했다. 1871년에는 프랑스와 프로이센이 전쟁을 벌이는 것을 틈타 크림 전쟁 이후 흑해 연안을 묶어 두었던 여러 규제들을 철회시켰다. 이 조치는 유럽 국가를 향한 경고였다. 가장 큰 골칫거리였던 농노제 문제를 해결하고 사회 제도들을 근대화하기 시작한 러시아가 앞으로는 어떤 경우에라도 남의 간섭을 받지 않겠다고 선포한 것이었다. 러시아가 오랫동안, 꾸준히 추진해 온 팽창 정책을 근대 역사에서 재개하는 것은 이제 시간문제였다.

5 | 앵글로색슨 세계의 도약

유럽 민족을 통틀어 영국 민족, 즉 앵글로색슨족만큼 전 세계에 자기 혈통을 널리 퍼뜨린 민족도 없을 것이다. 19세기 말까지 영국은 전 세계에 걸친 '앵글로색슨 세계'를 창조해 냈다. 앵글로색슨 세계는 유럽 세계에 속한 하나의 하위 문명인 동시에, 유럽 대륙의 문명과는 다른 방향으로 전진하는 구별된 문명이었다. 앵글로색슨 세계는 캐나다, 오스트레일리아, 뉴질랜드와 남아프리카공화국 등지의 영국 식민지로 구성되어 있었다. 그리고 이 세계의 중심은 대서양을 사이에 둔 두 강대국이었다. 19세기의 최강대국 영국과 20세기에 그 자리를 이어받을 미국이었다.

| 영국과 미국의 공통점 |

대서양을 사이에 둔 이 두 나라는 한눈에 보아도 아주 다른 모습이다. 또 두 나라의 차이를 부각시킴으로써 이득을 본 사람도 많다. 이 때문에 19세기에 영국과 미국이 얼마나 비슷한 특징을 보였는지에 대해서는 주의를 기울이지 않기 십상이다. 물론 한쪽은 왕조 국가였고 다른 한쪽은 공화국이었으므로 근본적인 정치 체제는 달랐다. 그러나 양쪽 모두 독재자 한 사람이 좌지우지하는 전제주의를 벗어난 민주주의 국가였다. 유럽 대륙을 휩쓴 혁명의 물결을 이 두 나라는 피해 갔다는 공통점도 있다. 앵글로색슨 사회의 정치 제도는 19세기 여느 나라와 마찬가지로 급속히 변화했다. 하지만 이 두 나라의 정치 세력은 유럽 대륙의 정치 세력과는 성격이 달랐고 나라가 변화하는 과정도 달랐다.

영국과 미국의 유사성은 일단 두 나라 문화 속의 공통적 요소에서 찾아볼 수 있다. 이 두 나라는 스스로가 생각하는 것 이상으로 비슷한 점이 많다. 이들의 별난 관계를 알 수 있는 대목이 있으니, 바로 미국인들이 거리낌 없이 영국을 '모국'이라고 불렀다는 것이다. 미국 문화에서 영국의 문화유산, 영국의 언어

포드 매덕스 브라운의 '영국에 작별을 고함' (1855). 유럽을 떠나 신대륙으로 향하는 사람들 마음속의 슬픔, 희망 같은 것을 한 장면으로 담아냈다.

뉴욕 시의 브로드웨이 풍경. 1840년에 제작된 작자 미상의 판화다. 이 당시 뉴욕 주는 미국에서 가장 인구가 많은 주였고 뉴욕 주의 주요 도시들은 미국에서 가장 중요한 무역, 교통, 산업의 중심지였다.

는 오랫동안 독보적인 위치를 차지했다.

19세기 후반에 이르러서야 영국 이외 지역의 유럽인들이 미국에 대거 유입되었다. 사실 19세기 중반에는 이미 미국인 중 상당수가 유럽 혈통이었다. 그러나 미국 사회를 이룬 주요 세력은 오래도록 앵글로색슨 혈통이었다. 미국 대통령 중 영국 및 스코틀랜드, 아일랜드 지방 출신이 아닌 대통령은 1837년 취임한 제8대 대통령인 네덜란드 혈통의 마틴 밴 뷰런이 처음이었다. 그다음으로는 1901년 취임한 네덜란드계 시어도어 루스벨트가 있었고 지금까지 영국 혈통이 아닌 대통령이 취임한 경우는 고작 네 번뿐이었다.

긴밀한 경제 관계

식민지 시대 이후 양국 관계는 감정적으로, 때로는 폭력적으로 흘러갔다. 어쨌든 이 두 나라는 항상 복잡한 관계였다. 하지만 그것이 전부는 아니었다. 영국과 미국은 경제적으로 긴밀하게 얽히고설켜 있었다. 미국의 독립 이후 두 나라 사이의 교역은 사람들 우려대로 줄어들기는커녕, 오히려 점점 더 늘어났다. 영국 자본가들은 빚을 갚지 않는 나라들 때문에 계속해서 형편이 꼬이고 있었으나 그 와중에도 미국의 경제적 가치는 알아보았다. 영국의 자본가들은 미국 내 철도, 은행, 보험에 집중적으로 자본을 투자했다. 그 과정에서 두 나라의 상류층 인사들은 서로에 대해 미운 정, 고운 정을 함께 느끼는 사이가 되었다.

영국인들은 미국인의 생활이 상스럽고 촌스럽다며 까다롭게 평했지만 미국의 에너지, 낙천주의, 잠재된 가능성에 대해서는 거의 본능적으로 열광했다. 미국인들은 영국인들이 왜 왕조나 세습 작위 같은 것에 집착하는지 이해하기 힘들어했지만 영국의 문화, 영국 사회의 불가사의한 매혹을 이해하는 데는 또 열심이었다.

지리적 고립성

유럽 대륙 사람들은 미국과 영국의 어마어마한 차이점보다도 두 나라가 보이는 공통점에 더 놀라워했다. 무엇보다도 미국과 영국은

앵글로색슨 세계의 도약 151

미국 경제 성장의 핵심은 대서양 무역이었다. 대서양을 횡단하는 증기선 '그레이트 웨스턴'호가 1850년 로드아일랜드 주의 브리스톨 항을 출발하는 모습

모두 자유주의적이고 민주주의적인 정치 제도, 압도적인 경제력과 군사력을 지닌 국가였던 것이다. 두 나라는 아주 다른 환경에서 각자 이것들을 이루었지만 적어도 한 가지 공통점은 있었다. 두 나라 모두 지리적으로 고립되어 있었다는 것이다.

영국과 유럽 사이에는 영국해협이, 미국과 유럽 사이에는 대서양이 있다. 이 지리적 단절 때문에 유럽 쪽에서는 미국이라는 신생 공화국의 국제적인 잠재력과 미 서부의 엄청난 가능성이 잘 보이지 않았다. 1783년 미국의 독립을 인정한 파리 조약에서 영국은 미국인들이 영토 개척으로 얻는 이익을 보전할 수 있도록 했다. 이로써 바야흐로 미국의 거대한 영토 확장 시대가 열렸다. 당시에는 미국의 영토가 어디까지 확장될 것인지, 그 과정에 어떤 다른 열강들이 개입하게 될 것인지가 불분명했다. 여기에는 지리적 정보가 부족했다는 점도 작용했다. 미국의 서쪽에 무엇이 있는지 정확히 아는 사람이 없었기 때문이다. 이후 수십 년간 미국인들은 동부의 산맥을 넘어 서쪽으로 마음껏 땅을 넓혀 갔다. 그렇지만 1800년 당시 미국의 영토라고 했을 때 가장 상징적이고 실제적인 중심축은 동해안 및 오하이오 계곡 일대였다.

미국의 외교적 고립

신생 미국의 정치가들은 뚜렷한 정치적 성향이라 할 만한 것은 없었지만 어쨌든 대륙에 들어와 있는 프랑스, 스페인, 영국과 관계를 맺어야 했다. 하지만 국경 문제만 잘 해결된다면 외교적으로 고립 상태를 유지하면서 또 이를 이용해 이득을 볼 수도 있었다. 미국인이 다른 나라 문제에 관심을 가질 이유라고는 자국의 무역과 국방 문제와 관련이 있을 때, 그게 아니라면 미국 내 문제에 다른 나라가 간섭할 때밖에 없었기 때문이다.

프랑스대혁명 후 한동안 미국의 정치 문제에 다른 나라가 끼어드는 듯했고 이 때문에 충돌이 빚어지기도 했다. 그러나 신생 공화국 미국이 가장 촉각을 곤두세운 문제는 무역과 국경이었다. 이 두 문제 때문에 미국 국내 정치에 여러 번 분란이 일어났고 앞으로도 다시금 분란이 일어날 소지가 다분했다.

다른 나라 문제에 개입하지 않겠다는 미국의 성향은 이미 1793년부터 뚜렷이 드러났다. 이때 미국은 중립 선언을 발표하고 프랑스대혁명 이후 영국과 프랑스의 전쟁에 개입한 미국 시민은 그 개입 형태가 어떠했건 간에 미국 법정에 기소한다는 방침을 정했다. 이렇게 미국의 일반적 성향으로 자리 잡은 불개입 정책이 1796년, 조지 워싱턴의 유명한 연설에 나타났다. 미국의 초대 대통령 조지 워싱턴이 자신의 두 번째 임기가 끝나갈 무렵 발표한 '친구들과 친애하는 시민들에게'라는 연설이었다.

워싱턴은 이 연설에서 공화국의 외교 정책이라면 마땅히 이루어야 할 목표들 그리고 그 목표를 이루기에 적합한 방법들에 대해 이야기했다. 후대 미국 정치가들과 미국의 국민 정서는 워싱턴의 이 연설로부터 깊은 영향을 받았다. 오늘 이 자리에서 돌이켜볼 때 워싱턴의 연설에서 특히 신기한 점이 있다면 극도로 부정적이고 수동적인 그의 말투다.

"다른 나라를 대함에 있어서, 우리에게 이득이 되는 가장 근본적인 행동 법칙은……" 이라며 운을 뗀 그는, "정치적으로는 그들과 가능한 한 멀찍이 떨어져 있으면서 교역을 늘려 나가는 것입니다"라고 연설을 이어 갔다. "유럽의 주된 관심사는 우리와 전혀 관계가 없거나 아주 조금밖에 관계가 없습니다. 멀리 떨어진 우리나라는 그들과는 다른 길을 가게 될 것입니다. …… 본질적으로 우리의 정책은 세계 어떤 나라와도 영원히 동맹 관계를 유지하는 것입니다." 또한 워싱턴은 특정 국가와는 영원히 또는 특별히, 적대 관계나 우호 관계를 맺어야 한다고 생각하는 미

미국과 영국은 1814년 12월 28일 겐트에서 평화 조약을 맺었는데 이 소식이 전장에는 늦게 전달되는 바람에 미국의 토머스 잭슨 장군은 1815년 1월 8일, 뉴올리언스에서 영국군과 전투를 벌였다. 잭슨 장군은 흙 보루, 목화 곤포를 바리케이드로 사용하여 30분 만에 전투를 승리로 이끌었다. 이 전투에서 영국군 사상자는 2,000명이 넘었고 잭슨은 국민 영웅이 되었다.

국 국민들에게 경고하는 말을 덧붙였다.

당시 워싱턴의 연설에서 미국이 세계적인 강대국이 되리라는 생각은 전혀 찾아볼 수 없었다. 그는 오직 유럽 국가들만 염두에 두고 있었다. 1796년에 앞으로 미국이 태평양과 아시아에서 맹활약하게 되리라고 예상한 사람은 아무도 없었다.

미국과 영국의 전쟁

조지 워싱턴 이후 취임한 미국 대통령들은 신생 미국의 실제적인 외교 정책을 하나하나 추진해 나갔다. 미국과 열강의 충돌은 단 한 번, 1812년에 발생했다. 영국과의 전쟁이었다. 이 전쟁으로 신생 공화국에서 국민주의가 확산되었다. 미국을 상징하는 캐릭터, 엉클 샘이 등장하고 미국의 국가 '별이 빛나는 깃발'이 작곡된 것도 이때였다.

그러나 이보다 더 중요한 변화가 있다. 이 전쟁으로 양국 관계가 새로운 국면으로 접어들었다는 점이다. 미국이 전쟁을 선포한 공식적인 원인은 영국이 대륙에서 영국을 위협하는 나폴레옹에 맞서 미국의 대외 무역을 통제했기 때문이었다. 그러나 사실 일부 미국인들은 이 전쟁에서 승리하여 캐나다를 점령할 요량이었다.

미국은 캐나다를 점령할 수 없었다. 군사력으로 영토를 확장하려는 계획이 실패하면서 향후 미국의 국경 문제는 영국과의 평화적인 협상을 통해 진행될 수밖에 없었다. 양국 모두가 패배한 이 전쟁으로 미국 내에서는 영국에 대한 반감이 다시금 거세지기도 했지만 전쟁을 통해 양쪽 모두의 불안이 해소된 측면도 있었다. 앞으로 영국과 미국은 국경 분쟁에 있어서는 극한 상황이 아니라면 전쟁을 일으켜서는 안 된다는 것을 서로가 암묵적으로 이해하게 되었던 것이다. 이로써 미국 영토는 지금의 로키 산맥인 스토니 산맥이 있는 서부 지역까지 북방 경계선이 정해졌다.

19세기 중반에 제작된 판화로 당시의 뉴올리언스 항구 풍경을 보여 준다. 남부는 면화, 담배, 쌀을 대규모로 수출하는 미국 경제의 중심이었다.

1811년부터 미시시피 강과 그 지류를 따라 증기선이 운행되면서 서부 농경지 및 남부 플랜테이션 농장부터 뉴올리언스에 있는 시장을 잇는 안전한 교통로가 열렸다. 남북 전쟁 이후에는 수로를 이용한 운송보다는 열차 운송이 더 많아졌다.

그리고 1845년에는 다시 서해안까지 경계가 확장되었고 분쟁이 잦았던 메인 주의 국경 지역도 확정되었다.

미국, 루이지애나를 사들이다

미국이 영토를 확정하는 과정에서 가장 중대한 변화를 일으킨 것은 '루이지애나 매입'이었다. 루이지애나는 미시시피 강과 로키산맥 사이 지역으로 이곳의 주인은 원래 스페인이었다가 1803년부터는 프랑스가 주인이 되었다. 이렇게 땅 주인이 바뀌어 가는 것을 본 미국인들은 루이지애나에 관심이 생겼다. 만일 나폴레옹이 아메리카 대륙에 프랑스 왕국을 재건하고자 했다면 당시 이미 미국 내 물자 이동에서 중요한 통로였던 미시시피 강 입구의 뉴올리언스를 가장 중요하게 생각했을 것이 분명했다.

미국은 미시시피 강을 자유롭게 오가기 위해 프랑스와 협상을 벌인 끝에 결국 자국 영토 전체보다도 큰 루이지애나 지역을 구입했다. 요즘 지도를 놓고 보면 이 지역은 루이지애나 주, 아칸소 주, 아이오와 주, 네브래스카 주, 사우스다코타 주, 노스다코타 주, 미네소타 주, 미시시피 주 서쪽, 캔자스 주 일대, 오클라호마 주, 몬태나 주, 와이오밍 주, 콜로라도 주 일대를 포함하는 거대한 땅이었다. 미국이 이 땅을 사들이는 데는 1,125만 달러가 들었다.

이것은 역사상 가장 큰 규모의 토지 거래였다. 이 거래가 가져온 변화 또한 어마어마했다. 미국의 역사 자체가 달라졌다. 미시시피 서쪽으로 통하는 길이 열리자 인구상의 무게 중심도, 정치적인 지형도 달라졌다. 이에 따라 필연적으로 미국의 국내 정세도 급변했다. 일단 1820년대 들어 앨러게니 산맥 서쪽 지역의 인구가 두 배 이상 증가했다.

1819년 미국이 스페인으로부터 플로리다를 사들이는 것으로 영토 매입은 마무리되었다. 이것으로 1819년경 미국이 주권을 행사하는 지역은 동쪽으로는 메인 주에서 시작하는 대서양 연안부터 사빈 강, 레드 강, 아칸소 강에 이르는 멕시코 만까지, 서쪽으로는 로키 산맥이 있는 대륙 분수령까지 그리고 북쪽으로는 북위 49도 선에까지 이르렀다.

앵글로색슨 세계의 도약

1817년부터 1825년까지 재임한 미국의 5대 대통령 제임스 먼로(1758~1831). 유럽 국가가 아메리카 대륙에서 식민지를 확장하는 것을 미국에 대한 직접적인 위협으로 간주하겠다는 그의 선언, 이른바 '먼로주의'는 1796년 조지 워싱턴이 고별 연설에서 주장한 미국의 고립주의를 더욱 명확하게 밝힌 것이었다.

먼로주의

미국은 전 아메리카 대륙에서 실질적으로 가장 중요한 국가였다. 아직도 아메리카 대륙에 식민지를 소유한 유럽 국가들이 몇 있었지만 이들이 식민지의 소유권을 유지하기 위해서는 적잖은 노력이 필요했다. 영국은 미국과 한 차례 전쟁을 치르며 이 사실을 일찌감치 깨달았다. 그렇더라도 미국은 태평양 북서부의 알래스카를 차지하고 있는 러시아와 라틴 아메리카에 손을 뻗치려는 유럽 때문에 마음이 불안했던 나머지, 서반구의 일에 유럽은 간섭하지 말라고 선언하기에 이르렀다. 이것이 1823년의 먼로주의다.

미국의 다섯 번째 대통령인 먼로는 유럽이 더 이상 서반구에 식민지를 늘릴 수 없으며, 유럽 열강이 내정에 간섭한다면 그것을 미국에 대한 적대적인 행동으로 간주하겠다고 선포했다. 이 노선은 영국의 이익과도 맞아떨어졌으므로 미국은 별 무리 없이 먼로주의를 선포할 수 있었다. 미국에게는 영국 해군이라는 보루가 있었다. 그 어느 유럽 국가라도 영국 해협을 무사히 건너 아메리카 대륙에 상륙하기란 불가능했다.

오늘날까지도 먼로주의는 미국이 주축이 되는 서반구 외교 정책의 근간을 이룬다. 아메리카 대륙에 있는 다른 나라들이 미국으로부터 자국의 독립을 지켜 내기 위해 유럽 국가의 도움을 끌어들일 수 없었던 것도 먼로주의의 결과였다.

1860년까지 가장 피해가 심했던 지역은 멕시코다. 국경 안쪽에 정착한 미국 정착민들이 폭동을 일으키더니 텍사스 공화국으로 독립했다. 그리고 이 지역은 곧 미국의 한 주로 편입되었다. 뒤이어 벌어진 전쟁에서도 멕시코는 미국에 완패하고 1848년의 평화 조약을 맺었다. 멕시코는 오늘날의 유타 주, 네바다 주, 캘리포니아 주 그리고 애리조나 주 일대를 미국에 넘겨주어야 했다. 결과적으로 미국이 오늘날의 모습을 갖추는 과정에서 멕시코에 돈을 주고 구입한 땅은 아주 작은 땅덩이에 불과한 개즈던 지역뿐이었다. 미국은 1853년에 멕시코로부터 이 땅을 사들였다.

서부 개척

미국은 1783년의 파리 조약 이후 70년간 영토를 확장하여 북아메리카 대륙의 절반을 차지했다. 1790년에 400만 명이던 인구가 1850년에는 2,400만 명에 육박했다. 물론 이때도 인구 대부분이 미시시피 강 동쪽에 몰려 있었고, 인구가 10만 명이 넘는 도시 역시 대서양 연안에 자리 잡은 보스턴, 뉴욕, 필라델피아 같은 항구 도시뿐이었다. 그러나 미국의 무게 중심은 서쪽으로 옮겨 가고 있었다.

동부 연안의 정치, 상업, 문화계 상류 인사들은 그 후로도 오랫동안 미국 사회를 장악했다. 그러나 사람들은 오하이오 계곡이 자리가 잡히자 이때부터 서부를 바라보기 시작했다. 1796년 워싱턴은 대통령직을 마치는 자리에서 서부의 중요성을 암시한 적도 있었다. 이후 70년간, 그러니까 미국 역사상 가장 심각한 위기가 발생하고, 이 위기를 딛고 미국이 세계적 열강으로 발돋움하기까지 서부는 미국 정치 제도의 발전에 점점 더 중요한 역할을 맡게 되었다.

| 미국의 노예제 |

민주주의적인 정치 제도가 미국의 역사를 형성한 것만큼, 영토가 팽창하고 경제가 발전하는 과정 역시 미국 역사의 근본 형태를 결정지

미국의 탄생과 영토 합병

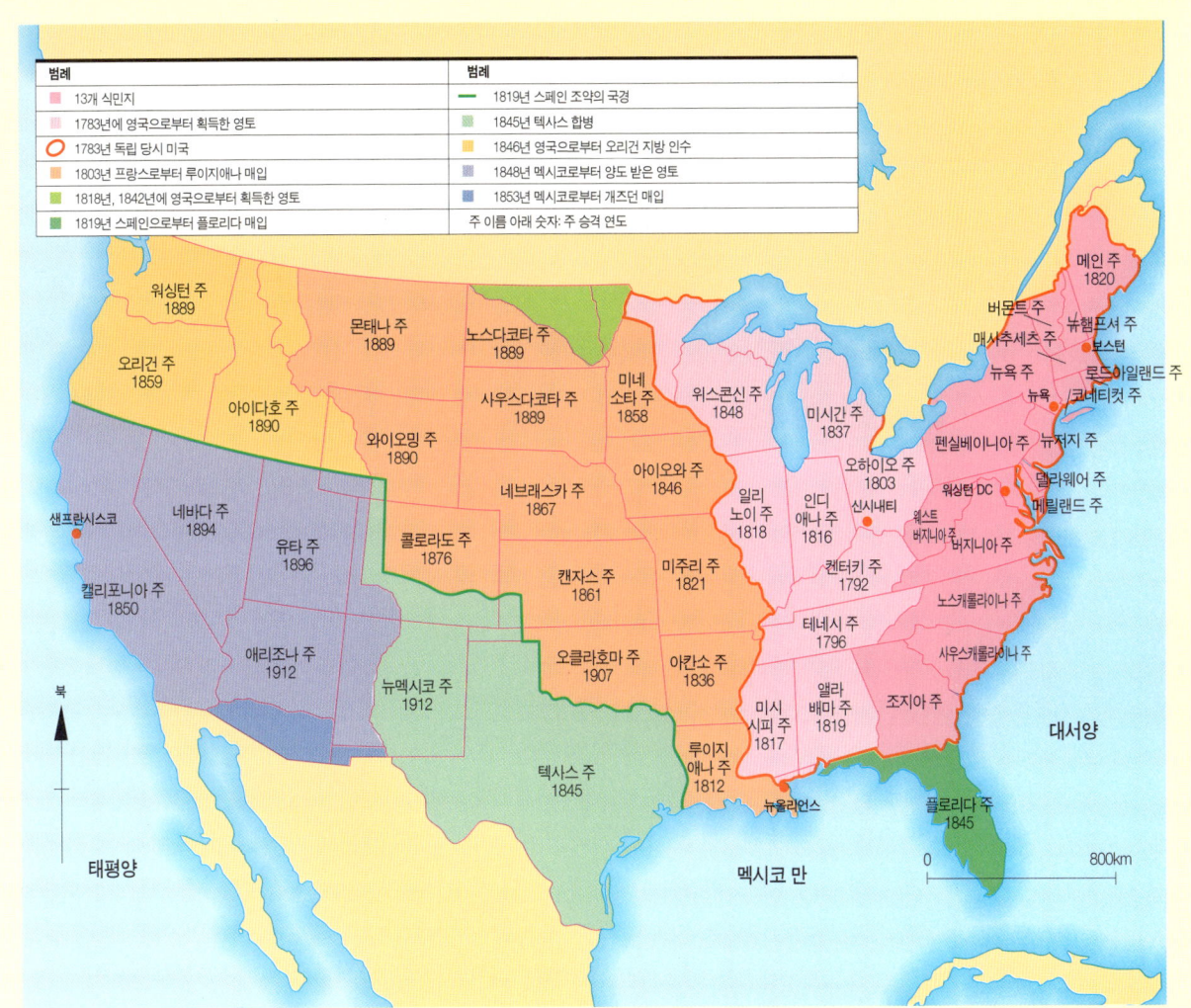

1820년과 1860년 사이 미국의 주는 23개에서 33개로 늘어났고 인구는 960만 명이 늘어 3,130만 명이 되었다. 이 시기 서부에서는 영토 확장이 계속되었다. 1803년에는 미시시피 협곡의 프랑스 영토를 매입했고, 1819년에는 스페인령인 플로리다에 대한 원정 활동 끝에 구입이란 명목으로 플로리다를 강제 합병했다. 그리고 1846년에는 오리건 조약으로 캐나다의 최남단 경계를 위도 49도로 확정했다.

멕시코로부터 독립을 선언한 텍사스는 1845년 미국에 합병되었다. 1846~1848년 미국은 멕시코와의 전쟁에서 승리하여 뉴멕시코와 캘리포니아를 빼앗았다. 그리고 북아메리카 인디언들과 여러 조약을 맺고 수차례에 걸쳐 넓은 영토를 얻어 냈다.

주민 상당수의 요구가 있을 경우 획득한 토지는 미국 영토가 되었고, 정착민이 6만 명을 넘는 지역은 주로 승격되어 연방 편입이 공식 인정 되었다.

에드거 드가의 유명한 작품 '뉴올리언스의 목화 거래소'(1873). 뉴올리언스의 면화 무역 현장을 그렸다. 이 시기를 즈음하여 면화 가격이 떨어지기 시작하면서 남부는 점차 빈곤을 겪게 되었다.

었다. 영토와 경제의 성장이 정치 제도에 미친 영향 또한 어떤 때는 눈이 휘둥그레질 정도로 대단했다. 정치 제도가 그에 맞춰 바뀔 정도였다. 그 대표적인 예가 노예 제도다.

워싱턴이 처음 대통령이 되었을 당시 미국 내 흑인 노예의 수는 70만 명이 조금 안 되었다. 이것도 적은 수는 아니었다. 하지만 헌법을 마련한 사람들은 흑인 노예라는 존재에 별 관심이 없었다. 각 주 사이의 정치적 균형 문제를 처리할 때만 흑인 노예를 생각했다. 헌법 입안자들은 각 주의 의원 수를 결정하기 위해 인구 계산법을 만들었다. 노예 한 명은 자유 시민의 5분의 3으로 계산되었다.

이후 반세기 동안 노예 문제는 완전히 달라졌다. 여기에는 여러 원인이 얽혀 있었다. 먼저 노예 소유가 심각하게 확산되었다. 이 현상은 세계 시장, 특히 영국 공장에서 면화 소비량이 빠른 속도로 증가한 것과 맞물려 있었다. 1820년대 미국의 면화 수확량은 두 배로 늘었고 1830년대에는 거기에서 다시 두 배로 더 늘었다. 1860년대에는 미국 전체 수출액의 3분의 2가 면화 수출액이었다. 이렇게 수확량이 막대하게 증가할 수 있었던 이유는 경작지가 늘어났기 때문이었다.

농장이 늘어났다는 것은 그만큼 노동자도 늘어났다는 소리였다. 1820년경 흑인 노예는 벌써 150만 명이었고, 1860년경에는 400만 명에 이르렀다. 남부의 경제를 뒷받침하는 것은 다름 아닌 노예 제도였다. 이 때문에 남부 사회는 전보다도 더 독특한 모습을 띠게 되었다. 예전부터 남부 사람들은 그들이 상공업과 도시가 발달한 북부와는 다르다는 사실을 익히 알고 있었다. 하지만 이제 남부 사람들은 당시 남부 노예제를 일컫는 '사유 제도'가 자신들만의 고유한 문화의 핵심 요소라고 생각했다.

1860년 즈음에는 남부인 중에는 남부를 하나의 독립된 나라라고 여기는 사람들이 많았

미국의 민주주의

"인구 비례를 따져 볼 때, 무식한 사람도 별로 없고 동시에 유식한 사람도 별로 없는 나라는 미국 말고는 이 세상에 없다고 생각한다. 누구나 초등 교육을 받을 수 있다. 그런가 하면 고등 교육은 거의 아무도 받지 못한다. …… 미국인들이 지성을 위한 교양 교육을 받을 수 있는 시간은 태어난 후 겨우 몇 년밖에 되지 않는다. 미국인은 보통 열다섯 살부터 일을 시작한다. 그러니까 우리 같으면 교육을 막 시작할 나이에 교육을 끝내는 것이다. 그 나이가 넘도록 계속 교육을 받을 경우에는 돈벌이가 되는 전문적인 내용을 배운다. 사람들은 직업을 선택하듯 과학 공부를 한다. 즉 당장 실생활에 적용될 수 있는 방법까지만 배운다.

미국의 부자들은 대부분 가난에서 시작했다. 현재 일을 하지 않고 있는 사람들도 젊은 시절에는 눈코 뜰 새 없이 바빴다. 그러니 학문에 대한 열정을 느낄 수 있는 나이에는 학문에 투자할 시간이 없었고, 이제 시간이 생기니 학문에 뜻이 없다. …… 미국 사람들 대부분이 종교라든가 역사, 과학, 경제학, 법률, 행정에 대해 고만고만한 의견을 갖고 있다."

알렉시 드 토크빌의 『미국의 민주주의』(1835) 중에서

다. 이들은 남부라는 나라가 자신들이 꿈꾸는 대로 삶을 이어 나가는 곳이며 남부 밖의 독재 세력이 그런 생활 방식을 무너뜨리려고 한다고 생각했다. 이 방해 세력이 가장 눈에 잘 띠는 곳은, 점점 거세게 노예제에 반대하고 있는 '의회'였다.

미국 정치의 전진

정치가들이 노예 제도를 둘러싸고 씨름하기 시작했다. 이는 노예 제도가 제2 국면으로 접어들었음을 뜻했다. 미국 정치 전반이 달라지고 있었고, 노예제 역시 그 흐름에 따라 의미가 변하고 있었다. 사회 여러 분야에 이 같은 흐름이 뚜렷이 나타나고 있었다.

후대 사람들은 미국의 초기 정치 제도가 '지역'의 이해관계를 담고 있다고 평가했다. 워싱턴의 고별 연설도 '지역적'으로 갈린 당파에 초점을 두었다. 크게 보아 미국의 초기 정치 구도는 지역적인 이해에 따라 두 부류로 갈라져 있었다. 한쪽에는 상업과 기업의 이익을 대변하는 정당이 있었다. 이들은 강력한 연방 정부와 보호무역 법안을 추진했다. 반대쪽에는 농민과 소비자의 이익을 대변하는 정당이 있었다. 이들은 개별 주의 이익과 저금리 정책을 추진했다.

초기 정치 구도에서는 노예제가 심각한 사안이 된 적이 거의 없었다. 그러나 정치가들 대부분은 비록 노예제를 어떻게 폐지해야 하는지에 대해서는 생각한 바가 없었어도, 노예제가 언젠가는 정복해야 할 악의 화신이라고는 생각했던 듯하다.

그러다가 정치가 점차 오늘날의 모습으로 발전하기 시작했다. 그것은 첫째로 미국 정치 제도 자체의 성격 때문이었고, 둘째로 사회가 변했기 때문이었다. 정치가들은 미국 헌법의 성격을 국가주의와 연방제를 강조하는 방향으로 해석했다. 의회의 입법권이 강

프랑스의 정치 분석가인 알렉시 드 토크빌은 1835년, 미국이라는 신생 국가를 연구한 명저 『미국의 민주주의』를 저술했다.

화되면서 입법자들은 미국의 민주주의를 대표하는 인물로 부상했다. 여기에는 앤드류 잭슨 대통령의 정책이 큰 몫을 했다고 평가받는다. 변호사, 주 최고재판소 판사를 거쳐 대통령이 된 잭슨은 선거권을 확대하고 대통령 선거제를 개선하는 등 이른바 '잭슨 민주주의'를 확립하여 미국 정치의 진보를 일궈냈다.

정치 제도가 민주주의 원리를 차례차례 구현해 나가는 데는 정치 이외의 변화도 한몫을 했다. 예컨대 미국은 유럽과 달랐다. 시골에서 쫓겨나 도시로 상경한 가난한 무산 계급이 폭동이나 혁명을 일으킨다거나 하는 골치 아픈 일을 비켜 갈 수 있었던 것이다. 언제든 경제적인 홀로 서기를 실현할 수 있는 기회의 땅, 서부가 있었던 덕분이었다. 자기 이름으로 된 소박한 경작지를 일군다는 이상향은 미국인들 마음속에서 사라지지 않는 중요한 전통이었다.

북부는 상공업을 발전시키며 자본과 인구를 끌어 모았고, 이와 마찬가지로 루이지애나 매입 이후 서부 미개척지가 개간되었다. 자본과 인구가 서부로 향하는 과정에서, 미국의 정치 구도가 새롭게 짜이고 있었다.

불거진 노예제 논쟁

문제의 배경은 서부 개척이었다. 새로운 획득한 영토가 미국 연방에 들어가는 데 필요한 기준을 두고 의견이 분분했다. 루이지애나 매입으로 생긴 영토, 이어 멕시코에서 가져온 영토에 제도를 수립해야 했다. 이 과정에서 '새 영토에서 노예제를 허용할 것인가?'라는 뜨거운 문제가 제기될 수밖에 없었다. 북부에서 격렬하게 일어난 노예제 반대 운동 결과 노예 제도는 다른 모든 문제를 압도하며 미국 정치의 가장 첨예한 쟁점으로 떠올랐다.

노예 무역을 중단하고 흑인 노예제를 철폐하자는 운동의 시작은 18세기 끝 무렵 유럽에 나타난 정치 운동과 연관이 있다고 볼 수 있었다. 하지만 미국의 노예제 반대 운동에는 중요한 차이가 있었다. 무엇보다도 다른 유럽 국가에서 노예제가 사라져 갈 무렵에 미국에서는 노예 제도가 '활성화'되고 있었

미시시피 강의 증기선에서 흑인 노예들이 물건을 하역하는 모습. 남부 인구의 3분의 1이 흑인 노예였고 이들이 농장의 노동력이었다. 19세기 중반, 남부의 백인 가운데 80%가 노예를 소유하지 않았고, 노예를 100명 이상 소유한 농장주는 3,000명밖에 되지 않았다. 그럼에도 남부는 거의 한 목소리로 노예제를 유지할 권리를 주장했다.

미국과 노예 문제

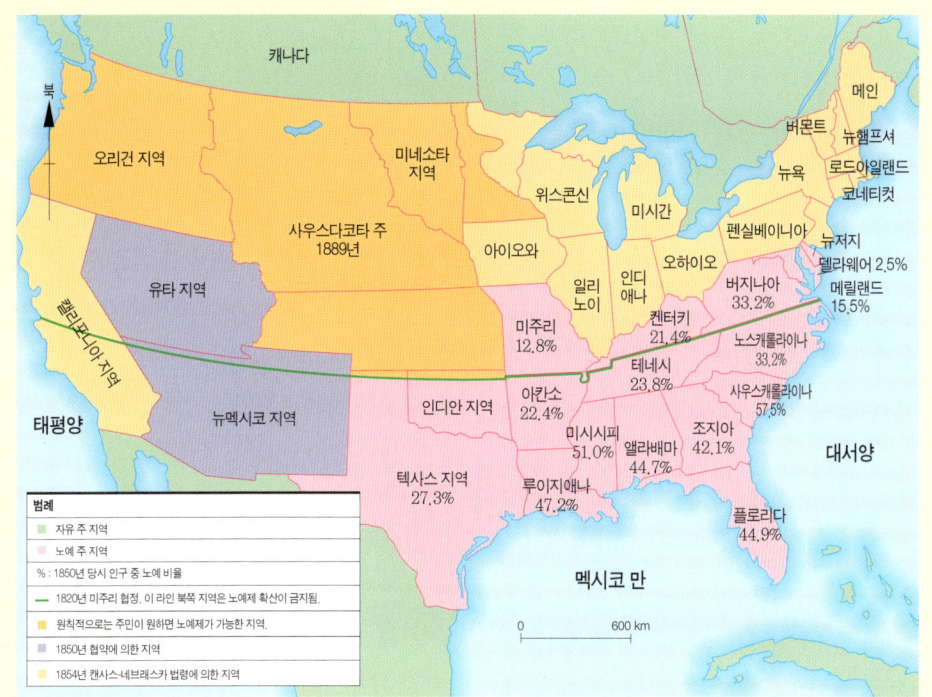

메릴랜드와 펜실베이니아를 구분 짓는 경계선을 기준으로 할 때 1815년에는 남쪽에 거주하는 인구가 미국 전체 인구의 절반에 이르렀다. 남부는 빠르게 팽창하고 있었다. 1792년에는 켄터키가 주로 승격되었고 1796년에는 테네시가, 1821년에는 미시시피·앨라배마·미주리가, 1836년에는 아칸소가, 1845년에는 플로리다와 텍사스가 새로운 주로 탄생했다.

루이지애나 매입으로 서부와 북부에 아홉 개의 새로운 주가 나타났다. 더구나 점점 더 많은 이민자들이 북쪽의 자유 주 지역에 정착했다. 그 결과 1820년 위도 36도 30선 이북 지역에서의 노예제 확산을 금지하고 남부와 북부의 균형을 유지하기로 한 미주리 협정은 사실상 효력을 잃고 말았다. 1850년 캘리포니아에서 금이 발견되어 골드러시가 시작되면서 두 지역 간의 세력 균형이 깨졌다. 캘리포니아가 영토로 승인 받기도 전에 자유 주로 승인 받을 것을 신청하고 연방의 일원이 된 것이다.

의회는 북부의 이익 쪽으로 기울었지만 상원에서는 남부와 북부의 이익을 보다 고르게 균형 잡았다. 이 균형은 1859년 캔자스가 북부와 노예 폐지론자 쪽으로 편입될 때까지 유지되었다.

다는 점이다. 그러니 전체적인 추세로 보아 미국은 시대에 역행하지는 않았다고 해도 적어도 시대의 흐름이 막혀 있는 곳이었다.

또한 미국의 노예제는 헌법을 둘러싼 복잡한 문제들과 연결되어 있었다. 각각 고유한 법률을 갖춘 개별 주뿐만 아니라 아직 주로 승격되지 않은 영토들에서도, 헌법이 개인의 사유재산에 어느 정도까지 간섭할 수 있는지를 두고 논쟁이 벌어졌다. 노예제에 반대하는 정치가들은 여기에 그치지 않았다. 그들은 헌법의 기본 정신이 무엇이며, 나아가 유럽 정치의 핵심은 무엇인지를 따져 물었다. 최종 결정권은 누구에게 있어야 하는가, 즉 국가 권력은 누구의 손에 있는가를 묻는 것이었다.

주권이 국민에게 있다는 것은 당연했다. 하지만 이때 '국민'이란 국회의 다수파를 뜻하는 것인지, 아니면 설사 국회에 반대하는 일이 있더라도 각 주에서 주 의회를 통해 결코 파기할 수 없는 스스로의 권리를 행사하고 주장하는 모든 주민을 뜻하는 것인지 의견이 분분했다. 이리하여 19세기 중반, 노예제는 사실상 미국 정치의 모든 문제들과 얽혀 들어갔다.

미주리 협정

남부와 북부 간에 힘의 균형이 그런대로 엇비슷하게 유지되면서 노예제가 부른 거대한 쟁점들은 해결되지 않은 상태로 여전히 남아 있었다. 인구 면에서는 북부가 약간 우세하기는 했다. 하지만 주의 크기나 인구와 관계없이 각 주에 두 자리씩 의원석을 두도록 한 상원에서는 남부와 북부의 균형이 팽팽하게 유지되고 있었다.

노예제의 폐지를 지지한 해리엇 비처 스토의 화제작 『톰 아저씨의 오두막집』(1852) 원판에 들어 있는 삽화. 노예 주인이 주인공 톰을 학대하는 모습이다.

1819년 무렵에는 노예제를 지지하는 주와 반대하는 주가 교대로 미연방에 편입되고 있었다. 당시 노예 주와 자유 주는 똑같이 열한 개씩이었다. 그러다 미주리 지역을 주로 인정하느냐 마느냐의 문제를 두고 첫 번째 고비가 찾아왔다. 루이지애나 지역에서는 미국이 매입하기 이전까지 그 지역을 통치하던 프랑스와 스페인의 법령에 따라 노예제가 허용되고 있었다. 이 지역에 새로이 정착한 사람들도 노예제가 계속 유지될 것을 기대하고 있었다.

이런 상황에서 북부의 한 의원이 새로운 주들의 헌법에 노예제를 제한하는 내용을 포함시키자고 제안하자 그곳 주민들과 남부 주의 대표들은 일제히 분개했다. 이어 지역 간의 이해관계를 두고 여론이 들끓었고 논쟁이 거세어졌다. 노예제가 지역 경제와 직결되어 있던 남부에서는 연방 탈퇴에 대한 이야기까지 나왔고, 반드시 그래야 한다는 사람들까지 나타났다. 그러나 노예제의 도덕성에 대해서는 말이 없었다.

'미주리 협정'으로 미주리 지역은 노예주로서 미연방에 편입되었고, 그 대신 메인 지역이 자유 주로 편입되었다. 또한 미국에서 노예주는 위도 36도 30선 이상으로 확장할 수 없게 되었다. 이 협정을 통해 문제를 정치적으로 해결할 수 있었고, 새로운 영토에서 노예제를 제한할 수 있는 권리는 의회에 있다는 원칙이 확인되었다. 하지만 이런 문제가 다시 일어나지 않으리라는 보장은 어디에도 없었다. 실제로 몇 십 년 지나지 않아 이 문제가 다시 불거졌다.

그 전에 이미 노예제 문제가 앞으로 굉장한 문젯거리가 되리라고 내다본 사람들이 있었다. 그중 한 사람이 토머스 제퍼슨이었다. 전직 대통령이자 독립 선언서의 초안을 작성했던 제퍼슨은 한때 "노예제 문제는 곧 미연방 체제의 종말을 고하는 종소리"라고 했다. 후에 대통령이 되는 존 퀸시 애덤스는 그의 일기장에 미주리 문제는 "끔찍한 비극의 시작에 불과하다"라고 기록했다.

노예제 폐지 운동

40년 동안은 평화로웠다. 일단 미국인들에게는 노예제 말고도 생각해야 할 일들이 수두룩했다. 노예제보다는 영토 확장 같은 문제가 더 중요했다. 또한 1840년대까지는 면화를 재배하기 좋은 땅을 획득하는 것이 급선무였고 또 그런 지역에 노예 노동력이 필요한 것은 당연했기 때문에 노예제를 문제 삼을 분위기가 아니었다.

그러나 이것도 잠시였다. 사람들의 관심을 자극하고 또 사람들이 귀를 기울일수록 힘을 발휘하는 세력들이 등장한 것이다. 1831년 보스턴에서는 흑인 노예제를 조건 없이 철폐하라고 주장하는, '해방자'라는 뜻의 「리버레이터the liberator」라는 신문이 창간되었다. 이를 시작으로 노예제 폐지론자들은 점점 격렬한 운동을 벌여 갔다. 이들은 선거를 통해 북부의 정치가들에게 압력을 행사하고, 노예들이 캐나다로 탈출할 수 있도록 돕는가 하면 도망친 노예가 붙잡힌 경우에는 설사 법정에서 노예를 송환하라고 판결을 내렸다 해도 법을 거스르며 송환에 반대했다.

폐지론자들이 이런 분위기를 형성하고 있던 차에 1840년대에는 멕시코로부터 획득한 영토를 두고 분쟁이 벌어졌다. 새로 합중국 영토가 된 캘리포니아와 뉴멕시코 지방에 노예제를 인정할 것이냐 마느냐 하는 것이 쟁점이었다. 1850년 남부와 북부는 다시 한 번 타협했지만 이는 오래가지 못했다. 남부의 지도자들 사이에 피해의식이 점차 팽배해지고, 자신들 주의 생활 방식을 보호하는 과정에서 갈수록 배짱을 보이면서 미국 정치계에 긴장감이 감돌았다. 이때 정당은 이미 노예제에 대한 견해에 따라 나뉘어 있었다. 민주당원들은 1850년의 타협이 마지막이라고 생각했다.

노예제를 둘러싼 유혈 사태

1850년대에는 그간 내리막길을 걸어온 노예

두 명의 흑인 노예가 탈출을 시도하다가 잡혀 주인에게로 돌려 보내지는 모습. 사우스 캐롤라이나행 증기선으로 후송되기에 앞서 보스턴 거리를 지나고 있다. 수갑을 찬 노예들이 지나가는 광경을 바라보며 노예제 폐지론자들이 눈물을 흘리는 모습도 보인다.

앵글로색슨 세계의 도약 163

미국의 남북전쟁(1861~1865년)

1854년에 탄생한 공화당의 대통령 후보였던 에이브러햄 링컨은 1860년 대통령에 당선되었다. 그의 선거 공약에는 관세를 올리고 새로 탄생할 서부 주에 노예제를 금지한다는 내용이 들어 있었다.
1861년 2월에는 노예주 중 일곱 개가 연합에서 탈퇴, 미 연맹을 구성했다. 연방 정부가 남부에 주둔한 정규군을 강화하려 하자 연맹 군이 섬터 요새를 공격함으로써 남북전쟁이 발발했다. 전쟁 초반에는 남부군이 우위를 점하는 듯 했으나 시간을 끌수록 전세가 산업·인구 면에서 우위를 차지하는 북부로 기울었다.

제가 급기야 재앙으로 치달았다. 캔자스를 새로운 주로 편입시키는 과정에서 1850년의 타협으로 지속된 평화 상태가 깨지고 유혈 사태가 벌어졌다. 노예 폐지론자들이 캔자스의 노예제 옹호론자들을 괴롭힘으로써 노예 주였던 캔자스를 자유 주로 바꾸려고 했던 것이다.

공화당은 캔자스에 사는 주민들이 캔자스가 노예 주가 될지 자유주가 될지를 스스로 결정하도록 하자는 제안에 반대했다. 캔자스는 미주리 협정이 정한 위도 36도 30선 북쪽에 있었기 때문이었다. 미국 연방 대법원의 유명한 판결 사건인 1857년의 '드레드 스콧 사건'*같이 법이 노예를 배제시키고 그 주인의 편을 들 때마다 폐지론자들의 분노는 커져만 갔다.

그런가 하면 남부에서는 북부가 이런 강력한 항의로 흑인들 사이에 적개심을 부추기며 선거 구도를 남부의 특권에 반대하는 쪽으로 몰아가려 한다고 생각했다. 틀린 말은 아니었다. 노예제 폐지론자들은 공화당의 지지를 받지는 못했지만 그렇다고 노예제에 타협할 이들은 아니었다. 1860년 대통령 선거에 출마한 공화당 후보 에이브러햄 링컨은 "나는 이 정부가 반은 노예, 반은 자유의 상태에서

* **드레드 스콧 사건**
드레드 스콧이라는 노예가 자유 주에 잠시 살았던 것을 근거로 노예 주로 돌아온 후 자신의 자유 신분을 요청했으나 미국 헌법상 흑인 노예는 시민이 아니므로 재판소에 소송을 걸 권리가 없다는 판결이 내려진 사건.

영구히 계속될 수는 없다고 믿는다"며 앞으로 미연방에 들어올 영토에 대해서만은 노예제를 배척하겠다고 주장했다.

| 남북전쟁 |

링컨의 1860년 선거 공약은 일부 남부 사람들에게는 이미 참을 수 있는 한계를 넘은 것이었다. 민주당이 분열되어 있기는 했지만 1860년의 대선은 철저하게 지역 구도로 나누어졌다. 그러나 결국 링컨이 북부 지역의 표와 태평양 연안에 있는 두 주의 표를 얻어 대통령에 당선되었다. 공화당 후보 링컨은 이로써 미국 대통령들 중 가장 위대한 대통령이 되었다.

링컨이 당선되자 많은 남부 사람들이 더 이상 인내하기를 포기했다. 가장 먼저 사우스캐롤라이나가 선거 결과에 불만을 품고 연방에서 공식 탈퇴했고, 1861년 2월에는 여섯 개 주가 추가로 연방을 탈퇴했다. 탈퇴한 주들은 '아메리카 남부맹방'이라고도 불리는 남부연합을 결성했다. 이들은 링컨이 워싱턴에서 대통령에 취임하기 한 달 전에 이미 독자적인 지역 정부를 세우고 대통령을 뽑았다.

양편은 상대방이 혁명을 꾀하고 반란을 일으켰다고 서로 비난했다. 들어 보면 양쪽 모

링컨 대통령이 워싱턴의 포드 극장에서 극렬 남부주의자인 존 윌크스 부스에게 암살당하는 장면

버니지아 주 피터즈버그에서 남부에 맞선 북부 군이 대포를 둘러싸고 포즈를 취했다. 이 지역의 남북 군사 대립은 1864년 6월부터 1865년 4월까지 이어졌다.

앵글로색슨 세계의 도약 165

노예제 폐지를 추진한 내각의 모습(1864). 왼쪽에서 세 번째가 링컨 대통령이다.

두 일리가 있는 말이었다. 링컨 말대로 북부가 내세운 가장 중요한 입장은 민주주의가 널리 확산되어야 한다는 원칙이었다. '민주주의'라는 원칙은 분명히 그 모든 혁명을 뒷받침하는 주장이다. 이런 의미에서 볼 때 남북전쟁은 북부가 남부 지역에 대해 사회 혁명을 일으켜 성공한 것이라고 볼 수도 있다.

그런가 하면 1861년 남부연합을 결성한 남부 지역 주민들은 이를 테면 혁명기 유럽의 폴란드인이나 이탈리아인처럼 자기들도 자기네 생활 방식을 이어 갈 권리가 있다고 주장했다. 사실 국가주의 정치 원리와 자유주의 경제 제도는 서로 지향하는 바가 일치하기는커녕 엇비슷한 적도 거의 없었으며 양자가 완전하게 결합한 적은 단 한 번도 없었다. 그러나 남부 사람들에게 노예 제도를 옹호한다는 것은 민주주의의 기본원리인 자기 결정권을 주장하는 것이었다.

이와 같이 정치의 근본 원칙을 둘러싸고 거대한 논쟁이 진행되고 있던 동시에 이러한 문제는 구체적이고 개인적인 차원에서, 또 각 지역의 특징에 따라서 다양한 모습을 드러냈다. 그러므로 미국의 역사와 정체성이 관련된 이 중대한 대립의 위기가 실제로 어떤 경계선을 기준으로 나뉘었는지 정확하게 말하기는 어렵다. 이 시기의 논쟁은 가족과 마을, 종교를 통해, 때로는 여러 요소가 섞여 있는 집단을 통해 진행되었다. 내전도 이런 복잡한 양상으로 전개될 참이었다.

링컨, 목표를 수정하다

전쟁은 일단 발발한 순간부터 그 자체로 혁명

적인 성향을 띤다. 한쪽에서는 '반란'이라 부르고 상대편에서는 '주州들 간의 전쟁'이라고 불렀던 남북전쟁은 이 싸움으로 해결해야 할 것 이상으로 변화를 가져왔다. 북부연합이 남부연합을 물리치는 데는 4년이 걸렸다. 이 기간 동안 링컨은 목표를 대대적으로 수정했다. 전쟁 초기에 링컨은 국내 질서를 바로잡아야 한다는 것 정도만 이야기했다. 그는 "남부 지역에 문제가 생겼는데 이것이 '법률상의 절차를 통해서는 해결하기 힘들 정도'여서 결국 군사 행동이 필요하게 생겼다"고 말했다.

그러나 이러한 초기 관점은 점차 확장되었다. 링컨은 남북전쟁의 근본 목표는 미국을 합중국의 틀 안에서 유지하는 것이라고 거듭 이야기했다. 링컨이 전쟁을 통해 얻으려고 했던 것은 원래 미합중국의 일원이던 주들을 원래 형태로 통일시키는 것이었다. 때문에 그는 오래도록 전쟁을 통해 노예제를 폐지하려 했던 사람들의 기대를 저버렸다는 비난을 받아야 했다. 하지만 링컨은 결국 노예 해방도 이루어 냈다. 1862년에는 이런 공문을 쓰기도 했다.

"내가 노예제를 폐지하지 않고 미국을 구할 수 있었다면 그렇게 했을 것이다. 또 내가 모든 노예들을 해방시켜야 미국을 구할 수 있었다면 그렇게 했을 것이다. 또 만약 일부 노예들은 해방시키고 나머지는 노예로 남겨놓아야 미국을 구할 수 있었다면 역시 그렇게 했을 것이다."

그렇지만 이 기록도 전세에서 우위를 확보하여 이제 남부 주에서 노예제를 폐지하겠다고 결단을 내린 다음에 쓴 것이었다. 1863년 새해 첫날, 노예 해방령이 발효되었다. 남부 정치가들의 악몽은 사실 그들 자신이 불러일으킨 전쟁의 결과이긴 하지만 어쨌든 현실이 되고 말았다. 이로써 남북전쟁의 성격은, 눈에 띄게 두드러지는 않았지만 이전과 달라졌다.

노예제가 폐지되었다고 해서 해방된 노예들이 바로 미국식 평등을 누릴 수 있게 된 것은 아니었다. 1911년 제작된 이 판화에서는 남부의 극우 폭력단이 백인 여성을 살해한 혐의로 노예 출신 흑인을 고문하고 있다.

마침내 1865년에는 "노예제는 미합중국 및 합중국의 관할에 속하는 어떤 지역에서도 금지된다"고 규정한 수정헌법 13조가 의회를 통과했다. 남부는 전쟁에서 패배했다. 링컨은 전쟁이 끝나기 직전 암살되었으나 "국민의, 국민에 의한, 국민을 위한 정부"라는 말로 요약한 그의 원리원칙은 사라지지 않았다.

북부의 승리와 그 의의

전쟁 승리 이후 링컨의 원칙이 '모든 미국인들'에게 너나없이 고귀하고 정당한 원칙이 될 수 있었던 것은 아니다. 그러나 북부의 승리는 미국인뿐 아니라 전 인류에게 중대한 의미를 선사했다. 그것은 19세기에 있었던 정치적 사건 중 그 파급 효과가 산업혁명만큼이나 컸던 유일한 사건이었다.

남북전쟁은 아메리카 대륙의 미래를 결정 지었다. 미국이라는 하나의 거대한 국가는 앞으로도 계속해서 대륙을 지배하게 되었고, 아직 개발되지 않은 채 정착민들을 기다리고 있는 풍부한 천연자원을 이용할 수 있게 되었다. 이를 바탕으로 성장한 미국이 후에 두 차례의 세계대전에서 큰 영향력을 행사한 것을 생각하면 북부의 승리는 세계 역사를 바꾼 중요한 사건이기도 했다.

북부연합군은 미국 정치 제도의 원칙을 민주주의로 확립했다. 물론 미국의 민주주의가 언제나 "국민의, 국민에 의한, 국민을 위한 정부"라는 링컨의 표현과 맞아떨어지는 것은 아니었지만 어쨌든 다수에 의한 지배 원칙만큼은 흔들리지 않고 지켜졌다. 또한 북부의 승리는 미국인들이 민주주의와 물질적 풍요를 한 가지로 생각하는 계기가 되기도 했다. 이로부터 미국에서는 산업 자본주의가 비판에 직면할 때마다 민주주의란 사상이 강력한 지원군으로 나섰다.

노예제 폐지 이후 사회의 변화

노예제가 폐지되자 미국 국내에 여러 가지 다양한 변화가 생겼다. 무엇보다도 인종이라는 새로운 문제가 터져 나왔다. 어떻게 보면 노예 제도가 유지되는 동안에는 인종 문제가 아예 존재하지 않았다. 당시에는 흑인 중에도 자유민이 일부 있었지만 거의 대다수가 노예였다. 흑인은 노예라는 신분으로 백인과 분리되었다. 법률도 흑인과 백인이 섞이지 않도록 규제하고 있었다. 노예 해방은 흑인을 열등한 존재로 규정하는 법률 체제를 무너뜨렸다. 그리고 그 자리에 민주주의 원리, 또는 민주주의라는 허상이 들어섰다. 그러나 당시 사회에 민주주의적 평등이 구현되었다고 인정하는 미국인은 거의 없었다.

남부의 흑인 노예 수백만 명이 갑자기 자유를 얻었다. 이들 대부분은 교육을 받지 못했고 육체적 노동 말고는 할 줄 아는 일도 없었다. 흑인의 이익을 수호할 수 있는 지도자도 없었다. 그래서 해방 후 얼마간은 남부에 주둔하고 있던 북부군에 의지할 수밖에 없었다. 버팀목이 되어 주던 군대가 철수하자 흑인들은 의회와 공공기관에 진출하고자 했던 희망을 단념하고 그 자리를 떠나야 했다. 일부 지역에서는 흑인이 투표도 할 수 없었다.

법적인 권한을 온전히 보장받지 못하면서 어떤 때는 노예 시절보다 더 가혹한 사회적·신체적 탄압을 겪기도 했다. 흑인이 노예이던 시절에는 적어도 주인의 투자 자산으로서 가

미국인들의 서부 지역 획득 과정

19세기의 마지막 30년간, 미국 경제는 눈부시게 발전했다. 가난에 허덕이던 수많은 유럽인들에게 미국은 이제 완벽한 '약속의 땅'이었다. 내전 경험으로 단련된 국민들은 대륙 횡단 열차로 다시 한 번 하나가 될 수 있었다. 1869년에 태평양 해안과 대서양 해안을 연결하는 첫 번째 철도가 완공되었고, 1900년에는 그 숫자가 네 개로 늘어나 주민들이 서부 지역에 정착하기가 훨씬 쉬워졌다.

한편 대륙에 철도가 놓이면서 북아메리카 인디언들은 더 이상 자신들의 전통 생활 양식을 고수할 수 없었다. 철도가 놓이던 이 시기, 인디언들은 마지막 사투를 벌이며 저항했다.

치가 있었기 때문에 주인들은 노예에게 최소한의 안전과 생계를 보장했다. 광활한 남부의 지역 경제가 몰락하고 가난해진 백인들이 생존을 위해 몸부림치던 당시, 흑인에게 자유노동 시장의 경쟁이란 재앙이나 다름없었다.

흑인들은 19세기 말까지도 남북전쟁의 패배와 노예제 폐지 때문에 화가 날 대로 난 가난한 백인들에게 내몰려 사회적인 불평등과 경제적 착취에 시달렸다. 이 때문에 20세기에는 많은 흑인들이 북부로 옮겨 갔다. 오늘날에도 사라지지 않는 인종 문제는 여기서 시작된 것이었다.

양당 제도의 정착

남북전쟁을 겪으면서 미국에서 드디어 양당 제도가 정착했다. 가끔은 제3의 당이 부상하여 양당제를 위협하기도 했지만 오늘날까지도 미국의 대통령은 모두 공화당과 민주당에서 배출했다. 1861년 이전까지는 의회가 양당제로 나뉠 만한 일이 전혀 없었다. 미국 사회의 다양한 움직임에 따라 많은 정당들이 생겨났다 없어지기를 반복했다.

하지만 전쟁 이후 민주당은 남부의 대변자로 자리 잡았다. 양당제 초기에 민주당은 반란자라는 오명 때문에 많은 제약을 받았다. 예컨대 1885년까지는 민주당원이 대통령으로 당선된 적이 없었다. 공화당은 자연히 북부의 지지를 얻었고 급진주의자들은 공화당이 미합중국과 민주주의를 구원하고 노예를 해방했다고 여기며 공화당에 기대를 걸었다.

이러한 고정관념이 사실이 아님이 밝혀지기 전까지 두 정당은 특정 지역에 깊이 뿌리를 내리고 각 지역에서 확고한 지지 기반을 유지했다. 20세기 미국 정치는 이 두 거대 정당이 그간 지루하게 유지해 온 지역 구도를 탈피하면서 발전한다.

1865년 공화당은 모든 것을 손에 넣었다.

혹시 링컨이 살아 있었다면 아마도 남부와 화해할 방법을 모색했을지도 모른다. 그러나 전쟁에 패하고 파괴된 남부는 고통스러운 '재건' 기간을 보내야 했다. 많은 공화당원들이 흑인에게 민주주의의 권리를 보장하기 위해 자신들이 획득한 국가 권력을 사용하고자 최선을 다했다. 이는 공교롭게도 남부 지역의 민주당 지지율을 더욱 높여 주었지만 그렇다고 권력을 빼앗길 만큼은 아니었다. 전

1869년 제작된 유니언퍼시픽 철도 회사의 포스터. 미국 최초의 대륙 횡단 열차 개통을 선전하고 있다. "이제는 여러분의 행운을 찾아 나설 때입니다"라는 광고 문구와 함께 "호화로운 객차, 식당 완비"라고 적혀 있다.

1819년 영국 맨체스터에서 일어난 '피털루의 학살'을 그린 19세기 회화 작품. 정치적 개혁을 요구하는 시민들의 평화 집회를 저지하기 위해 맨체스터 시는 기마 의용대를 파견했는데 이 충돌로 열한 명이 사망하고 수백 명이 다쳤다. 이 사건 이후 휘그당은 의회 개혁을 추진했다.

쟁으로 잠시 중단되었던 영토 확장이 재개되어 경제 흐름이 살아나면서 탄력을 받은 것도 공화당이었다.

미국 경제의 성장

미국은 독립 후 70년간 계속해서 발전했다. 그 성과는 눈부신 것이었다. 그중 가장 놀라운 성장은 영토 확장에 있었다. 광활한 영토는 이제 곧 경제 발전으로 이어질 것이었다. 미국은 1870년대에 이미 1인당 국민소득 면에서 세계 최고를 달리고 있었다. 자신감과 기대감이 충만한 이 행복한 시절에 정치적 문제들은 잠시나마 완전히 해결된 듯했다. 공화당이 집권한 시기에는 늘 미국이 해야 할 일은 정치가 아니라 '경제'라는 생각이 자리 잡았다.

그러나 경제가 발전해도 남부에서는 거의 변화가 없었고, 남부와 북부의 경제 수준은 전보다 더 벌어졌다. 새로운 문제가 나타나 민주당이 권력을 되찾기 전까지 남부는 정권의 변두리에 머물러야 하는 신세였다.

미국의 흡인력

그런가 하면 북부와 서부 지역은 지난 70년간 이어온 눈부신 발전이 끝날 기미를 보이기는커녕 보다 밝은 앞날을 내다보고 있었다. 미국 바깥에서도 이 성장세가 느껴졌다. 그 결과 미국으로 건너오는 이민자 수가 점점 증가하여 1850년대에만 무려 250만 명이 미국으로 유입되었다. 1800년에 불과 525만 명가량이던 미국의 인구가 1870년에는 4천만 명을 넘었다. 이 중 절반가량은 앨러게니산맥 서쪽의 시골에 살고 있었다.

1869년 최초의 대륙 횡단 철도가 등장했다. 이를 계기로 대평원 지역의 이주와 개발이 본격적으로 진행되었다. 광활한 서부 개척지를 개간하면서 미국의 농업은 크게 도약했다. 농업의 기계화는 이미 남북전쟁 때부터 노동력 부족 사태에 대응하기 위해 상당히 진척되어 있었다. 이 새로운 영농 방식은 대초원의 드넓은 경작지를 경영하기에 딱 알맞았다. 남북전쟁 말기에 약 25만 대에 달하던 기계식 수확기는 대평원을 개척하면서 점점 늘어났다. 미국 농업에 혁명이 일어났고 미국은 유럽의 곡창 지대로 부상했다.

공업 또한 앞날이 밝았다. 물론 아직 성숙기에 접어들지 않은 상태인데다 공업 종사자도 200만 명밖에 되지 않아 영국의 공업 수준에 비하면 보잘 것 없었다. 그러나 공업 발전을 위한 기본 구조는 거의 갖춰졌다. 특히 번영을 구가하는 거대한 내수 시장은 미국 공업에 절대적으로 유리한 요소였다.

미국은 자국 역사상 가장 성공적이며 미래가 밝은 시절을 보내고 있었다. 미국인들은 애써 낙오자들을 모른 체하는 사람들이 아니었다. 미국 사회는 아주 잘 돌아가고 있었고 거기에는 낙오자가 얼마쯤은 있게 마련이라는 식으로 생각했다. 이제 흑인 그리고 가난한 백인은 이미 250여 년 동안 사회의 변두리를 맴돌고 있던 아메리카 인디언들처럼 사회의 외곽으로 밀려났다. 미국의 주류 사회에 그들의 자리는 없었다.

그런 중에도 북부의 신흥 도시에 새로이 형성된 빈곤층은 엄밀히 말해 낙오자라고도 할 수 없었다. 이들도 나름대로는 살만 했고 맨체스터나 나폴리의 빈곤층에 비하면 사정이 나았기 때문이었다. 유럽의 빈민들에게 미국은 여전히 복음의 땅이었다. 미국은 강력한 자석처럼 그들을 끌어당기고 있었다.

미국의 흡인력은 단순히 물질적인 풍요에서만 나오는 것이 아니었다. 미국으로 오는 사람들 중에는 정치적·경제적 자유를 갈망하는 사람도 많았다. 1870년 당시까지도 미국은 세계 급진주의자들의 정치적 희망이었다. 특히 미국의 정치 제도와 관습은 그것을 영국 정치의 '미국판'으로 여기던 영국인들의 마음을 사로잡았다.

영국 정치, 민주화의 길을 걷다

대서양 양쪽의 두 앵글로색슨계 국가들은 미묘하고 변덕스럽지만 끈질긴 관계를 이어 가

1832년 영국 개정 선거법이 공표된 당시 제작된 풍자화 '부패한 고목을 베어 내는 개혁주의자들'. 이 법률 개정 결과 유권자 수가 늘어난 것과 동시에, '부패한 선거구' 대부분이 없어짐으로써 영국에서 혁명이 일어날 가능성이 아예 막혀 버렸다.

며 서로 적지 않은 영향을 주고받았다. 두 나라는 엇비슷한 발전을 구가했지만 지금 판단해 보면 19세기 초 영국의 발전은 미국의 변모보다 더욱 중요해 보인다. 영국은 불과 몇십 년 사이에 공업국가로 탈바꿈하고 급속한 도시화를 이루는 등 세계 최초로 근대화를 수립했다. 놀라운 것은 영국은 이렇게 사회가 급격하게 변동하는 와중에도 기존 사회 구조와 정치 제도를 그대로 유지했으며 사회적 혼란도 막아 냈다는 점이다.

또한 영국은 유럽의 패권국이자 세계의 강국으로서의 지위를 유지해야 했다. 이 점이 미국과 달랐다. 영국은 대제국을 경영했다. 이런 상황에서 영국은 정치 제도 개혁에 착수하여 어느 정도 성공했고 개인의 자유를 보장하는 근본 원칙도 변함없이 이어 나가려고 했다.

미국의 흑인 문제를 제외한다면, 1870년 영국 사회는 미국 사회에 비해 훨씬 비민주적이었다. 영국에서는 신분제가 아직도 사라지지 않고 있었고 혈통, 토지, 돈에 의해 계급이 나뉘었다. 이를 바라보는 다른 나라의 사람들은 이 나라의 지배층이 스스로의 지배권을 너무나 당연하게 여기는 것을 보고 충격을 받을 때가 많았다.

미국에는 서부라는 평등한 기회의 땅이 있어 심하게 곪아 있는 사회의 불만 계층을 달랠 수 있었지만 영국에는 그런 곳이 없었다. 대신 영국의 갈 곳 없는 불만 계층은 캐나다나 호주 같은 곳을 선택할 수 있었다. 그러나

존 리치의 '하이드 공원의 여름날'(1858). 그림에서처럼 더없이 풍요로운 시간을 보내는 중산층의 모습은 빅토리아시대의 사회 변화를 대표적으로 상징했다.

사회 내부적으로는 분위기를 쇄신할 가능성이 아예 없었다. 영국 사회는 다른 나라들에 비해 더딘 속도로 변화했다.

반면, 영국의 정치 민주화는 사회 민주화보다 훨씬 빠른 속도로 진행되었다. 성인 남성의 보통 선거권에 한해서는 미국보다 훨씬 늦은 1918년에야 도입되었지만 1870년 무렵 영국 정치는 민주화의 길에 안정적으로 접어들어 있었다.

유권자 층이 확대되다

영국 정치의 민주화는 1830년대에 시작되었다. 1800년에 제정된 영국 헌법은 법 앞에서의 평등과 개인의 자유를 보장하고 대의정치 제도를 확립하는 등 자유주의적 원리를 구현하고 있었지만 민주적인 원칙은 거의 찾아볼 수 없었다. 이 헌법은 기본적으로 예전부터 존재한 개인의 권리 몇 가지와 입헌 군주제를 표방했다. 그로부터 몇 년 만 지나도 영국은 유럽에서도 가장 유권자가 많은 나라의 하나가 될 터였지만, 1832년까지도 '민주주의'라는 단어는 경멸과 혐오의 대상이었다. 영국인들은 민주주의를 프랑스대혁명이나 군사 독재를 뜻하는 말로 여겼다.

이 시대 영국 정치사상 가장 중요한 개혁은 1832년에 이루어졌다. 영국은 의회의 기능을 강화하기 위해 선거법을 개정했다. 사실 법안 자체는 민주주의적이지도 않았고 오히려 민주주의를 막아 내는 방패에 가까웠다. 이 개혁 법안은 세세하게 붙어 있는 예외 조항들, 예컨대 그간 소선거구에서는 임명권으로 관리를 등용하던 관행을 없앴다. 이로써 점점 산업화되고 있던 사회에 필요한 항목들을 완벽하지는 않지만 전보다는 더 잘 반영할 수 있는 구조로 선거구가 바뀌었고 무엇보다도 선거권이 보다 평등하게 확대되었다.

그전까지 영국의 선거권은 지역마다 다른

조지프 내시(1802~1878)의 1858년 작품. 런던의 새 국회의사당 안에 자리 잡은 하원의원을 묘사했다.

원칙으로 뒤죽박죽 얽힌 상태였다. 이를 해결하기 위해 영국이 마련한 개혁안에서 선거권자는 크게 두 부류였다. 시골에서는 토지 보유자였고 도시에서는 중산층 가장이었다. 선거권을 가질 수 있는 자격을 두고 논란이 이어지기는 했지만 어쨌든 이 시기에 '유권자'란 나라에 지분을 가진 사람이었다.

새로운 선거법을 적용한 결과 유권자 수가 65만 명으로 급증했다. 이들이 선출한 하원 의원은 대부분이 귀족 출신이라 의회의 모습은 개혁 전과 별반 달라지지 않았지만 1832년의 개혁 조치는 이후 영국 의회와 선거 제도의 발전 방향을 제시했다는 점에서 가히 혁명적인 사건이었다. 이후 선거법은 몇 차례에 걸쳐 추가로 개정되었으며 그때마다 선거인단의 수가 꾸준히 늘어났고 이들이 선출하는 하원도 발언권을 확보해 갔다. 1867년 선거법 개정으로 유권자 수가 200만 명에 육박했으며, 1872년 선거법 개정으로는 비밀 투표제가 도입되었다. 하나같이 거대한 변화였다.

로버트 필과 영국 보수주의

영국의 정치적 민주화 작업은 20세기가 되도록 완성되지 않았다. 그러나 민주화 과정을 거치면서 영국 정치 자체의 성격에 많은 변화가 일어났다. 영국의 지배층은 가문이나 의회 내 파벌 같은 것으로는 정치 권력을 유지하기 어렵다는 사실을 어쩔 수 없이 깨달아 가고 있었다. 특히 1867년 개혁으로 유권자의 수가 급증하자 하루속히 정당을 조직해야 한다는 사실이 분명해졌다.

그전에도 전통적인 지주 계급보다 대중의 여론이 정치에 더 큰 영향력을 발휘하게 될 것이라고 생각한 사람들이 있었다. 19세기 영국의 위대한 의원들은 상대 의원을 설득하는 데만 능했던 게 아니라 의사당 밖에 있는 대중을 움직일 줄도 아는 사람들이었다. 이런 유형의 정치가들 중 최초의 인물이자 아마도 가장 중요한 인물은 영국 보수주의의 창시자인 로버트 필 경일 것이다. 다른 유럽의 우파들이 타협을 모르고 외골수로 빠졌던 반면 필은 대중 여론을 존중함으로써 보수주의를 유연한 노선으로 이끌었다.

필의 능력은 곡물법 철폐를 둘러싼 논쟁에서 빛을 발했다. 지주와 도시 상공업자들은 수입산 곡물에 대한 관세 철폐를 둘러싸고 논쟁을 벌였다. 이는 단순히 경제 정책에 국한된 사안이 아니라 국가 정책을 주도할 권리가 누구에게 있는가를 결정하는 싸움이었다. 이것이 1832년의 선거법 개혁으로 이어졌다. 1830년대 중반에 필은 보수당을 설득하여 1832년의 변화를 인정하도록 했다.

그리고 1846년에는 마침내 곡물법 철폐를 이끌어 냈다. 이로써 지주 계급이 더 이상 절대적인 정치권력을 행사할 수 없다는 사실이 드러났다. 보수당의 지주 계급, 즉 영국의 핵심은 농업이며 자기들은 국가 대표 산업의 대변인이라는 데 자긍심을 가졌던 세력이 곡물법 철폐로 타격을 받았다. 이들은 얼마 후 필을 당수 자리에서 끌어내렸다. 필이 자기네 지주 계급보다는 중산층 상공업자들을 위한 자유무역 원칙을 보장하는 정책을 펼쳤다는 이유 때문이었다. 이들의 비판은 정확했다.

그러나 사실 보수당은 이 사건이 있었기에 완전히 몰락할 수도 있었던 운명을 피해 갔다. 이후 20년간 보수당 세력은 분열되어 마비 상태에 빠졌으나 그들은 필의 업적 덕분에 새로운 현실을 조금 더 자유롭게 수용할 수 있는 여유를 가질 수 있었다. 분열이 끝난 후 영국의 보수파들은 스스로를 다만 영국 내의 여러 정치·경제 집단 중 하나로 여기고 유권자들의 뜻을 이끌어 내는 데에만 열중할 수 있었다.

빅토리아 여왕의 시대

영국은 관세 및 재정 정책을 통해 자국 경제를 자유무역 체제로 변화시켰다. 이는 19세기 중반 영국 사회 전반에 불어 닥친 자유주의 열풍의 일부분에 지나지 않았지만, 가장 눈에 띄는 변화이기도 했다. 개혁은 아직까지도 지주가 세력을 장악하고 있던 시골보다는 도시에서 시작되었다.

빈민구제법이 도입되었고, 공장법과 광물법이 제정되었으며, 그에 대한 공식 시찰이 이루어졌다. 사법 체계 역시 개편되었다. 영국 국교회 신자가 아닌 사람들, 그러니까 개신교나 가톨릭교, 유대교 등에 대한 차별이 철폐되었다. 교회가 결혼 생활을 지배하는 앵글로색슨족의 전통도 끝이 났다. 또한 최초의 근대적인 우편 제도가 수립되어 다른 나라의 모범이 되었고, 당시 심각한 수준에

정부와 중산층은 진보에 열광했고 그러한 자신들의 뜨거운 마음을 숨기려 하지 않았다. 그림은 1851년 5월 1일 열린 세계 최초의 만국 박람회가 열린 런던의 수정궁으로 당시에 그려진 작품이다.

앵글로색슨 세계의 도약

빅토리아 여왕(1837~1901, 재위)의 대관식 장면. 그녀가 지배한 영국의 60여 년은 진보, 확신, 정복 그리고 풍요의 시대였다.

이르렀던 공교육에까지 개혁을 시작했다.

이 모든 것은 역사상 가장 위대한 경제 발전의 밑바탕이 되었다. 1851년 여왕이 직접 후원하고 여왕의 부군이 감독을 맡은 런던 만국 박람회는 영국의 부를 세계에 한껏 과시한 행사였다. 빅토리아시대의 절정기에 영국인들은 거만함에 가까운 자긍심을 보였지만 거기에는 그럴 만한 근거가 충분했다. 이 시기 영국의 경제와 제도는 역사상 가장 건강하고 훌륭해 보였던 게 사실이다.

물론 이를 탐탁지 않게 여긴 사람들도 있었다. 경제적 특권을 빼앗기고 마음을 상한 사람도 있었으며, 영국의 빈부 격차는 세계에서 가장 심각한 수준이었다. 여왕의 중앙 집권화가 적절한 수준을 넘었다고 우려하는 사람들도 있었다. 정치가 의회를 중심으로 자리를 잡고 행정 조직도 정밀하게 다듬어짐에 따라 이전까지는 정부가 그다지 통제하지 않던 영역들도 관료의 감시를 받게 되었기 때문이었다.

19세기 영국의 중앙 집권화 수준은 오늘날에 비하면 훨씬 뒤떨어진 것이지만 당시 영국 사람들은 조국이 프랑스처럼 독재 국가가 되어 버리는 것이 아닐까 걱정했다. 프랑스는 행정 조직이 고도로 중앙 집권화 된 결과 평등을 이루는 데는 성공했지만 자유를 이루는 데는 실패했다는 인식이 있었다. 영국은 19세기 말에 집중적으로 지방 행정 조직을 개편함으로써 이러한 우려를 잠재웠다.

혁명의 무풍지대

영국 바깥에는 영국의 정치 체제를 우러러보는 사람들도 있었다. 이들은 영국 노동자들이 끔찍한 노동 환경에 처해 있는데도 어떻게 영국 정부는 다른 나라에서처럼 소요가 들끓어 정부를 마비시키는 사태를 피할 수 있었는지가 궁금했다. 주변 나라가 불길한 혁명의 기운에 휩싸일 때면 영국은 대대적으로 제도를 개혁하곤 했다. 이로써 영국은 당시 유럽을 휩쓸었던 혁명의 물결에 휩쓸리지 않고 국력과 나라의 재산을 키워 갔고, 자유주의 원칙을 더욱 뚜렷이 실천했다.

영국의 정치가와 역사가들은 영국이 '조상 대대로 자유의 영역을 넓혀 온 나라'라며 스스로 자신들의 나라의 뼈대는 '자유'라고 거듭 찬양했다. 영국인들은 자기 나라를 자랑스러워했다. 하지만 오만에 빠지지는 않았다. 영국은 미국처럼 지리적으로 안전하거나 영토가 무한정 뻗어 나간 나라가 아니었다. 미국만 해도 자유를 얻기 위해 인류 역사상 가장 피비린내 나는 전쟁을 치러야 했었다. 그렇다면 대체 영국이 끔찍한 혁명을 비켜 간 비결은 무엇일까?

이런 질문은 어쩌면 유도 심문일지도 모른다. 역사가들 중에도 이러한 질문을 즐겨 던지는 사람들이 있다. 당시의 상황을 꼼꼼하게 분석해 보면, 영국도 혁명이 일어날 만한 상황에 놓여 있었고, 정말 혁명이 일어날 수도 있었다. 영국 사회는 빈부 격차가 아주 심했다. 사회가 급격하게 변화하고 제도 개혁이 잇따르면서 기득권을 잃거나 혼란에 빠지는 사람도 많았다.

그러나 보다 정확하게 말하면, 유럽 대륙에서는 문제가 되었던 사안들이 영국에서는 문제가 되지 않았다. 영국처럼 빠르게 변화하는 사회에서는 혁명을 일으킬 여지가 덜했던 것일까? 어쩌면 그랬을 수도 있다. 그러나 그뿐만 아니라 프랑스대혁명과 함께 생겨난 변화가 영국에서는 이미 수백 년 전부터 있어 왔던 것들이었다. 영국의 기본적인 정치 제도는 일단 고루하기도 하고 그 오랜 역사 때문에 바꾸기 힘든 부분이 얼마간 있었다고는 해도 앞으로 발전할 가능성이 상당히 높았다.

영국의 상원과 하원은 1832년 개혁 이전에도 이미, 다른 유럽 국가의 의회처럼 특정 집단이 권력을 독점한 것이 아니었다. 영국 의회 제도는 개혁 이전에도 당대의 새로운 사안을 제대로 처리할 수 있었다. 예컨대 1801년에는 '공장법'을 통과시켰다. 하루 12시간 이상의 노동 및 심야 작업이 금지되었다. 노동자들을 보호하는 법이자 노동자를 보호하여 자본가의 이익을 보전하는 법이었다. 이 법률이 실제적으로는 그다지 효력을 발휘하지 못했다고들 하지만 그래도 이는 유럽 최초의 공장법이었다.

1832년 개혁이 이후부터는 대중이 의회를 제대로 압박하기만 하면 그 어떤 개혁이라도 실현할 수 있다는 인식이 널리 퍼졌다. 실제로 의회가 개혁을 수행하는 데에는 그 어떤 법률적 제약도 없었다. 심지어 사회적으로 소외된 계층까지도 의회에 대해 그런 식으로 생각했다. 빈민들의 생활이 가장 어려웠던 1830~1840년대에는 목숨을 건 폭동과 혁명 운동이 여러 차례 일어났다. 그러나 이 시기에 가장 규모가 크고 가장 중요한 대중 운동은 '차티스트 운동'*이었다. 노동자의 참정권을 요구하는 차티스트들은 자기들이 직접 만든 인민 헌장을 의회에 전달하는 방식으로 주장을 펼쳤다. 즉 이들은 정부를 타도하겠다는 극단적인 방식이 아니라도 의회를 통해서 얼마든지 대중이 필요로 하는 것을 이루어 낼 수 있다고 믿었던 것이다.

영국의 전통적인 행동 방식

그러나 의회가 차티스트들의 요구를 그대로 받아들일 이유는 없었다. 오히려 다른 요인들이 작용했다고 보는 쪽이 옳다. 빅토리아 시대의 위대한 개혁들은 대부분 일반 대중의 이익뿐 아니라 중산층의 이익과도 연결되어 있었다. 유럽 대륙의 국가들과는 달리, 영국에서는 일찍부터 권력이 중산층에까지 분산되어 있었고, 따라서 이들은 그 권력으로 자신들이 원하는 변화를 이끌어 낼 수 있었다. 자신들의 절박한 요구를 실현할 방법이 막혀

* **차티스트 운동**
1830년대에서 1840년대에 걸쳐 일어난 노동자 계급의 선거법 개정 운동. 보통 선거권, 균등한 선거구 설정, 비밀투표, 매년 선거, 의원의 보수지급, 출마자의 재산자격 제한 폐지 등을 주요 내용으로 한다. 이는 사회적 불의에 대항해 일어난 최초의 전국적인 노동계급 운동이다.

1882년 인신 보호법이 연기되자 아일랜드에서는 대대적인 반 영국 시위가 일어났다. 이 그림은 더블린의 피닉스 공원에서 일어난 반 영국 집회의 모습이다. 영국이 반 영국 활동가들을 체포하기 시작하자 이에 대한 보복으로 더블린에 있던 영국 관리 두 명이 암살당했다.

있던 사람들은 혁명을 일으켰지만 영국인들은 그럴 일이 없었다. 영국은 혁명에 어울리는 곳이 아니었다.

영국에서 혁명이 제대로 일어날 수 없었던 또 다른 요인은 영국 대중의 성향 자체에 있었다. 후대의 좌파 역사가들은 늘 이 문제를 두고 머리를 싸맬 수밖에 없었다. 영국인들은 혁명을 일으키기에는 현실의 고통이 너무 컸거나 아니면 반대로 현실의 고통이 그다지 심하지 않았던 것일까? 아니면 노동자들이 워낙 천차만별이라 하나의 깃발 아래 모일 수 없었던 것일까?

그러나 당시 영국을 여행했던 사람들, 특히 미국인들이 관찰한 바에 따르면 영국에서는 전통적인 생활양식이 좀처럼 사라지지 않고 있었다. 사회의 지배자들에 대한 복종적인 태도 또한 그대로 남아 있었다. 외국인의 눈에는 그것이 굉장히 충격적인 모습으로 다가왔다. 게다가 영국에서는 노동자 조직이 혁명을 대신할 대안을 내놓고 있었다. 사람들은 모두 노력, 신중함, 검약, 절제 같은 빅토리아시대적인 도덕을 강조했다.

그런가 하면 노동자들의 혁명적 요구를 완화하거나 흡수할 수 있는 다양한 사회 제도들이 일찍부터 발달하여 영국의 안정에 큰 몫을 했다. 영국 노동 운동의 주요 요소들은 노동당을 제외하고는 모두 1840년 이전부터 존재했고, 1860년대에는 이미 성숙기에 접어들고 있었다. 노동자의 질병, 노령, 사망 등을 대비하는 '우애조합'*이나 협동조합 그리고 무엇보다도 노동조합이 있어서 노동 계급의 생활수준을 높이는 대안적인 통로 역할을 했다. 영국은 이처럼 노동자를 위한 제도가 일찍부터 발달하고 조합원의 숫자도 세계 최고였다. 그러나 바로 이 점 때문에 이후 영국의 사회주의 운동은 매우 보수적이고 온건한 성향을 띠게 된다.

영국 경제는 1840년대의 불황을 지나 다시 호황기에 접어들었다. 그 덕분에 한창 치솟던 사회적 불만도 수그러들었다. 노동 운동가들은 아쉽긴 하지만 점진적인 개선이 혁명의 위기를 막아 냈다고 말하곤 했다. 1850년대에는 세계 경제가 다시 활기를 띰에 따라 세계의 공장 지대였던 영국도 융성기를 맞았다. 실업률이 낮아지고 임금 수준은 높아졌다. 노동자들은 이러한 현실에 만족했다. 그들이 한때 불붙였던 차티스트 운동의 열기는 이제 한낱 추억거리가 되고 말았다.

가정적인 군주의 등장

이 모든 변화의 중심에 변하지 않는 장소가 있었다. 영국의 핵심 기구인 왕실과 의회였다. 1834년 대화재로 소실된 웨스트민스터 궁전은 1860년 다시 건축되어 현재의 국회의사당이 되었다. 그러나 이때 영국인들은 의회의 오랜 전통을 부각시키기 위해 건물을 중세의 고딕 양식으로 설계했다. 영국 역사상 가장 혁신적인 시대가 오랜 전통과 낡은 관습의 옷을 벗지 않은 것이다.

무엇보다도 영국에는 기나긴 계보를 이어 온 왕실이 있었다. 빅토리아 여왕이 즉위할 당시 교황청 다음으로 유럽에서 가장 오래된 정치 기관이 바로 영국 왕실이었다. 그렇지만 사실 영국의 왕실도 옛날과는 모습이 많이 달랐다. 방탕과 낭비벽으로 왕실과 의회를 괴롭힌 영국 역사상 최악의 군주였던 조지 4세는 의회에 권력을 빼앗겨 왕실의 권위를 땅에 떨어뜨렸다. 그 후 그 어떤 왕도 왕실의 권위를 예전으로 돌려놓지 못했다.

그러다가 1837년 빅토리아 여왕이 즉위했다. 그녀는 입헌 군주에게 요구되는 정치적 중립성 같은 것은 개의치 않고 독일인 남편 앨버트 공과 함께 왕실의 권위를 회복하고자 했다. 그러면서도 '군림하되 통치하지 않는다'는 원칙을 세운 것도 빅토리아 여왕이었다. 빅토리아 여왕의 재위 기간 동안, 앨버트 공의 조언에 따라 왕실은 왕실의 문제만을 다루는 기관으로 축소되었다. 조지 3세 이래 처음으로 왕실이 왕실다운 지위에 올라섰다. 비록 대중들은 앨버트 공을 높이 평가하지 않았지만 그는 여러 면에서 왕실 회복에 기여했다.

아일랜드의 민족주의 운동

여러 문제에 대해 유연하게 대처하여 성공했던 영국 사람들이 이상하게도 아일랜드에 대해서만은 항상 문제를 일으켰다. 종교와 민족이 달랐던 아일랜드 사람들은 영국의 지배를 달갑지 않게 생각했고 1798년에는 반란을 일으키기도 했다. 1850~1860년대에는 다소 잠잠한 듯했으나 사실 이것은 1840년대 아일랜드를 강타한 감자 기근 때문이었다. 이때 아일랜드는 맬서스의 이론대로 기아와 질병에 초토화되었다. 100만 명이 사망했으며

* **우애조합**
17~18세기에 생겨 19세기에 가장 성행했으며, 기원은 고대 로마 및 그리스 장인들의 조합에 기원을 둔 자발적 상호 부조 조직. 조합원들이 분담금을 예상하여 미리 정할 정도로 발달했으며, 이러한 우애조합에서 노동조합, 공제조합, 생명보험회사 등이 파생되었다.

아일랜드 케리 주에서 추방된 소작농들이 자신들의 집이 불에 타는 모습을 구경하고 있다. 1879~1881년에 일어난 아일랜드 토지 전쟁 당시 소작농들은 농업 경기 침체 때문에 땅 임대료를 올리고 소작농을 몰아내는 지주들의 횡포에 맞서 격렬히 싸웠다. 결국 1881년 영국 수상 윌리엄 글래드스턴은 이들의 요구를 수용하고 아일랜드 토지법을 제정했다.

100만 명이 나라를 떠났다. 아일랜드의 인구는 심각한 수준으로 떨어졌다.

당장 살기가 급급해진 아일랜드인들은 1801년 영국의 아일랜드 합병 문제에 대한 투쟁을 계속할 수 없었다. 영국 국교회가 아일랜드의 가톨릭교를 탄압하는 문제도 그대로 남아 있었다. 아일랜드 농민들은 영국 본토에 사는 지주에 대해 소작농으로서의 의무감을 전혀 느끼지는 못했지만 이 시기에는 농민들 사이에 심각한 폭동이 일어나지도 않았다.

그러나 분쟁의 씨앗은 그대로 남아 있었다. 1868년, 영국에 자유당 정권이 들어서면서 아일랜드 교회의 국교를 폐지하는 등 복종을 강요하자 아일랜드의 자치를 요구하는 민족주의 운동이 다시 불붙었다. 이후 20세기 전반까지 영국 정치가들은 아일랜드의 독립 운동에 매달려야 했다. 아일랜드는 영국의 자유주의가 단지 허상일 뿐이라는 사실을 드러내며 1,000년 만에 세계 역사에 다시 등장했다. 또한 이 시기에는 아일랜드인들이 대거 미국으로 이주하면서 향후 미국 사회에 적지 않은 영향을 미쳤다.

연대표(1700~1900년)

거울 망원경

거울 망원경. 1671년 아이작 뉴턴이 처음 만든 거울 망원경을 윌리엄 허셜이 보완한 형태. 이 망원경으로 상을 더 크게 볼 수 있어 멀리 있는 천체를 연구하기가 쉬워졌다.

| 1714년 유트레히트 평화 조약 | 1720년 사부아, 시칠리아와 교환하여 사르데냐령이 됨 |

1710년 · 1720년

1764년 제임스 하그리브스가 실 잣는 기계 '스피닝 제니'를 발명하다. 이 기계의 발명으로 영국의 방적·모직 산업에 획기적인 변화가 시작되었다.

스피닝 제니

1750년 · 1760년

1793년 1월, 그림은 유명한 급진 혁명파 피에르 쇼메트(1763~1794)가 이성의 축제를 열고 파리 노트르담 성당에 있는 이성의 신전 제막식을 거행하는 장면. 이 해에 프랑스의 왕 루이 16세가 처형당했다.
이성의 제단

| 1787년 미 연방 헌법 제정 | 1789년 프랑스대혁명 시작 |

1756~1563년 7년 전쟁

1801년 다비드가 그린 알프스 산을 넘는 나폴레옹. 나폴레옹은 제1 집정관이 되었다가 황제가 되어 1814년까지 프랑스를 독재했다.
나폴레옹 보나파르트

1798년 나폴레옹, 이집트 원정

1790년 · 1800년

| 1788년 영국의 죄수, 호주 이송 | 1792년 프랑스 공화국 수립 | 1795년 프랑스 집정 내각 수립 | 1799년 프랑스 집정 정부 수립 | 1801년 영국, 아일랜드 병합 | 1804년 나폴레옹, 황제로 등극 |

| 1832년 영국의 의회 개혁 | 1837년 영국, 빅토리아 여왕 왕위 계승 |

1830년 · 1840년

| 1825년 상트페테르부르크의 '데카브리스트의 난' | 1845~1851년 아일랜드 대기근 발생 |

외젠 들라크루아(1798~1863)의 '민중을 이끄는 자유의 여신'. 1830년 프랑스 7월 혁명을 웅대한 기상으로 표현한 작품이다. 이 혁명으로 파리 시민들은 샤를 10세를 폐위하고 루이필리프를 새 왕으로 추대했다.
프랑스 7월 혁명

1883년 『공산당 선언』을 쓴 독일의 사회학자 칼 마르크스 사망. 그가 논한 역사 발전의 필연성은 국제 사회주의 운동의 사상적 근간이 되었다.
칼 마르크스

| 1867년 오스트리아-헝가리 제국 수립 | 1870년 프랑스-프로이센 전쟁 |

1870년 · 1880년

| 1866년 오스트리아-프로이센 전쟁 | 1871년 파리 코뮌 프로이센의 제2제국 | 1878년 루마니아, 세르비아, 몬테네그로 독립 |

보어 전쟁

아이작 뉴턴

아이작 뉴턴(1642~1727) 사망. 그는 『프린키피아』(1687)에서 중력이 물질계를 지탱하는 법칙을 증명했다.

1740~1748년
오스트리아
왕위 계승 전쟁

1730년   1740년

미국 독립혁명

1775년 4월 18일 미국 독립혁명(1775~1783) 최초의 무력 충돌이 발생하다. 그림은 1777년 사라토가 전투에서 영국의 존 버고인 장군이 미국의 호레이쇼 게이츠 장군에게 항복하는 모습

1768년
탐험가 제임스 쿡,
첫 번째 항해에 나섬

1771년
아크라이트,
수력 방적기
발명

1774년
필라델피아 회의

1783년
영국, 미국의 독립
인정

1770년   1780년

1772년
폴란드 분할

1773년
보스턴 차 사건

1776년
미국, 독립 선언서 발표

1806년
라인 동맹
결성

1809년
증기선
출현

1811-1812년
영국,
기계 파괴 운동

1814-1824년
프랑스,
루이 18세 재위

1819년
독일 연방,
관세 동맹 체결

1823년
먼로주의 발표

1810년   1820년

1805년
트라팔가
해전

1807년
바르샤바
공국 수립

1812년
나폴레옹,
러시아 원정

1815년
워털루 전투,
빈 회의 개최

1821~1828년
그리스 독립 전쟁

1848년 새로운 혁명이 전 유럽을 휩쓸다. 자유주의자들은 이 시기를 '국민의 봄'이라고 이름 붙였다. 한동안 소요 사태가 이어져 1815년 수립한 평화 체제를 위협하는 듯했다.

1848년 폴란드 운동

1853~56년
크림 전쟁

1859년
이탈리아
통일 시작

1863년
폴란드
민족 봉기

1850년   1860년

1846년
영국, 곡물법
반대 투쟁

1851년
런던,
만국 박람회 개최

1852년
프랑스
제2제정

1855~1881년
러시아,
알렉산드르 2세 통치

1861~1865년
미국 남북전쟁

1864년
사회주의 노동자의
국제 조직,
제1인터내셔널 창립

1889년
제2인터내셔널

1894년
프랑스-러시아 동맹

1901년
대영제국의 수장,
빅토리아 여왕 사망

1890년   1900년

1888년
빌헬름 2세,
독일 황제에 즉위

1899-1902년
보어 전쟁

색인

ㄱ
갈릴레오 갈릴레이 21, 25
계몽주의 28
곡물법 철폐 70, 174
공교육론 34
공산당 선언 138
공산주의자 136
공장법 177
공포 정치 96
공화주의 83
과학혁명 18
관제국민주의 142
구세군 64
국민의회 91
국민공회 95
국부론 32, 36, 44
기하학원본 26

ㄴ
나폴레옹 102
나폴레옹 3세 129
나폴레옹 법전 109
남북전쟁 165
낭만주의 40
노예 해방 167
노예제 폐지 운동 163
농업혁명 49
뉴턴 26, 36
니콜라이 1세 141

ㄷ
달랑베르 30, 34
데카르트 27, 29
데카브리스트의 난 141
도시화 62
도제 제도 126
독립 선언문 79
독일 통일 130, 134
드레드 스콧사건 164
디드로 32, 34

ㄹ
라부아지에 46
라이프니츠 29
라인 동맹 108
러시아 농노 해방 146
런던 만국 박람회 176
레 미제라블 67
로버트 필 70, 174
로크 29, 36
루소 40
루스벨트 151
루이 14세 106
루이 16세 88, 97, 120
루이 18세 118
루이필리프 120
리버레이터 163
리슐리외 131
리처드 코브던 69
링컨 164

ㅁ
마르케 드 라파예트 94
마르크스 64, 138
마르크스주의 139
마틴 밴 뷰런 151
막시밀리앙 로베스피에르 95
매튜 볼턴 58
맬서스 45, 48
먼로주의 156
명예혁명 74
몽테스키외 34
미・영 전쟁 154
미국 노예제 157
미국 독립전쟁 79
미국 독립혁명 75
미국 영토 합병 157
미국 헌법 84
미주리 협정 162
미하일 바쿠닌 139

ㅂ
바이런 115, 140
반 성직주의 40
방법론적 회의 27
방법서설 29
백과전서 33, 34
범죄와 형벌 11
법의 정신 35
베살리우스 24, 19
베이컨 20
벤담 36
벤저민 프랭클린 76
보스턴 차 사건 77
보스턴 학살 사건 77
볼테르 32, 39
비스마르크 130
비토리오 에마누엘레 2세 131
빅토르 위고 67
빅토리아 여왕 174, 179
빈 회의 117
빌헬름 1세

ㅅ
사회주의 126, 135
산업혁명 57
삼부회 89
샤를 10세 119
서간 34
성 야누아리우스 11
세기아의 고백 120
세르비아 공국 122
스펙테이터 17
신성동맹 118

ㅇ
아일랜드 독립운동 181
알렉산더 포프 26
알렉산드르 1세 141
알렉산드르 2세 146
알렉시 드 토크빌 159

184 색인

알프레드 드 뮈세 120
앙시앙 레짐 39
애덤 스미스 32, 36, 44
앤드류 잭슨 160
앨버트 공 179
앨프레드 화이트헤드 56
앵글로색슨족 150
앵톨레랑스 34
양당 제도 169
에드먼드 버크 42, 101
에드워드 기번 32, 36
에드워드 제너 47
엥겔스 63, 138
연금술사 22
연방주의 85
영국 노동자 계급의 상태 63
영국 보수주의 174
영국왕립학회 13
요제프 2세 39
요크타운 전투 88
우애조합 178
워털루 전투 111
윌리엄 글래드스턴 180
윌리엄 메이틀런드 86
윌리엄 부스 64
윌리엄 하비 22
6월 봉기(1848) 134
유율법 26
2월 혁명 123
이탈리아 통일 130
인간 및 시민의 권리 선언 93, 95, 98
인구론 44, 46
인쇄술 16
인클로저 운동 51

ㅈ

자연철학의 수학적 원리 26, 27
자유무역 68
자유방임주의 68
자크 네케르 88

장 칼라스 39
제1인터내셔널 139
제련술 58
제임스 와트 58
제임스 하그리브스 56
조르다노 브루노 27
조지 3세 74, 77
조지 4세 179
조지 스티븐슨 56
조지 워싱턴 81, 83, 153
존 네이피어 27
존 버고인 80
존 퀸시 애덤스 163
종교개혁 16
주세페 가리발디 132
주세페 마치니 118, 125
중우 정치 86
증기기관 58
지동설 24

ㅊ

차티스트 운동 177
천체의 회전에 관하여 24
철학 연보 22
청동시대 140
체사레 베카리아 11, 36
총재 정부 97, 109
7월 왕정 121
7월 칙령 119
7월 혁명 120

ㅋ

카라조르제 122
카를로 알베르토 124
카보우르 130
칸트 28, 36
케플러 21, 25
코페르니쿠스 24
쾌락 계산법 39
퀘벡법 78

크림 전쟁 127, 129, 145
클레멘스 폰 메테르니히 124
클로드 생시몽 137, 138
키오스 섬 학살 사건 122

ㅌ

태양 중심론 24
토머스 잭슨 153
토머스 제퍼슨 162
토크빌 159
티코 브라헤 24

ㅍ

파라셀수스 19
파리 조약(1783) 80, 152, 156
파리 조약(1856) 129
파리 코뮌 134
89년 원칙 98
폰티악의 난 76
푸슈킨 143
프랑스 내전 140
프랑스 왕정복고 118
프랑스과학아카데미 13
프랑스대혁명 87
프리드리히 2세 37
프리메이슨 13
프톨레마이오스 25
피에르 벨 28
피털루의 학살 170
필라델피아 대륙 회의 78
필라델피아 헌법 총회 83

ㅎ

호게이쇼 게이츠 80
호베야노스 34

도판 출처

도판 출처

이 책에 도판을 실을 수 있도록 허락해주신 다음의 기관과 개인에게 감사를 드립니다.

설명

AISA: Archivo Iconográfico S.A., Barcelona
AKG: AKG, London
BAL: Bridgeman Art Library, London / New York
BM: British Museum, London
BN: Bibliothèque Nationale, Paris
DBP: Duncan Baird Publishers, London
ET: e.t. Archive, London
JLC: Jean-Loup Charmet, Paris
MEPL: Mary Evans Picture Library, London
MNCV: Musée National du Château de Versailles, Paris
NPG: National Portrait Gallery, London
NWPA: North Wind Picture Archives, Alfred, Maine
RMN: Réunion des Musées Nationaux, Paris

3 Christie's Images, London
9 Oronoz / Galleria dell' Accademia, Venice
10 Alinari-Giraudon
11 위 BAL / Rafael Valls Gallery, London
11 아래 Museo del Prado, Madrid
12 BAL / Musée Condé, Chantilly
13 BAL / BM
14 Rijksmuseum, Amsterdam
15 AISA / Biblioteca Central de Cataluña, Barcelona
16 AISA / Biblioteca Central de Cataluña, Barcelona
17 BAL / Louvre, Paris
18 BAL / Christie's, London
19 Oronoz / Musei Vaticani, Vatican City
20 NPG
21 위 The Royal Society, London
21 아래 Science & Society Picture Library / Science Museum, London
22 BN
23 ET / Tate Gallery, London
24 위 AISA
24 아래 Muzeum Okregowew, Torunin
25 BAL / Biblioteca Marucelliana, Florence
26 NPG
27 BAL / Derby Museum & Art Gallery
28 AISA
29 AISA / Galleria degli Uffizi, Florence
30 BN
31 AKG / Erich Lessing / Musée des Beaux-Arts, Dijon
32 Musée Carnavalet, Paris / Habouzit
33 AKG / Erich Lessing / BN
35 AISA
36 AKG
37 Oronoz
38 AKG
39 Kunsthistorisches Museum, Vienna
40 Musée Carnavalet, Paris
41 BAL / Kunsthalle, Hamburg
42 Tate Gallery, London
44 Hulton Getty Collection, London
45 Index-BAL / NPG
46 BN
47 BN
49 BN
50 National Gallery, London
51 BN
52 위 Scala/ Museo del Passagio, Pallanza
52 아래 Museo del Prado, Madrid
53 RMN / Musée des Beaux-Arts, Nantes
55 위 RMN / R. G. Ojeda / Louvre, Paris
55 아래 MEPL
56 위 Oronoz
56 아래 MEPL
57 BAL / Royal Holloway & Bedford New College, Surrey
58 위 Lauros-Giraudon / Musée National des Techniques, Paris
58 아래 AISA
59 Walker Art Gallery, Liverpool / Board of Trustees of the National Museums and Galleries on Merseyside
60 BAL / Institute of Civil Engineers, London
61 JLC
62 Courtesy of Sheffield Art Galleries and Museums
63 Novosti, London
64 Peter Newark's Historical Pictures
65 Bildarchiv Preussischer Kulturbesitz, Berlin
66 JLC
67 BM
68 BAL / Wallington Hall, Northumberland
69 BAL / Private Collection
70 MEPL
71 MEPL
72 JLC / Musée Carnavalet, Paris
74 NPG, London

75 NWPA
76 RMN / MNCV
77 The Metropolitan Museum of Art, New York
78 BN
79 BN
80 AISA / Biblioteca Nacional, Madrid
81 Oronoz / Academia de Bellas Artes de San Fernando, Madrid
82 Peter Newark's Historical Pictures
83 BAL / Hall of Representatives, Washington D. C.
84 Peter Newark's Historical Pictures
85 Oronoz
87 위 NWPA
87 아래 BAL / Private Collection
86 BAL / MNCV
88 RMN / MNCV
89 BN
90 JLC
91 RMN / MNCV
92 BN
93 BN
94 위 BN
94 아래 Musée Carnavalet, Paris / Andreani
95 BAL / Musée Carnavalet, Paris
95 왼쪽, 오른쪽 BN
97 Musée Carnavalet, Paris / Berthier
98 AKG
99 ET / Musée Carnavalet, Paris
100 위 Musée Carnavalet, Paris / Andreani
100 아래 BAL / New College, Oxford University, Oxford
101 AKG / Erich Lessing / MNCV

102 위 BAL / State Hermitage Museum, St Petersburg
102 아래 RMN / Gérard Blot / MNCV
103 RMN / Louvre, Paris
104 Oronoz / Musée National des Châteaux de Malmaison et de Bois-Préau, Rueil-Malmaison
105 Deutsches Historisches Museum, Berlin
106 BAL / Biblioteca Nazionale, Turin
108 AKG / Steiermärkisches Landesmuseum, Austria
109 Museo del Prado, Madrid
110 ET / Fondation Thiers, Paris
111 Oronoz
112 Christie's Images, London
114 BAL / Lauros-Giraudon / Louvre, Paris
115 NPG
117 BAL / Lauros-Giraudon / Musée Carnavalet, Paris
118 RMN / Louvre, Paris
119 BAL / Wolverhampton Art Gallery
120 ET / Musée Carnavalet, Paris
121 RMM / MNCV
122 위 RMN / A. Danvers / Musée des Beaux-Arts, Bordeaux
122 아래 RMN / Hervé Lewandowski / Louvre, Paris
123 Heeresgeschichtliches Museum, Vienna
124 Index / Raccolte Bertarelli, Milan
125 위 Oronoz
125 아래 Historisches Museum, Frankfurt-am-Main
126 AKG / Museum Ostdeutsche Galerie, Regensburg
127 ET
128 Novosti, London

129 BN
130 BAL / Lauros-Giraudon / MNCV
131 Scala / Museo del Risorgimento, Milan
132 Scala / Museo del Risorgimento, Rome
133 Index / JLC / Musée Carnavalet, Paris
135 JLC / Musée Carnavalet, Paris
136 BAL / Peter Willi Private Collection
137 Science & Society Picture Library / National Railway Museum, London
138 위 BN
138 아래 Deutsches Historisches Museum, Berlin
140 ET / State Historical Museum, Moscow
141 Scala / State Tretyakov Gallery, Moscow
142 AISA / State Russian Museum, St Petersburg
144 AKG
145 AISA / State Tretyakov Gallery, Moscow
146 위 Index-BAL / State Tretyakov Gallery, Moscow
146 아래 Giraudon / State Russian Museum, St Petersburg
147 AISA / State Tretyakov Gallery, Moscow
148 MEPL
150 Birmingham Museum & Art Gallery
151 AKG
152 ET
153 NWPA
154 BN
155 BAL / American Museum, Bath
156 BAL / Private Collection
158 Oronoz
159 BAL / Lauros-Giraudon
160 BN
162 DBP

도판 출처 187

163 NWPA

165 위 BN

165 아래 AKG

166 MEPL

167 AISA

169 Peter Newark's Historical Pictures

170 Ardea London Ltd

171 ET

172 Museum of London

173 BAL / Houses of Parliament, Westminster, London

175 BAL / Victoria & Albert Museum, London

176 BAL / Bradford Art Galleries and Museums

178 Oronoz / BN

180 NWPA

지도

지도판권 ⓒ 1998 Helicon/Debate(모든 지도)

문헌 판권

발행자는 이 책에 번역 내용과 판권 자료를 인쇄하도록 허락해 주신 아래 분들에게 감사드립니다. 판권 소유자를 찾기 위해 최선의 노력을 했으나 만일 빠진 분이 있다면 사과드리며, 알려주실 경우 장래의 재판에서 바로잡도록 하겠습니다.

p. 28 임마누엘 칸트의 『정치적인 글쓰기』 중, 「계몽이란 무엇인가 What is Enlightenment」, H. B. Nisbet 영역. copyright ⓒ Cambridge University Press, 1970, 1991. Cambridge University Press의 허락으로 인용했습니다.

p. 29 르네 데카르트의 『방법서설』, F. E. Sutclffe, 영역(Penguin Classics 1968) copyright ⓒ F. E. Sutcliffe, 1968. Penguin Books Ltd.의 허락으로 인용했습니다.

p. 33 몽테스키외의 『법의 정신』, Anne M. Cohler, Basia C. Miller and Harold S. Stone 영역. copyright ⓒ Cambridge University Press, 1989. Cambridge University Press의 허락으로 인용했습니다.

p. 143 알렉산드르 푸슈킨, 미하엘 레르몬토프, 『서사시』 중, 「청동 기마상 Bronze Horseman」, Charles Johnston 영역(The Bodley Head, 1984) copyright ⓒ The Literary Executor of the late Sir Charles Johnston.

p. 159 Henry Reeve판 알렉시 드 토크빌, 『미국의 민주주의』, Phillips Bradely 편집. copyright ⓒ Vintage Books, New York, 1945. Random House, Inc.의 자회사 Vintage Books의 허락으로 인용했습니다.

히스토리카 세계사 7
-혁명의 시대

1판 1쇄 인쇄 | 2007. 10. 19
1판 1쇄 발행 | 2007. 10. 29

지은이 | J. M. 로버츠(J. M. Roberts)
옮긴이 | 오윤성
펴낸이 | 김영곤
펴낸곳 | (주)이끌리오
본부장 | 정성진
기획책임 | 김성수, 박효진
편집책임 | 한세정, 오원실
마케팅 | 주명석, 허준영, 이시몬
영　업 | 윤지환, 최창규, 서재필, 도건홍, 정민영
표지 디자인 | 씨디자인

등록번호 | 제16-1646
등록일자 | 2000.04.10

주소 | 경기도 파주시 교하읍 문발리 파주출판문화정보산업단지 518-3(413-756)
전화 | 031-955-2403
팩스 | 031-955-2422
이메일 | eclio@book21.co.kr
홈페이지 | http://www.eclio.co.kr

ISBN 978-89-5877-051-0 04900
ISBN 978-89-5877-055-8(세트)

값 28,000원

이 책 내용의 일부 또는 전부를 재사용하려면 반드시 (주)이끌리오의 동의를 얻어야 합니다.
잘못 만들어진 책은 구입하신 서점에서 교환해드립니다.